令和版

# おいしい野菜100種のじょうずな育て方

指導　武川政江・飯塚恵子



主婦の友社

# 令和版おいしい野菜100種のじょうずな育て方

CONTENTS

先端不稔なく、
2Lサイズで安定収穫
みわくのコーン

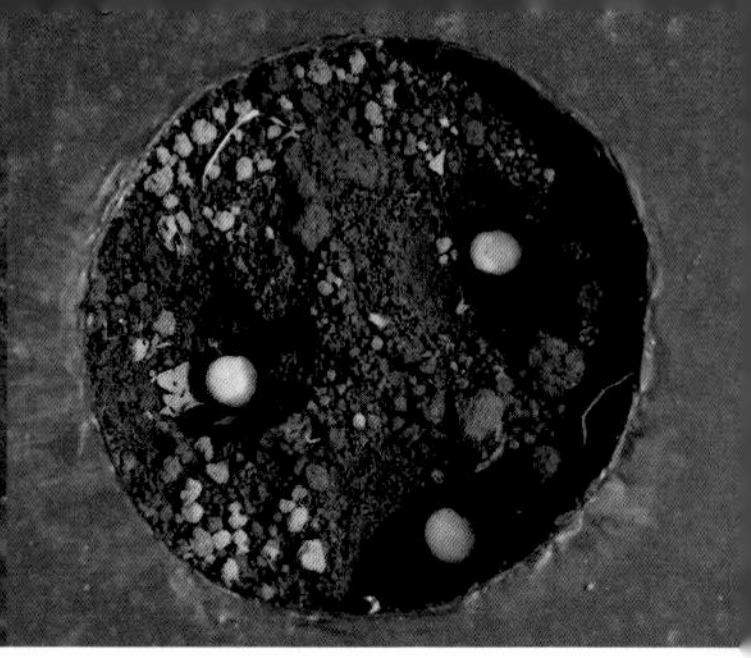

CONTENTS

家族そろって
野菜づくりを満喫!

# 家庭菜園の楽しみ方

青空のもとで育てた野菜をおいしく味わう…
そんな幸せを、あなたもかみしめてみてはいかがですか?
たとえ畑や庭がなくても、工夫しだいで
野菜づくりはだれでも気軽に始めることができるのです。
まずは、野菜づくりの楽しみ方について見ていくことから始めましょう。

カラフルな
ラディッシュで
食卓を華やかに。

## 庭、畑でおいしい野菜を育てたい!

たとえ小さな庭だとしても、それをりっぱな菜園にするのはそんなに難しいことではありません。野菜づくりの基本を学んできちんと畑を整備して、旬の野菜づくりにチャレンジしていくことにしましょう。

### 小さな裏庭もりっぱな菜園に早変わり

「自分で食べる野菜ぐらいは、自分で育ててみたい!」と考えてみたことはありませんか? タネをまいて、小さな芽がスクスクと育っていく様子を眺めるだけでも、とてもすがすがしい思いがするものです。ましてや、それらが大きく育って収穫となれば、喜びもひとしお。さらに、自分で育てた野菜をみずから調理して味わうとなれば、それはもう、どんな高級料理よりもおいしく感じられるものです。

それにもかかわらず、「広い畑がないから無理」と、野菜づくりをはなからあきらめている人も多いのではないでしょうか。実のところ、どんなに狭くても、土さえあれば野菜づくりは始められるのです。裏庭があれば幸い。数時間でも日がさし込む環境であれば、ほとんどの野菜を育てることができるのです。

たとえ庭がなくても、各地方自治体が運営する市民農園や、民間の貸し農園が数多く用意されていますから、だれでも野菜づくりを楽しむことは難しいことではないのです。

本書で野菜づくりの基本を学んだら、さっそく青空のもと、土とのふれ合いを楽しんでみることにしましょう。

水やり、草むしりなど、畑ではやることがいっぱい。

▶スクスクと大きく育ってくれることを願って水やりもていねいに。

▶土から掘り出したばかりのニンジン。

◀トマトは完熟させてから収穫するから、味も濃厚。

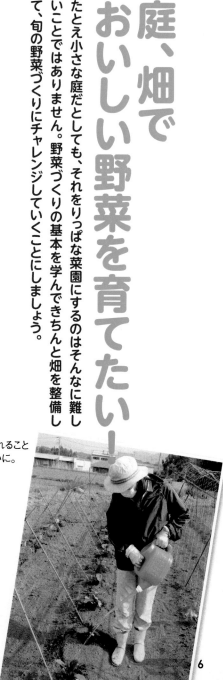

広い畑があれば、どこに何を植えるかレイアウトを考えるのも楽しみ。

▶コールラビは病害虫の被害も少なく、栽培はとても簡単。

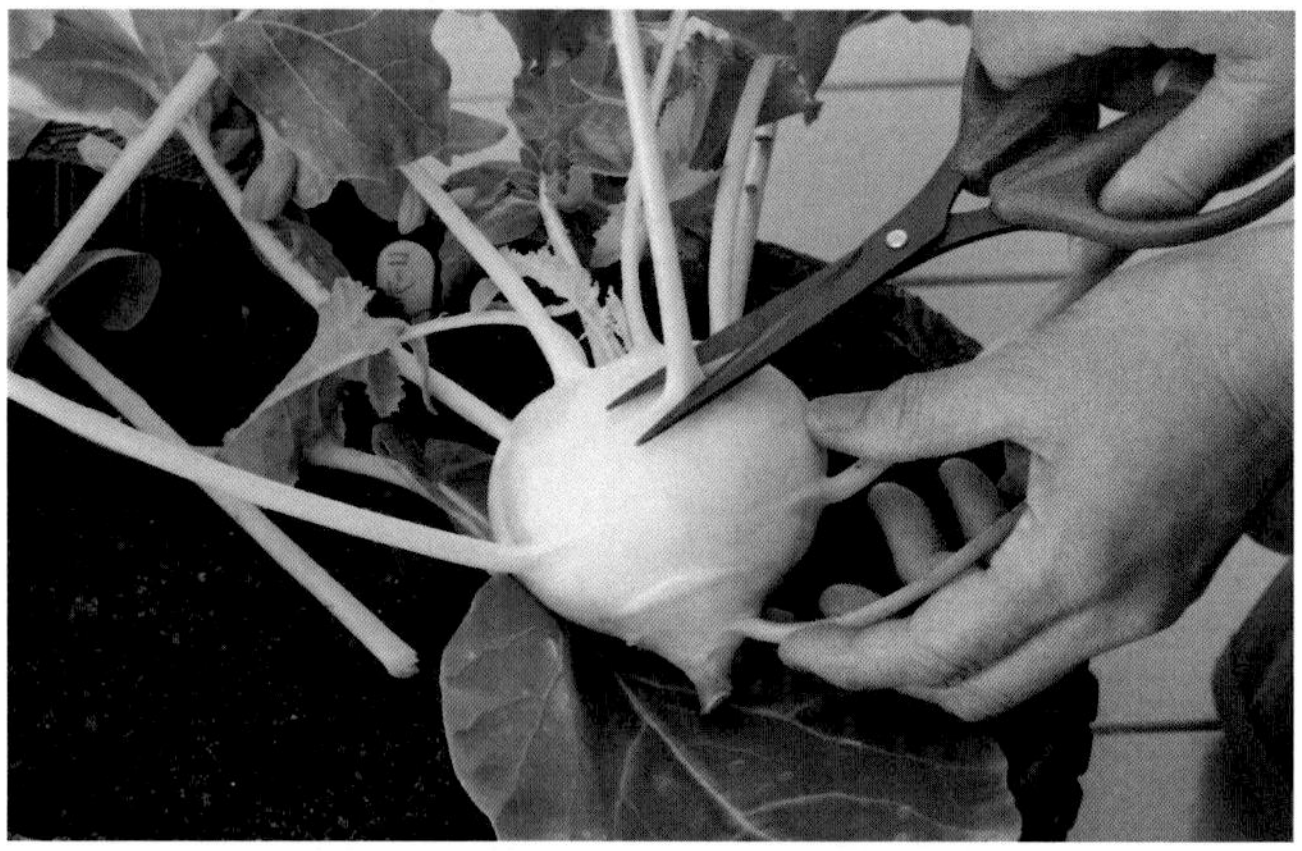

▲1日でこれだけ収穫することができれば、喜びもひとしお。

▼大きく育ったダイコンを抱えて大喜び。

▲スイカは水の管理と収穫時期を見きわめるのが、おいしく味わう決め手。

さまざまな種類のタネをまいてみよう。

家庭菜園の楽しみ方

# プランターでもおいしい野菜がつくれる！

**畑や庭がなくても、ベランダさえあれば、プランターを並べて野菜栽培を楽しむことができます。レイアウトを少し工夫するだけで、じゅうぶんな量の野菜を収穫することも可能。さまざまな種類のタネをまいて、カラフルガーデンに仕上げるのも楽しいものですね。**

ミニトマトは育てるのも簡単。

プランター栽培でいちばん手軽に楽しめるのがベビーリーフ。

## 可憐な花々を眺められるのもベランダ菜園のお楽しみ

最近は、ベランダで野菜づくりを楽しむ人がずいぶんとふえてきたようです。プランターを階段状に並べるなど、配置に工夫すれば、小さなベランダでもかなりの数のプランターを並べることができます。さまざまな種類の野菜のタネをまいて、色鮮やかなカラフルガーデンにしてみてもおもしろいですね。

実を食べるだけでなく、キュウリやトマト、ナスなどに咲くカラフルな花々をめでるのも楽しいもの。食べきれないでそのまま放置していたニンジンやコマツナ、シュンギクなどが、可憐な花々を咲かせているのを目にしたときの喜びもまたひとしおです。育てる楽しみ、食べる楽しみだけでなく、部屋からいつでも心ゆくまで見て楽しむことができるというのも、ベランダでのプランター栽培ならではの特典です。

また、たとえベランダがなくても、窓ぎわに光がさし込むところあれば、小さなプランターを置いて、葉もの野菜を中心に育ててみましょう。ベビーリーフなどは、窓辺の光だけでもじゅうぶん育てることができて、しかもとてもカラフル。眺めているだけでも、心が安らぎますよ。

玄関先にプランターを並べてみてもきれい。

◀真夏はゴーヤを植えて、緑のカーテンにしたい。

▶棚を利用して立体的にするのがおすすめ。

▼トレリスを利用すれば、壁ぎわだけでも野菜栽培が楽しめる。

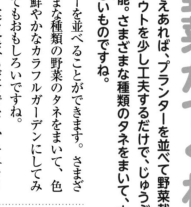

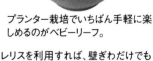

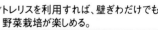

タネをまいて芽が出たあと、
苗が少しずつ大きく育ってい
くのを眺めるのもうれしい。

# 収穫した野菜をおいしく味わいたい!

**自家栽培の野菜を使ってつくる野菜料理は、どんな高級料理よりもおいしく感じられるもの。手塩にかけて育てた野菜を収穫したら、よりおいしく味わえる調理方法をあれこれ考えてみるのも楽しいものです。**

## おいしさを引き立ててくれるレシピづくりにチャレンジ!

「自分で育てた野菜を自分で調理して食べる」ということほど、ぜいたくなことはありません。どんな有名シェフがつくった高級料理よりも、手塩にかけて育てた野菜をみずから摘みとって調理するほうが、はるかにおいしく感じてしまうのですから不思議です。

そのおいしさがギュ～ッと詰まった自家栽培の野菜、そのとれたての新鮮野菜のうまみをそこなわず、さらに引き立てるには、どのように調理したらいいのか? そんな調理方法をあれこれ思案するというのも、とても楽しいものですね。基本となるサラダづくりをはじめ、さまざまな食材や調味料の組み合わせを試行錯誤しながら、独自のレシピづくりにチャレンジしてみてはいかがですか?

▼バジルをたっぷりのせたマルゲリータピザ（右）や、キョウナと鶏ささ身サラダ（左）、焼きパプリカのタマネギドレッシングあえ（下）。

トマト、キュウリ、タマネギ、レタスを使ったライスサラダ。

みじん切りにしたニンジンを入れて炊き上げた、かやくごはん。

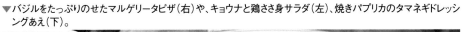

# 野菜づくりを始めよう

野菜づくりの楽しみに目覚めたら、
迷うことなくその準備にとりかかりましょう。
基本さえ身につければ、野菜づくりはそれほど難しいことではありません。
失敗を恐れず、さまざまな野菜づくりにチャレンジしてみましょう。

これだけはそろえておきたい！

# 用意するもの

野菜づくりを始めるにあたって、どうしてもそろえておきたいものがいくつかあります。まずは、タネや苗はもちろんのこと、土づくりに欠かせない堆肥や肥料も最低限必要。畝《うね》づくりに役立つクワや、水やりのためのジョウロ、苗の定植時や収穫時に使うシャベル、ハサミなども、ないととても困るものです。まずはこれらの用具をそろえることから始めましょう。

### ▶タネ、苗

野菜の種類によって、タネからまくもの、苗を購入したほうがよいものなどさまざま。タネまきや苗の植えつけ時期も異なりますから、適期を見きわめて作業しましょう。また、タネには有効期限がありますから、あまり古いタネを使用しないのが賢明。保存するときは、冷蔵庫などに入れておきましょう。

### ▶堆肥、肥料

野菜を育てるには、土づくりが重要です。堆肥を施して土をふかふかにしたうえで、それぞれの野菜に適した肥料を与える必要があります。これらは市販のものを購入するだけでなく、枯れ葉や生ゴミなどを利用して、自分でつくることもできます。

### ▲ビニタイ、ひも、結束テープ

野菜の茎やつるなどを支柱に固定するために使うひもや結束テープもないととても困るものです。特にひねるだけで簡単に結べるビニタイがあると便利です。

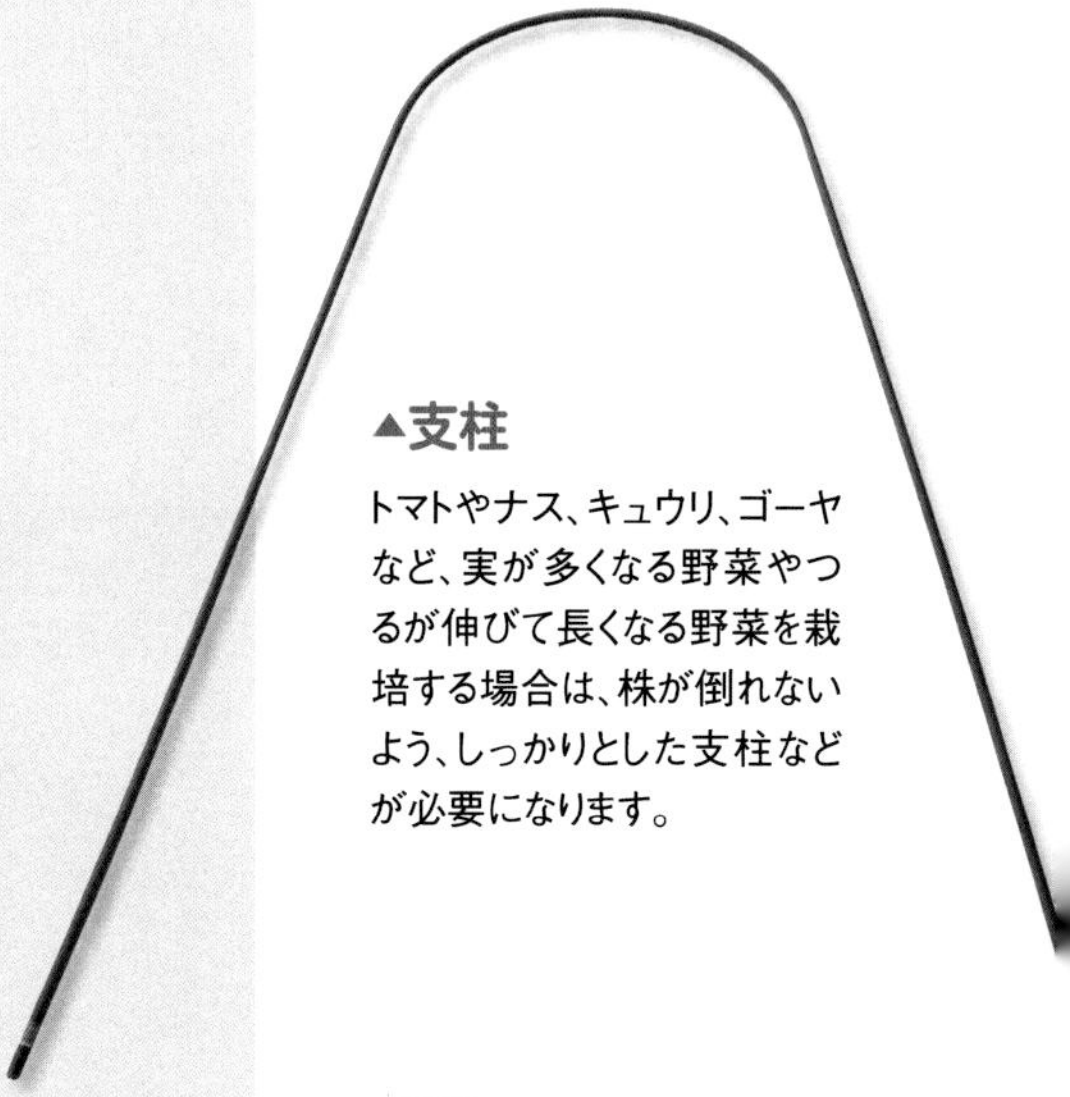

### ▲支柱

トマトやナス、キュウリ、ゴーヤなど、実が多くなる野菜やつるが伸びて長くなる野菜を栽培する場合は、株が倒れないよう、しっかりとした支柱などが必要になります。

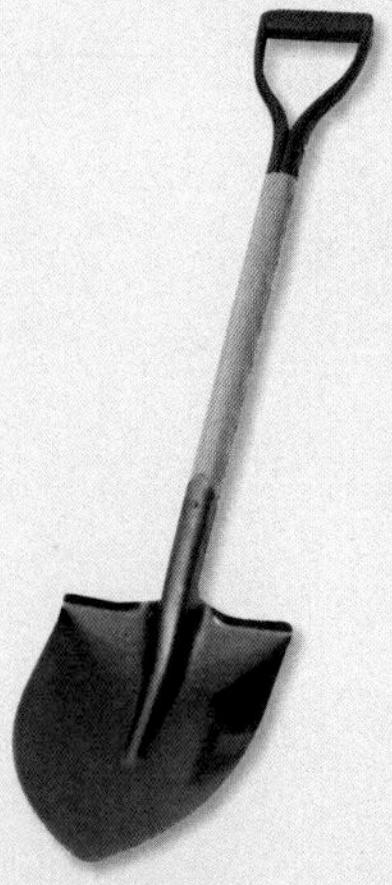

### ◀スコップ

かたい土を掘り起こすには、平クワよりもスコップのほうが使いやすい。ジャガイモやサツマイモを掘り起こすときに、土をやわらかくするために使うことも。

### ▼寒冷紗

寒さ対策として葉菜類などにかけて使用するほか、虫よけとしても有効です。

### ▼手袋

畑で作業するときは、なるべく手袋をはめるようにしましょう。手が汚れるからというだけでなく、手を切ったりすることも多いからです。軍手などが使いやすいでしょう。

### ▶ネット

キュウリやトマト、ゴーヤなど、つるが長く伸びる野菜を育てる場合は、ネットに這わせて育てるのが便利。大きさ、網目のこまかさもさまざまですから、必要に応じて使い分けましょう。

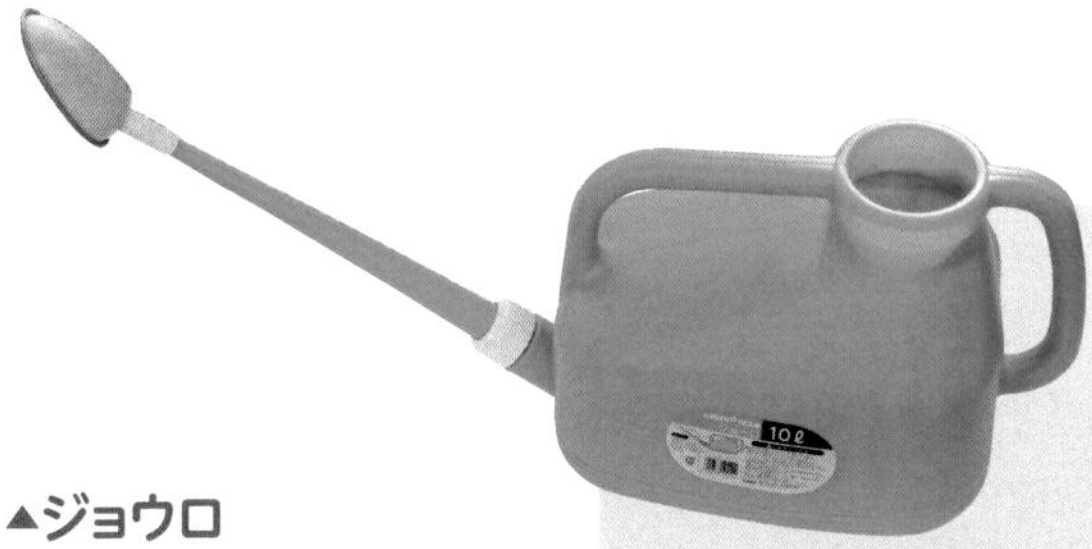

▲ジョウロ

プランターでの栽培と違って、庭や畑の場合は、水やりは頻繁に行う必要はありません。それでも、タネをまいたあとや、日照りが続いたときなどには水やりが必要になりますから、ジョウロも必需品。水を噴水状にするためのハス口がついていますが、タネまきのあとはハス口を上向きにして、水がやさしくかかるようにして使います。苗が大きく育ってきたら、ハス口をはずして水が葉に当たらないようにまくのが基本です。葉についた虫を洗い流したり、水で薄めた液肥を葉面散布するときには、ハス口を下向きにして使用しましょう。

▲シャベル、ハサミ

苗を定植したり、葉もの野菜や果菜を収穫したりするときに必要になってくるのが、シャベルとハサミ。そのほか、さまざまな場面で使用することがありますから、これも必ずそろえておきたいものです。

▼三角草かき

雑草を手で引き抜くのは、意外と手間のかかるもの。この三角草かきがあれば、ひと引きで草をかきとることができるのでとても便利。

▶スプレー

木酢液など防虫剤や液肥などをまいたりするのに役立ちます。

◀鉢、プランター

庭や畑がある場合でも、苗づくりに利用したり、立体的な菜園づくりをするときなどにあるととても便利。目的に応じた大きさや形のものを選びましょう。

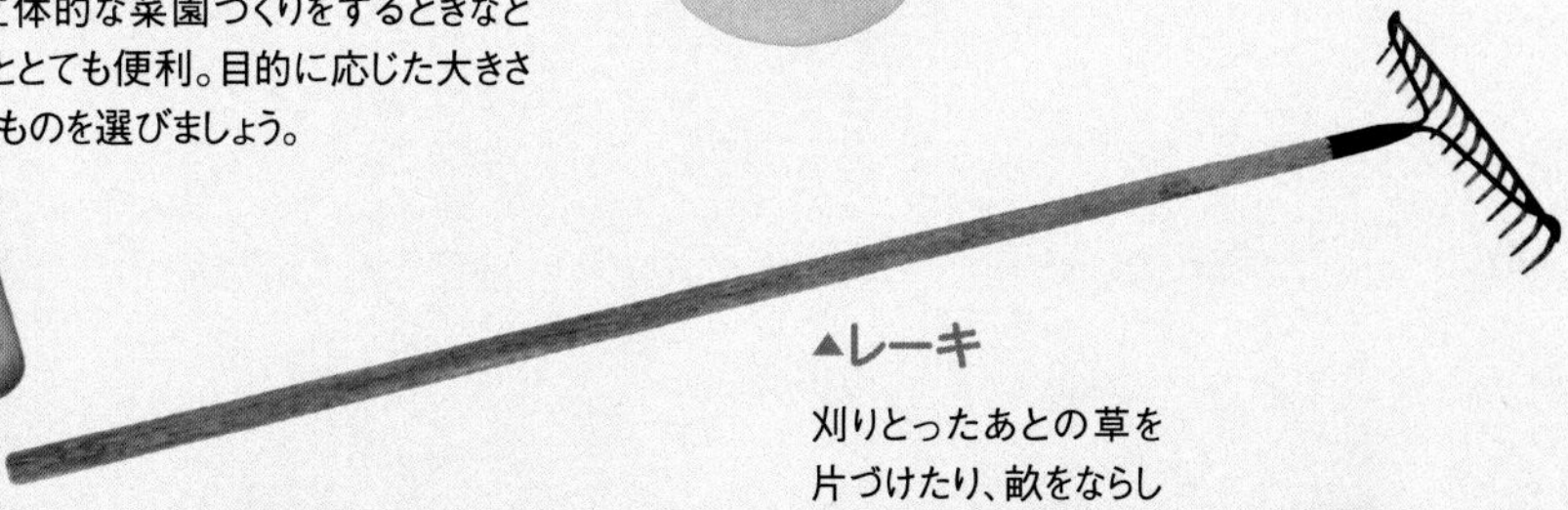

▲レーキ

刈りとったあとの草を片づけたり、畝をならしたりするのに役立つのがこれ。

あると便利 [ハンディタイプの 耕うん機]

小さい庭や畑ならクワさえあればじゅうぶん土を起こすことができますが、20〜30坪以上となると、クワひとつで畑全体を耕すのはたいへん。そんなときに便利なのが、ハンディタイプの耕うん機です。使用する燃料の種類によって、混合燃料式、ガソリン式、ガス式、電動式などに分けられます。パワーもさまざまで、20〜30坪程度の畑なら2〜3馬力もあればじゅうぶんでしょう。畝立て機能つきのものなど、多彩な機能を有するものもあります。ただし、2〜3馬力のものでも8万〜10万円くらいはしますから、広さや用途に見合ったものをさがすようにしましょう。

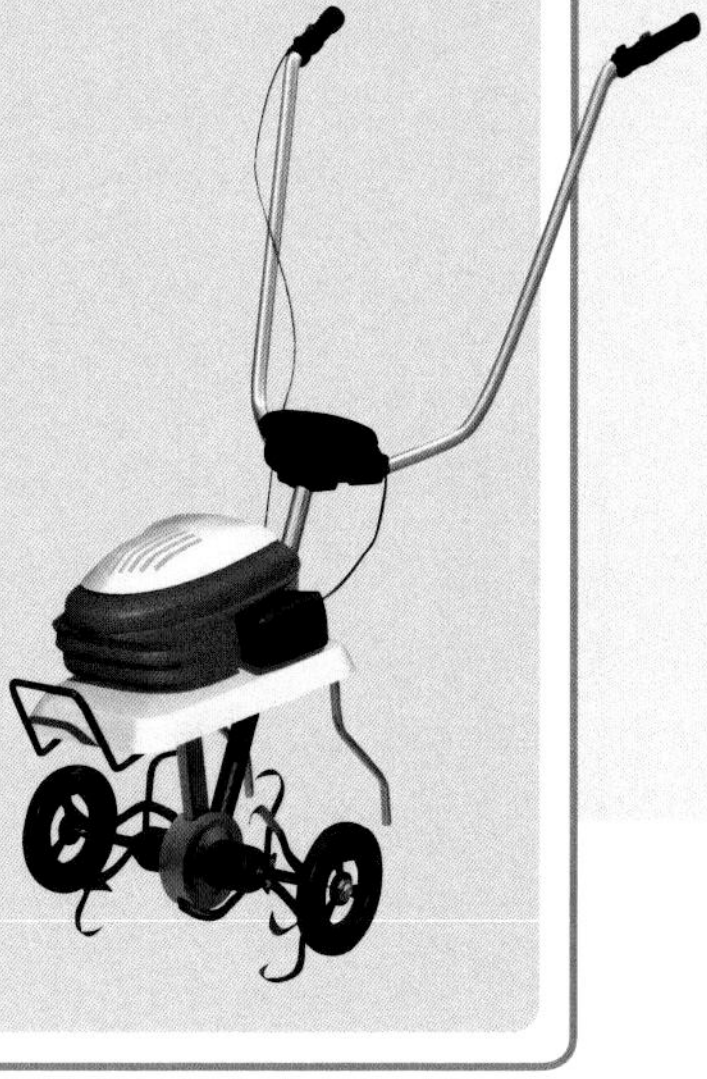

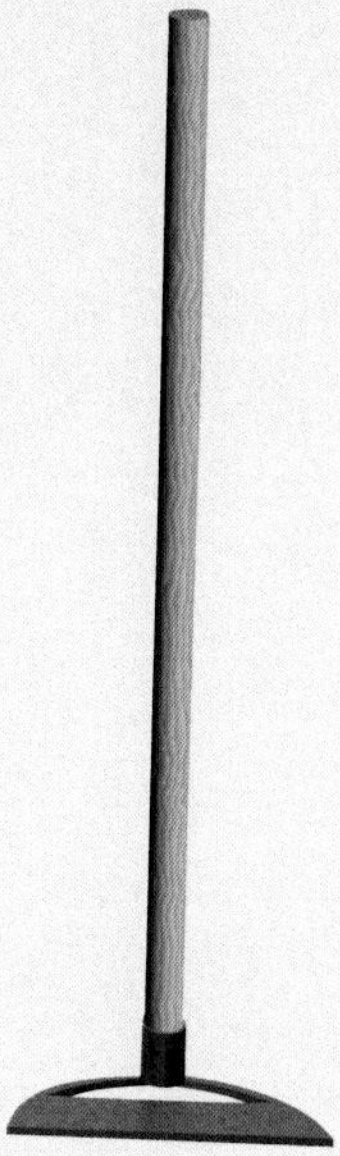

▲立鎌ホー

立ったままの姿勢で草刈りをしたり、平クワのかわりに使ったりと、使いがってがよい。

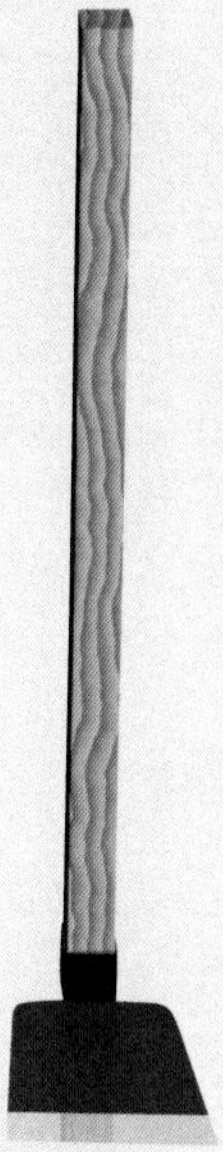

▶平クワ

クワは、土を耕したり畝をつくったりするときになくてはならない必需品。なかでも平たい鉄板状の平クワは使いやすいので、ぜひとも購入しておきましょう。

# はじめての菜園プラン

**限られたスペースの菜園を有効に利用するには、計画的な作付けプランが必要です。育てたい野菜のタネまきや植えつけの時期、生育期間などをしっかり調べ、一年の栽培計画を立てます。さらに、野菜には連作障害の出るものが多いので、2年目、3年目のことも視野に入れて計画を立てなければなりません。**

多くの種類を育てるのが家庭菜園の楽しみ。

## 多くの種類を少しずつ育てる

家庭菜園でとれた野菜は自分の家で食べるのが基本ですから、同じものが、いっときにあまり多く収穫できるのも困りものです。少しずつ、多くの種類の野菜を育てるのがおすすめです。1種類の野菜をたくさん育てるより、病害虫の発生も少なくなりますし、もし、何か失敗してもダメージが少なくなります。なにより、いろいろな野菜を育てる楽しさが味わえます。

菜園の広さや家族の人数にもよりますが、トマト、ナス、ピーマンなどは、2～3株ずつあればじゅうぶんでしょう。ゴーヤなどは1株植えておけば大きな実が毎日収穫できます。トウモロコシなら10～20株、エダマメなら20～30株、ホウレンソウやコマツナなら40～50株あればけっこう食べられます。

## 時期をずらしてタネをまく

カブやラディッシュ、エダマメやつるなしインゲンなどのように、適期に収穫しないとおいしくなくなるもの（収穫期間の短いもの）は、1～2週間ずつずらしてタネをまくのがおすすめです。収穫の適期もずれるので、長い間、おいしい野菜が楽しめます。

エダマメなどは、時期をずらしてタネをまくとよい。手前と奥とでは10日ほどタネまきの時期が異なる。

## 連作障害を避けるには？

野菜の中には、同じ場所で2年以上続けて栽培すると、生育が悪くなったり、病気が出たりして、うまく育たないものがたくさんあります。「連作障害」とか「いや地」とか呼ばれる現象で、土壌の栄養分のバランスが悪くなったり、自家中毒を起こす物質が根から分泌されたりすることが原因と考えられています。同じ科の野菜なら、種類が違っても連作障害が出ることがあります。数年間、ほかの科の野菜をつくっていると、また元の野菜が育てられるようになります。連作障害を避けるためには、菜園を3～4区画に区切って、植える野菜をローテーションさせていくことです。そのためには、同じ科の野菜は近くに集めて植えることが必要になります。

### 連作障害の出やすい野菜

| | |
|---|---|
| ナス科 | トマト、ナス、ピーマン、トウガラシ、ジャガイモなど |
| ウリ科 | キュウリ、シロウリ、スイカなど |
| アブラナ科 | カリフラワー、キャベツ、ハクサイ、カブなど |
| マメ科 | エンドウ、ソラマメ、インゲン、ラッカセイなど |
| その他の科 | サトイモ、イチゴ、ホウレンソウ、セルリー、レタス、パセリ、ニラ、トウモロコシなど |

＊ナス科、ウリ科、アブラナ科、マメ科などは、同じ科の野菜でも連作障害が出ることがある。

### ほかの野菜をつくる年数

| | |
|---|---|
| 1年以上 | インゲン、カブ、ホウレンソウなど |
| 2年以上 | イチゴ、キュウリ、セルリー、ニラ、ハクサイ、パセリ、レタスなど |
| 3～4年以上 | トマト、ナス、ピーマン、カリフラワー、ジャガイモ、サトイモ、ソラマメなど |
| 5～6年以上 | エンドウ、スイカなど |

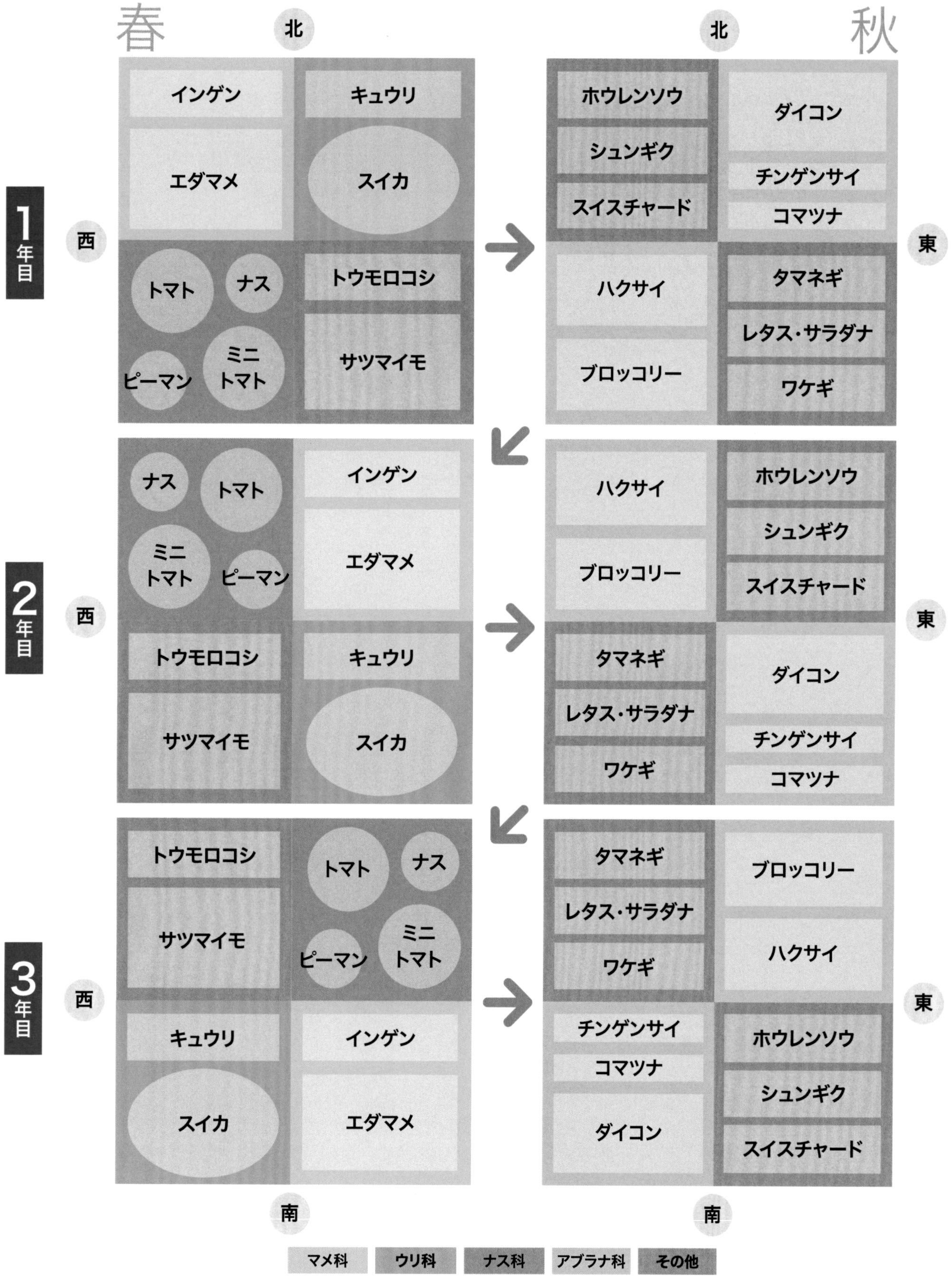
春
秋
北
南
西
東
1年目
インゲン
キュウリ
エダマメ
スイカ
トマト
ナス
トウモロコシ
ピーマン
ミニトマト
サツマイモ
ホウレンソウ
ダイコン
シュンギク
チンゲンサイ
スイスチャード
コマツナ
ハクサイ
タマネギ
レタス・サラダナ
ブロッコリー
ワケギ
2年目
ナス
トマト
インゲン
ミニトマト
ピーマン
エダマメ
トウモロコシ
キュウリ
サツマイモ
スイカ
ハクサイ
ホウレンソウ
シュンギク
ブロッコリー
スイスチャード
タマネギ
ダイコン
レタス・サラダナ
チンゲンサイ
ワケギ
コマツナ
3年目
トウモロコシ
トマト
ナス
サツマイモ
ピーマン
ミニトマト
キュウリ
インゲン
スイカ
エダマメ
タマネギ
ブロッコリー
レタス・サラダナ
ハクサイ
ワケギ
チンゲンサイ
ホウレンソウ
コマツナ
シュンギク
ダイコン
スイスチャード
マメ科
ウリ科
ナス科
アブラナ科
その他

# 1月・2月の野菜づくり

キャベツ、ブロッコリーなどの苗づくりはこの時期から始めますが、加温設備が必要です。秋まき野菜の防寒、菜園の土づくり、タネの注文なども1月から2月が適期です。

コウサイタイ
9月にタネをまけば1月から収穫できるハナナの仲間。とう立ちした茎と花蕾をおひたしやいため物などに利用する。
<タキイ>

## 1月にタネをまく野菜

なし

## 2月にタネをまく野菜

葉菜類
- キャベツ

## 1月・2月に苗を植える野菜

なし

# 3月の野菜づくり

いよいよ野菜づくりも本番です。忘れてはいけないのはジャガイモの植えつけ。3月下旬にはすませておきます。コマツナやカブ、リーフレタスなどのタネまきが始められます。

## 3月にタネをまく野菜

果菜類
- エンドウ
- プリンスメロン

根菜類
- カブ
- ゴボウ
- ダイコン
- ラディッシュ
- ニンジン

葉菜類
- エンダイブ
- パセリ
- キョウナ(ミズナ)
- ホウレンソウ
- コールラビ
- マーシュ
- コマツナ
- リーフレタス
- サイシン
- サラダナ
- シュンギク

## 3月に苗を植える野菜

根菜類
- ジャガイモ

葉菜類
- アスパラガス
- ミョウガ
- クレソン

コマツナ

ジャガイモ

# 4月の野菜づくり

多くの野菜のタネまきの適期です。トマトは早めにまいておきましょう。まだ寒い日もあるので、霜よけなどの防寒が必要です。

## 4月にタネをまく野菜

**果菜類**

- インゲン
- カボチャ
- プリンスメロン
- エダマメ
- ズッキーニ
- ラッカセイ
- オクラ
- トマト

**根菜類**

- カブ
- ゴボウ
- ラディッシュ

**葉菜類**

- コールラビ
- スイスチャード
- ヒユナ
- サラダナ
- ニラ
- ミツバ
- シソ
- 根深ネギ
- リーフレタス
- シュンギク
- パセリ
- ロケット

## 4月に苗を植える野菜

**果菜類**

- ズッキーニ
- 春キュウリ

**根菜類**

- サトイモ
- ヤマイモ

**葉菜類**

- アスパラガス
- クレソン
- 玉レタス
- アシタバ
- スイゼンジナ
- ミョウガ

# 5月の野菜づくり

5月の連休が終われば、遅霜の心配もなくなります。トマト、ナス、キュウリなどの夏野菜の苗を植えましょう。春先に植えた葉もの野菜は、とう立ちしてしまうものもあるので、早めに収穫します。

## 5月にタネをまく野菜

**果菜類**

- オクラ
- シカクマメ
- ヘチマ
- インゲン
- トウモロコシ
- ラッカセイ
- エダマメ
- ゴーヤ

**葉菜類**

- エンサイ
- スイスチャード
- ミツバ
- コールラビ
- セルリー
- モロヘイヤ
- サラダナ
- ツルムラサキ
- リーフレタス
- シソ
- パセリ
- ロケット
- シュンギク
- ヒユナ

## 5月に苗を植える野菜

**果菜類**

- ニラ
- トマト
- ピーマン、パプリカ
- ナス
- ゴーヤ
- ズッキーニ
- トウガラシ
- プリンスメロン
- 春キュウリ

**根菜類**

- サツマイモ
- ヤーコン

**葉菜類**

- アシタバ
- スイゼンジナ
- シソ
- ヨモギ
- ショウガ

サツマイモ

# 6月の野菜づくり

気温もぐんぐん上がってきて、雨も多くなります。野菜も生長しますが、雑草も多くなるので早めにとり除きます。泥はねで葉が汚れると病気の原因にもなるので、株元にわらを敷いて防ぎます。

## 6月にタネをまく野菜

**果菜類**
- インゲン
- エダマメ
- シカクマメ
- 夏キュウリ

**葉菜類**
- エンサイ
- コールラビ
- セルリー
- パセリ
- ミツバ

## 6月に苗を植える野菜

**果菜類**
- ナス
- ゴーヤ
- プリンスメロン

**根菜類**
- ヤーコン

**葉菜類**
- アシタバ
- スイゼンジナ
- 根深ネギ

ゴーヤ

# 7月の野菜づくり

春に植えた果菜類に実がなって収穫できます。ピーマンなどは早めに、トマトなどはじゅうぶん色づくのを待ってから収穫しましょう。わき芽摘みや摘芯を適切に行って、茂りすぎないようにしましょう。

## 7月にタネをまく野菜

**果菜類**
- エダマメ

**根菜類**
- ニンジン

**葉菜類**
- キャベツ
- セルリー
- ブロッコリー

## 7月に苗を植える野菜

**葉菜類**
- アシタバ
- ニラ
- 根深ネギ

ブロッコリー

根深ネギ

ニンジン

# 8月の野菜づくり

暑さの厳しい時期ですが、そろそろ秋に育てる野菜の準備をします。トマトやピーマンなどは、後作の予定があるときは早めに抜きとって、タネまきや植えつけの場所を確保しておきます。

## 8月にタネをまく野菜

根菜類
- ●ゴボウ
- ●ダイコン
- ●ニンジン
- ●ラディッシュ

葉菜類
- ●エンダイブ
- ●カラシナ
- ●コールラビ
- ●サイシン
- ●タアサイ
- ●チンゲンサイ
- ●ハクサイ
- ●ハナナ
- ●玉レタス

## 8月に苗を植える野菜

葉菜類
- ●ブロッコリー
- ●ワケギ

ハナナ

エンダイブ

ワケギ

# 9月の野菜づくり

多くの野菜のタネまきができます。冬が来る前に収穫したいものは早めにタネをまきましょう。キャベツ、タマネギ、レタスなどは暑さに弱いので、残暑の厳しい地方では日よけなどで涼しくしてやります。

## 9月にタネをまく野菜

根菜類
- ●カブ
- ●ゴボウ
- ●ダイコン
- ●ラディッシュ

葉菜類
- ●エンダイブ
- ●カラシナ
- ●キャベツ
- ●キョウナ(ミズナ)
- ●コウサイタイ
- ●コールラビ
- ●コマツナ
- ●サイシン
- ●サラダナ
- ●シュンギク
- ●スイスチャード
- ●タアサイ
- ●タマネギ
- ●チンゲンサイ
- ●ハクサイ
- ●ハナナ
- ●ホウレンソウ
- ●マーシュ
- ●ミツバ
- ●リーフレタス
- ●ロケット

## 9月に苗を植える野菜

根菜類
- ●ジャガイモ

葉菜類
- ●クレソン
- ●セルリー
- ●玉レタス
- ●ブロッコリー
- ●ニンニク
- ●ラッキョウ
- ●ワケギ

キャベツの苗

# 10月の野菜づくり

秋から冬どりの葉もの野菜のタネまきをします。秋のタネまきの1日の遅れは収穫時には1週間の遅れになるといいます。冬が来るまでにじゅうぶん生育できず、収穫できなくなるものもあるので注意しましょう。

## 10月にタネをまく野菜

果菜類
- エンドウ
- ソラマメ

根菜類
- カブ
- ラディッシュ

葉菜類
- キャベツ
- ロケット
- キョウナ(ミズナ)
- コマツナ
- シュンギク
- チンゲンサイ
- ハナナ
- ホウレンソウ
- マーシュ
- スイスチャード
- リーフレタス

キャベツ

## 10月に苗を植える野菜

果菜類
- イチゴ

葉菜類
- キャベツ
- セルリー
- ハクサイ

イチゴの苗の植えつけ。

# 11月・12月の野菜づくり

秋から冬の野菜の収穫はまだ続きますが、新しくタネをまいたり、苗を植えたりすることのできる野菜はだんだん少なくなります。少しずつ菜園を整理して、翌年の野菜づくりに備えましょう。

## 11月にタネをまく野菜

果菜類
- エンドウ
- ソラマメ

## 11月に苗を植える野菜

葉菜類
- タマネギ

## 12月にタネをまく野菜

なし

## 12月に苗を植える野菜

なし

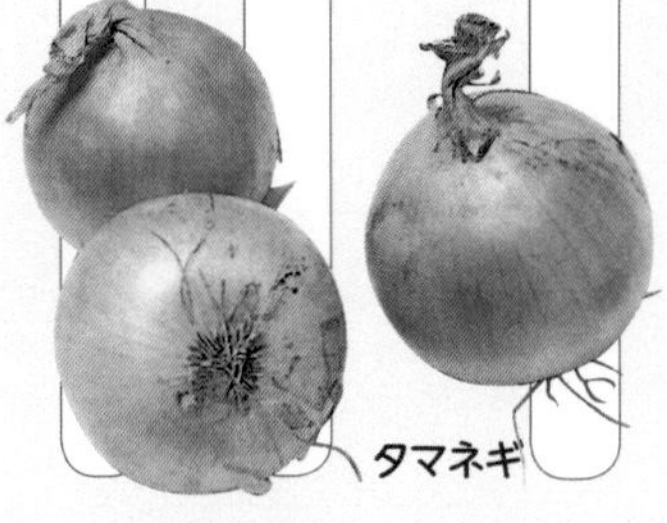
タマネギ

### [防寒]

レタス、コマツナ、チンゲンサイ、ホウレンソウなどの寒さに強い野菜も、防寒が必要です。寒さで枯れることはありませんが、霜に当たったりすると葉が傷んで食用にならなくなります。ビニールトンネルや不織布のべたがけなどがおすすめです。

ハクサイは結球した部分を外葉で包んで縛っておけば、傷むことはありません。

秋にまいたエンドウやソラマメは、北側にヨシズなどを立てて北風を防ぎます。

# 無農薬で安心、安全！

野菜を自分で育てるなら、農薬に頼らない
安心・安全な野菜づくりを心がけたいものです。
だれでも簡単に病害虫を避けることのできる、
そんな野菜づくりの方法について学んでいくことにしましょう。

# おいしくて安心・安全な野菜が食べたい!

野菜を育てる楽しみは、なんといっても汗を流す喜びに加えて、自然の恵みをおいしくいただくところにあります。そのためには、植物が本来もっている生命力を生かした栽培を心がけることが大切です。農薬を使わない安心・安全な野菜づくりにチャレンジしてみましょう。

## 自然の力で育った野菜は栄養価が違う

残念ながら、スーパーなどの野菜売り場に並んでいる野菜の多くは、農薬や化学肥料に頼った栽培方法で育てられています。

プロの農家は効率よく大量の野菜を高値で販売できるよう努力せざるをえませんから、これらを使用するのもやむをえないことかもしれません。

もちろん、厳しい安全基準にのっとって育てられたものですから、危険と感じるほどのものではないでしょう。でも、手間をかけること自体が楽しい家庭菜園では、そんな努力をする必要はありません。より安心・安全でおいしい野菜をつくることに力を入れたいものです。

ちなみに、季節はずれの野菜を温室などで促成栽培するのが昨今ではあたりまえのようになっていますが、自然の摂理に反した栽培を行おうとすれば、どうしても植物に大きなストレスがかかり、軟弱になりがちです。それでも健康そうに見えるのも、農薬や化学肥料の助けがあるからです。

では、自然の摂理に反して育てられたこれらの野菜が、自然の力だけでじっくり時間をかけて育った野菜と、同じ味、同じ栄養価なのでしょうか?

一説によると、いまの野菜は50年前のものに比べて、栄養価が大きく低下しているとか。ホウレンソウに含まれるビタミンCは5分の1に、トマトの鉄にいたってはなんと25分の1にまで低下しているというのですから驚かされます。

自然の摂理を無視した栽培方法に問題があると推測されているのです。

◀生命力の強いニンニクは、病害虫の被害も少なく育てやすい。

▶ハクサイは、外側を幼虫に食べられて穴をあけられたとしても、内側はきれいなままのことが多い。

◀コールラビは、キャベツよりもずっと害虫の被害が少ない。

無農薬無化学肥料栽培でも、
これだけの野菜がとれる。

## 農薬、化学肥料に頼らない野菜づくりを！

農薬や化学肥料に頼らずに野菜を栽培しようとすれば、なるべく自然の摂理に反しない育て方が求められます。そのためにはまず、旬を守ることが大切です。野菜に過剰なストレスを与えず、植物が本来もっている生命力を引き出しながら自然のまま育てることが、より健康的な野菜を育てることにつながるからです。

農薬をまけば害虫だけでなく、その天敵をも殺してしまいます。天敵がいなくなった環境下では、再び害虫が発生したとき、以前にも増して大量発生する可能性が大きくなるのです。また、化学肥料の使用は土中の微生物を死滅させてしまうなど、自然の生態系に悪影響を及ぼすことが指摘されています。このような環境のもとでは植物は健全に育つことができず、病気にかかりやすくなります。

その結果、ますます農薬に頼らざるをえなくなるという悪循環に陥ってしまうのです。このような事態を避けるためにも、家庭菜園では、農薬の使用を避けた安心・安全な野菜を育てるようにしましょう。

◀適切な環境下で育てれば、害虫の発生も抑えられる。

▼雑草対策用にもみ殻をまくのも効果的。

# 無農薬栽培はだれでもできる！

無農薬栽培は難しい？　そう不安に思っている人が多いのではないでしょうか？　でも、そんなことはありません。ポイントさえしっかり押さえておけば、だれでも簡単に栽培できる方法なのです。

## まずは、野菜が好む環境づくりから

安心・安全な野菜を育てるには、それぞれの野菜に適した環境を整えてあげることが基本です。温暖な気候を好む野菜（キュウリ、トマト、ピーマン、ナス、スイカ、サツマイモなど）、涼しい気候を好む野菜（ジャガイモ、ハクサイ、ニンジン、タマネギ、ホウレンソウ、キャベツなど）、乾燥を好む野菜（トマト、スイカ、サツマイモなど）、多湿を好む野菜（セリ、レンコン、クレソンなど）、強い日ざしを好む野菜（スイカ、トマト、キュウリ、ニンジン、ナス、トウモロコシなど）、日陰でもよく育つ野菜（セリ、ミョウガ、ネギ、シソなど）など、それぞれの特性に合わせた環境のもとで育てることが、なにより大切なことなのです。これを無視して不適当な環境のもとで無理に育てようとすると、野菜に過剰な負担をかけ、病気になりやすくなるのです。

▲おいしい野菜づくりは、よい環境を整えることから。

## 風通しをよくすることも大切

また、苗と苗の間隔が狭すぎたり、すぐそばに障害物などがあって風通しが悪くなると、野菜はうまく育ちません。葉が茂りすぎている場合も、蒸れたりして腐りやすく、病害虫の被害にあいやすくなるでしょう。苗と苗は、野菜ごとにほどよい間隔で植え、密になりすぎた場合は間引いて、風通しをよくしてやりましょう。これだけでも、病害虫の被害をかなり避けることができます。

▲害虫を見つけたら捕殺することも忘れずに。

## 連作障害にも要注意！

野菜の中には、毎年同じところに植えつけると、連作障害が生じるものがあります。これは作物の生育を阻害したり、病害虫を発生しやすくするものなので注意しましょう。特

◀苗と苗の間も、ほどよくあけて風通しをよくしたい。

▶肥料は元肥、追肥ともに鶏ふんを使うのがおすすめ。

にトマトやジャガイモ、ナスなどのナス科や、コマツナ、ハクサイ、ダイコンなどのアブラナ科の野菜などは、一度植えたところには、3～5年は同じ作物を植えないようにしましょう。そのためにも、どこに何を植えるか、連作にならないよう、年度ごとにきちんとした栽培計画を立てておくのがよいでしょう。ただし、有機物をじゅうぶんに畑にすき込むなど土壌管理がしっかりできるようになれば、その障害をかなり抑えられることも頭に入れておきましょう。

　また、1カ所の畑に、なるべく多種類の植物を育てるようにするのも病害虫を防ぐのに効果的です。微生物や昆虫などは、それぞれ種類によって好む環境が異なります。野菜の種類が少ないと、どうしても単一の微生物や昆虫が多く発生しますから、生態系のバランスをくずしやすくなるのです。これは病害虫の大量発生が起こりやすい環境ですから、ぜひとも避けたいもの。できれば、野菜だけでなく、ハーブや草花なども混在させるのがおすすめです。

　以上のように、それぞれの野菜に適した環境をきちんと守ることで、農薬などに頼らずとも、病害虫の被害を避けることができるのです。これらをしっかり頭に入れておくことで、無農薬栽培を始めるための準備ができたことになります。

▲無農薬無化学肥料栽培の畑。

▲農薬や化学肥料に頼らないほうがおいしい野菜が栽培できる。

▲広い畑があれば楽しみも倍増。

◀イチゴだってこんなにたっぷり！

## [自然農法にチャレンジ!]

家庭菜園においても、無農薬無化学肥料というのは、いまやあたりまえのことになりつつあるといえるでしょう。それに加えて、田畑を耕さず（不耕起）、除草さえしない（無除草）で育てるというのが自然農法。『奇跡のリンゴ』（石川拓治著 幻冬舎刊）で有名になった木村秋則さんが、リンゴ栽培において実践したことでも知られる農法です。その木村さんが師と仰ぐのが、『自然農法 わら一本の革命』（春秋社刊）の著者・福岡正信さんなのです。慣行農法の農業技術をひとつひとつ否定し、ほんとうに必要なものは何かを極限まで突き詰めて編み出した農法。だれもが簡単に実践できるというものではありませんが、農や食を通じて生きることの本質を見つめ直させてくれるものですから、一度はチャレンジしてみたいものです。

自然農法で育った野菜は味も濃厚。

# 成功の決め手は なんといっても、土づくり！

ここからは、いよいよ安心・安全な野菜づくりの具体的な作業について見ていくことにしましょう。無農薬で野菜がよく育つかどうか、その決め手は、なんといっても土づくりにかかっているといえるでしょう。よい土をつくることさえできれば、農薬などに頼らなくても、病害虫の心配もなくスクスクと育てることができるのです。

## ポイントは土づくり

安心・安全な野菜づくりに欠かせないのが、よい土づくりです。それは、水はけがよく保水性にすぐれ、かつ空気の流れのよい土のことです。このような土は植物が根を張りやすく、肥料の吸着力もよいので、植物が効率よく栄養分を吸収してくれるのです。無農薬で野菜を栽培する場合、最も重要なのがこの土づくりなのです。ここからは、よい土のつくり方を学んでいきましょう。

大切なことは、しっかりと完熟させた堆肥を畑にまくこと。未熟な堆肥をまくと、微生物が分解しきれないで残ってしまうため、硝酸態窒素の含有量の多い畑になってしまいます。このような畑で野菜を栽培すると野菜の中にも硝酸態窒素が残留することになり、人がこれを大量に摂取した場合、体内で発がん性物質を生じてしまう恐れもあるのです。また、未熟な堆肥が二酸化炭素やアンモニアガスなどの有害なガスを発生させ、植物の根を傷めたり害虫を寄せつけてしまうなど、さまざまな弊害をもたらしてしまいます。これを防ぐためにも、堆肥は完熟させてからすき込むことが重要なのです。落ち葉や米ぬか、野菜の残滓などでつくった自家製の堆肥だけでなく、市販の堆肥などの中にも完熟していない製品も多いので、購入してすぐに畑に施さず、堆肥置き場などを用意して、しばらく熟成させてからまくようにしたいものです。

## 畝づくりまでが最も重要な作業

完熟堆肥ができたら、畑にすき込みますが、すき込んですぐ使用する

◀畝をつくり終えたら、農作業の大半は終わったも同然。

▶肥料も完熟したものをまくことが大切。

### [堆肥と肥料の違いって?]

堆肥は、土壌の中に微生物や昆虫などがすみやすい環境を整えるために必要なもの。ふかふかの土にしてくれるのは、彼らのおかげです。一方、肥料は、植物自身が栄養素をとり入れるために施すもの。言いかえれば、堆肥は土に与えるもの、肥料は植物に与えるものともいえるでしょう。

ことはできません。土としっかりなじむまで、2～3週間ほど過ぎてから次の作業に移りましょう。微生物や昆虫が活発に活動して、畑の土をふかふかにしてくれるのを待つのです。土がやわらかくなったところで、ようやく畝をつくって、それぞれの野菜が必要とする肥料（元肥）を施していきます。ここで使用するのは、鶏ふんや魚粉、油かす、米ぬか、骨粉など有機質肥料ですが、これもじゅうぶん完熟したものを使用する必要があります。窒素分の多い有機質肥料を生のまま土に混ぜると、有害なメタンガスなどを発生させることがあるからです。害虫を呼び寄せたり、植物の根を腐らせてしまうなどの弊害が起きることも多いのです。これを防ぐためには、これらの有機質肥料に土、水を加えて、自然発酵させるのが最適です。3～4日ごとに切り返しておけば、2～3週間で完成。このボカシ肥料を畑に施して少し土になじませたところで、ようやくタネをまくことができるのです。

以上の作業は手間と時間がかかってたいへんなように思えますが、最も重要な作業ですから確実に行いたいものです。畝づくりが完了すれば、あとはタネをまき、苗を植えるだけ。以降の作業は、それほど神経質にならなくても、植物が自分の力で大きく育ってくれます。仮に害虫が発生したとしても、自家製の天然防虫剤でじゅうぶん駆除が可能。コンパニオンプランツ（166ページ）を組み合わせれば、さらに病害虫の発生を抑えることができるでしょう。

### [有機農産物って?]

有機農産物とは、「農薬や化学肥料を原則として使用せず、堆肥などによって土づくりを行った水田や畑で栽培された農産物」のことをいいます。「有機農産物」と表示して販売できる野菜は、国が認めた登録認定機関による有機JAS認定を取得した野菜だけです。この規格を満たすには、野菜の場合「植えつけやタネまきの前2年以上、禁止されている農薬や化学肥料を使用していない水田や畑で栽培された農産物」であることなどが求められています。

▲牛ふん堆肥を熟成中。

◀もみ殻は土をふかふかにしてくれるが、分解までに時間がかかるので要注意。

◀苗の植えかえはていねいに。

▼追肥として与える場合も、完熟したものを。

▼それぞれの野菜に見合った栽培方法を実践することも大切。

◀苗を植えたら、あとは野菜自体が自分の力で育つのを見守るだけ。

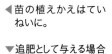

# 安心・安全な 堆肥・肥料をつくってみよう!

家庭菜園の成功のカギを握るといわれるのが、土づくり。
それに必要な堆肥や肥料も、できれば自分でつくってみたいもの。
簡単な堆肥や肥料のつくり方を学んでおきましょう。

## 堆肥づくりのポイント

▲木や板などを使って囲いをつくり、落ち葉や野菜の残渣、生ゴミ、米ぬかなどを積み上げて水をかけ、ビニールシートなどをかぶせて発酵させる。

▲1カ月に1回程度、切り返しを行う。

▲4〜6カ月で堆肥のできあがり。

◀EM菌はホームセンターなどで簡単に手に入る。

◀専用の密封容器も販売されている。

### EM菌を使って生ゴミを肥料に!

一般家庭の生ゴミは、栄養価が豊富ですから、捨ててしまうのは実にもったいないものですね。でも、家庭菜園を楽しむなら、ぜひともこれを肥料として活用したいものです。生ゴミを肥料とするのに役立つのがEM菌。これは、1994年に琉球大学農学部で開発された有用微生物群で、乳酸菌や酵母などの微生物でできた天然成分なので、無農薬無化学肥料栽培にも最適。使い方は、生ゴミに混ぜるだけといたって簡単。容器内で2週間ほど一次発酵させたあと、畑の土と混ぜて二次発酵させればできあがりです。

まずは、容器の底にEM菌をまいておく。

その上に生ゴミを広げる。

再度EM菌をふりかけて生ゴミと混ぜ、ふたをして発酵させるだけ。2週間ほど容器内で発酵させたあと、畑の土と混ぜて二次発酵させる。

# 安心・安全な天然防虫剤をつくってみよう!

病害虫を防ぐための天然防虫剤を、
台所にある安心・安全な材料を使ってつくることができます。
ここでは食酢や牛乳、焼酎、ニンニクなどを使った薬剤のつくり方を見ていくことにしましょう。

## 食酢+せっけん水

害虫を寄せつけにくくする効果に加えて、カビや細菌の増殖を抑えるのに効果的なのが酢。これを500倍程度に薄めたものを散布するだけでも効果があります。このとき、糊の役目を果たすせっけん水を混ぜると、効果を持続させることができます。

## 牛乳+せっけん水

アブラムシ対策には、牛乳をそのまま散布するだけでもじゅうぶん撃退が可能。アブラムシの動きを封じることができるからです。ただし、原液のままではすぐにスプレーが詰まってしまうので、せっけん水などで薄めて使用するのがおすすめです。

## 食酢+焼酎

食酢の効果をさらに強力にしたのが、焼酎を混ぜる方法。10ℓの水に30mℓ程度の食酢と焼酎を混ぜて使用しましょう。食酢、焼酎にニンニクやトウガラシなどを加えれば、さらに効果大。さまざまな組み合わせを試してみましょう。

## 木酢液+ニンニク

すりつぶしたニンニクを水にとかして葉面散布すれば、ハダニなどを撃退するのに効果的。これを市販の木酢液に混ぜて散布すれば、ネグサレセンチュウやネコブセンチュウなどの被害をも抑えることができます。

### [土壌殺菌用は濃く、葉面散布用は薄く]

天然防虫剤とはいっても、原液のまま散布すると植物自体の生育を阻害するものも多いので注意する必要があります。通常は200～1000倍に薄めて使用しますが、用途によっても濃度を変える必要があります。土壌に散布する場合は200倍程度の濃いものを、葉面に散布する場合は500～1000倍に薄めて使用しましょう。

### [草木灰を葉の表面に散布]

草や木を燃やしたあとにできる草木灰は、リン酸を含む肥料として利用できるだけでなく、病原菌や害虫を寄せつけない効果も期待できます。病害虫の予防のために、畝や葉面に軽く散布しておくのもよいでしょう。ホームセンターなどでも販売されていますが、自分でつくることもできます。

たくさん食べたい！

# 人気の定番野菜

家庭菜園でも人気の、おなじみの野菜です。食卓にのぼることも多いので、たくさんつくってもむだになりません。とれたての新鮮な味を楽しんでください。

## トマト

育て方 114ページ

家庭菜園では人気ナンバーワン。ビタミンなどの栄養が豊富で「トマトが赤くなると医者が青くなる」といわれるほど。5月下旬に苗を入手して植えるのが手軽です。

▲オレンジアイコ　肉厚でゼリーの少ない、甘みと酸味のバランスがよいミニトマト。＜サカタ＞

▼麗夏（れいか）　病気に強く育てやすい大玉種。＜サカタ＞

◀アイコ　家庭菜園で大人気のミニトマト。＜サカタ＞

▶オレンジ千果　果色はきれいなオレンジ色でつやがあり、カロテン含量が豊富。＜タキイ＞

◀ホーム桃太郎EX　糖度が高く酸味とのバランスも良好。樹上完熟で収穫ができる。＜タキイ＞

## ナス

育て方 118ページ

抗酸化作用があるといわれるポリフェノールの一種・ナスニンを豊富に含みます。ナスニンは皮に多いので、皮ごと調理して食べましょう。5月に苗を入手して植えれば、6月から10月まで、長い間収穫できます。

◀うす皮味丸　やわらかくて味のよい小型の丸ナス。まるごと漬けて食べるのがおすすめ。＜サカタ＞

◀飛天長　育てやすく、暑さに強いので秋まで収穫できる。＜サカタ＞

◀ドカンチョ　緑色のヘタが特徴の米ナス。大きくてタネが少なく、煮くずれしにくいので煮物にもおすすめ。＜サカタ＞

◀マー坊®　長さ25㎝にもなる赤紫色の長ナス。油との相性がよく、麻婆ナスには最適。＜サカタ＞

▶ＰＣ筑陽　高い単位結果性をもつ。とげがほとんどない長ナス品種。＜タキイ＞

◀早生大丸　肉質が緻密でよくしまり、皮がやわらかくて、田楽や煮ナスなどに。＜タキイ＞

◀緑美　長さ30㎝にもなる緑色の大長ナス。甘みが強く、焼きナスは絶品！＜タキイ＞

## キュウリ

育て方
78ページ

みずみずしくておいしい夏野菜。しゃきっとした歯ざわりで食欲を増進します。

4月から5月に苗を植える春キュウリ（立ちキュウリ）と、6月にタネをまく夏キュウリ（地這いキュウリ）があります。

▲味さんご
つくりやすく収穫量が多い。生でもぬか漬けでも食感が楽しめる。＜サカタ＞

▲VR夏すずみ　ウイルス病に強く、果実は濃緑でつやがあり、歯切れがよく、食味にすぐれる。＜タキイ＞

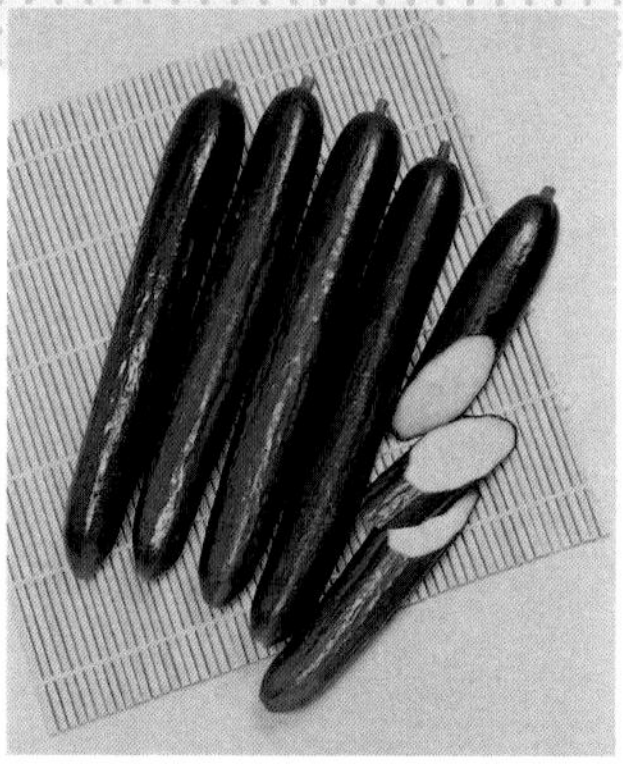

▲フリーダム　表面にいぼがない、つややかなキュウリ。さわやかな甘みで、とれたてを生で食べると最高。長さ17～19㎝が収穫の適期。＜サカタ＞

## インゲン

育て方
62ページ

少しずつ長く収穫できるつるあり種と、矮性のつるなし種があります。つるあり種は支柱を立てて育てます。つるなし種はタネまきの時期をずらして、長く収穫できるようにするのがおすすめ。春から初夏までタネがまけます。

▲アーロン　そろいが非常によくつくりやすい、丸さやのつるなしインゲン。＜サカタ＞

▼つるなしジャンビーノ
プランターでも育てやすい極早生種。タネまき後約55日で収穫できる。＜サカタ＞

▲恋みどり　草丈は50㎝程度のつるなし種。曲がりが少なく、すじなしの丸さやで長さは14㎝程度。＜タキイ＞

▼サクサク王子®
いままでのインゲンにはないサクサクした歯切れのよい食感で大人気。つるなしだが、やや背が高くなる。＜サカタ＞

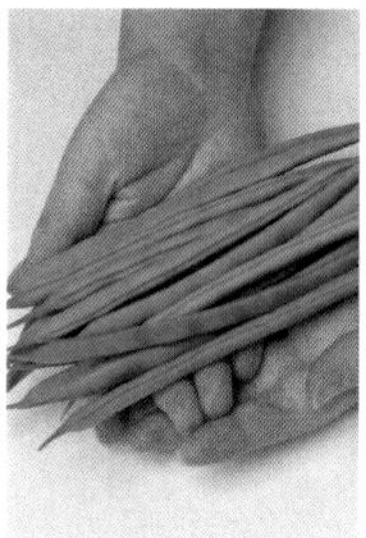

## カボチャ

育て方
72ページ

ビタミンと食物繊維が豊富な健康野菜。パンプキンパイやプリンなど、お菓子づくりにも大活躍です！　タネまきは4月から5月。家庭菜園では小型の品種がおすすめです。

▶ロロン
極粉質で肉質はきめこまかく、滑らかな舌ざわりと上品な甘さ。＜タキイ＞

▼プッチィーニ　200～300gほどの小型のカボチャ。まるごと電子レンジで加熱するだけでおいしく食べられる。＜サカタ＞

▲コリンキー　未熟果をサラダや浅漬けにする、若どり専用種。さわやかな味わい。＜サカタ＞

▲栗坊　たっぷり収穫できて貯蔵性も抜群の、うまさぎっしりのミニカボチャ。＜サカタ＞

▶雪化粧®
ホクホクで甘い、おいしいカボチャ。白い皮がユニーク。＜サカタ＞

▶バターナッツ
ひょうたん形の小型カボチャで、煮物や油を使った料理にぴったり。＜タキイ＞

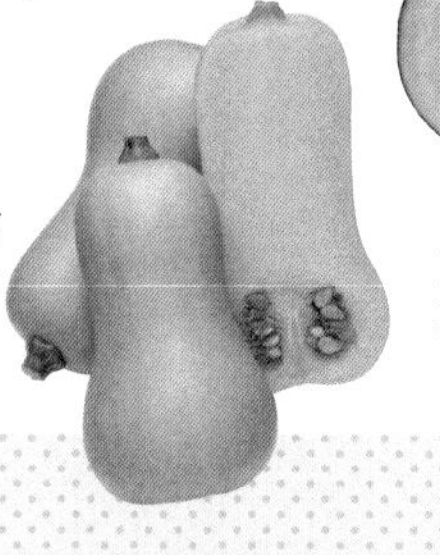

▶マッチャン
ズッキーニのように若どりする韓国カボチャ。みそ汁やいため物、焼いてもおいしい。＜サカタ＞

▲キンシウリ（ソウメンカボチャ）
果肉がそうめんのようにほぐれる不思議なカボチャ。煮物やスープ、サラダなどに。＜サカタ＞

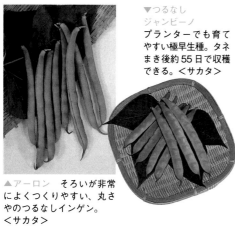

## ダイコン

育て方
104ページ

消化を助ける酵素（ジアスターゼ）が含まれる胃にやさしい健康野菜。煮物、漬け物、大根おろしなどで、たくさん食べましょう。色や形もバラエティー豊富。ほぼ一年じゅう栽培できますが、秋まきが育てやすくておすすめです。

◀天安紅心２号　果肉が赤い中国ダイコン。大根おろしやサラダ、浅漬けなどで、美しい色を楽しみたい。＜サカタ＞

▶冬自慢　みずみずしくておいしい青首ダイコン。葉が小さく、家庭菜園でも育てやすい。＜サカタ＞

▲おふくろ
煮くずれしにくく、煮物がおいしいダイコン。早太りです入りが遅く、つくりやすい。＜タキイ＞

▲あやめっ娘
首部が鮮やかな赤紫色になるミニダイコン。しっかりとした肉質で歯切れよく、甘みがある。＜サカタ＞

▲紅化粧®　甘くて生でもおいしい、小型のダイコン。サラダや大根おろしで美しい色を楽しもう。＜サカタ＞

▲紅三太　短形ミニダイコンなのでプランター栽培も容易。表皮は鮮紅色、肉質は歯切れがよくみずみずしい純白。＜タキイ＞

◀ころっ娘《こ》
暑さと病気に強いミニダイコン。長さ20～25㎝と小型でプランターでも育てられる。＜サカタ＞

## カブ

育て方
74ページ

ローカル色豊かな野菜で、古くからの定着品種が多くあり、各地の特産品になっています。家庭菜園向きの野菜で、小カブならタネまきから１～２カ月で収穫できます。春まき、秋まきのどちらでも簡単に育てられます。

▲あやめ雪®　甘くておいしく、食感のよい人気の小カブ。美しい彩りでサラダにもおすすめ。＜サカタ＞

▲耐病ひかり　強勢で太りが早く、小中～中大カブまで好みの大きさで収穫できる、栽培が容易な万能種。＜タキイ＞

▲二刀　耐病性にすぐれた春・秋どり用小カブ。肉質は緻密で、くせが少なく甘みが強い。＜サカタ＞

## ニンジン

育て方
122ページ

β-カロテンやカリウム、食物繊維などが豊富で、美容にもよい健康野菜。生食もできる品種もふえたので、サラダやジュースなどで楽しみましょう。最近は伝統的な赤ニンジンも人気です。小型の品種はタネまきから３～４カ月で収穫できます。

▲ベーターリッチ®
甘くくせがないのでジュースや生食に最適。寒さに強く周年栽培ができる。＜サカタ＞

▼ピッコロ
甘くてやわらかく、水分に富み、歯切れがよい、生食用にぴったりの極早生小型種。＜タキイ＞

▲陽明五寸
草勢が旺盛で病気に強く、耐寒性にすぐれた五寸ニンジン。＜タキイ＞

▼本紅金時
古くからつくられている京ニンジン。中まで真っ赤で、おせち料理に欠かせない。独特の味わいが人気。＜タキイ＞

▲恋むすめ
肌は滑らかでつやがあり、高温下の収穫でも変色しにくい。根形はやや短めの五寸形状。＜タキイ＞

◀恋ごころ
おいしさ満点！　ジュースやサラダにも最適の色のきれいな五寸ニンジン。＜タキイ＞

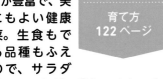

## ネギ

育て方
124 ページ

関西では緑色の部分を利用する葉ネギ、関東では白い部分を食べる根深ネギが人気です。いずれも発汗作用のあるアリシンを含み、体をあたためるので、かぜや冷え性に効果があるとされます。

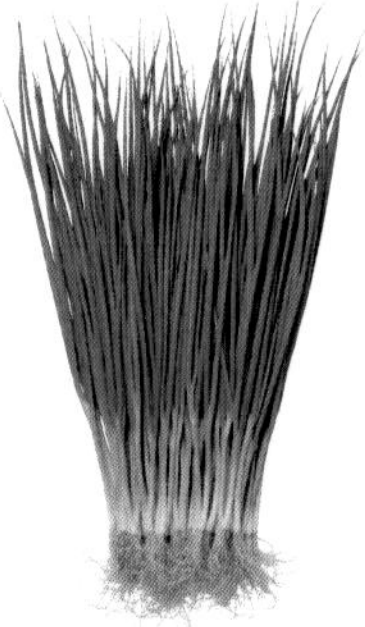

▲小春　暑さや寒さに強く年じゅう栽培できる、小～中型の葉ネギ。葉の伸びがよい。＜タキイ＞

▼春扇　葉鞘部の長さは 35 ～ 40㎝、太さは L ～ 2L でそろう。軟白部は繊維質が少なく、肉厚。＜サカタ＞

▼九条葉ねぎ　香りがよい、おなじみの葉ネギ。１本の茎から７～ 10 本株分かれする。＜サカタ＞

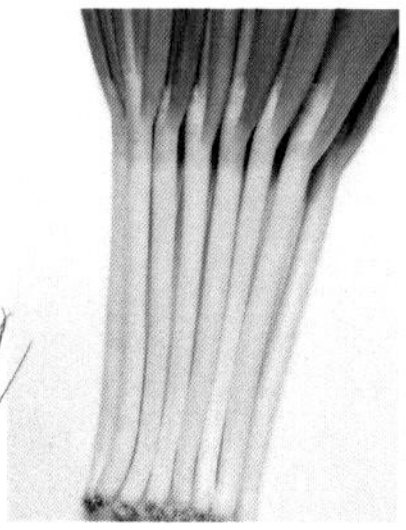

▲名月一文　黒柄系ながら肉質は緻密で味の濃い食味をもつ。特に焼き物、煮物料理に。＜タキイ＞

## タマネギ

育て方
106 ページ

血液をさらさらにする成分や、ビタミン、食物繊維などが豊富な健康野菜。和・洋・中、どんな料理にも合い、保存もできる、家庭菜園にはぜひとり入れたい便利な野菜で、秋にタネをまいて収穫は翌年春です。小さな種球を植えるセット栽培もおすすめです。

▲ハイゴールド１号　まろやかな味わいで人気の極早生種。４月中旬から収穫できる。＜サカタ取り扱い＞

◀チャージⅡ　辛みが少なくサラダにも最適。新タマネギにも向く極早生種。つくりやすく家庭菜園向き。＜タキイ＞

▶ネオアース　おいしくて色、つやも抜群。貯蔵性がよく、家庭菜園にも最適。＜タキイ＞

◀泉州中高黄　つくりやすい人気の定番品種。ずっしりした大玉に育つ。＜サカタほか＞

▶湘南レッド　さわやかな食感のサラダ用赤タマネギ。甘くてみずみずしく、辛みや刺激臭が少ない。＜サカタ取り扱い＞

## トウガン

育て方
110 ページ

ウリに近い野菜で、95%が水分という低カロリーのダイエット野菜。消化しやすく、弱った胃腸にやさしく食べられます。大きなものは 10kg近くにもなりますが、家庭菜園では小型の品種がおすすめです。

▲姫とうがん　約 1.5kgの俵形で、使いやすいミニトウガン。煮物のほか、サラダや浅漬けに。＜タキイ＞

## ラッキョウ

育て方
145 ページ

タマネギの効能をギュッと濃縮したような野菜がラッキョウ。甘酢漬けで食べるのが一般的ですが、家庭菜園でとれた新鮮なものは、ポテトサラダや薬味などでもおいしく食べられます。一般に「エシャレット」として売られているのは、ラッキョウを若どりしたものです。

▲エシャレット　土寄せして軟白し、早春より間引きながら、やわらかい葉つきで順次収穫。＜タキイ＞

## キャベツ

育て方
76ページ

胃腸薬にも用いられているビタミンUが豊富な、胃腸にやさしい健康野菜。ビタミン、カルシウム、カリウム、食物繊維なども含みます。冷涼な気候を好むので、秋にタネをまいて苗をつくり、春に収穫するのがおすすめです。

▶初秋　やわらかくて水分の多い、おいしいキャベツ。家庭菜園におすすめ。<タキイ>

▼金系 201 号　やわらかな食感が人気の、最も育てやすい極早生種。<サカタ>

▲ネオルビー　内部まできれいな、サラダの彩りにも最適の紫キャベツ。暑さに強く、育苗、栽培ともに容易な家庭菜園向き。<タキイ>

◀みさき　生食がおいしいタケノコ形キャベツ。春まき、夏まき向き。<サカタ>

◀サボイエース　やわらかくて生食、サラダに最適なチリメンキャベツ。ビタミンも豊富。<タキイ>

## ハクサイ

育て方
128ページ

鍋物や漬け物に欠かせない冬の野菜です。カルシウム、カリウム、ビタミン、食物繊維などが豊富で、かぜの予防や疲労回復、便秘予防などに効果があるとされています。

▲冬月 90　寒さにきわめて強い。葉はくせがなく甘みたっぷり、寒さに当たるほどさらに甘みが増す。<サカタ>

▲プチヒリ　食べきりサイズの極早生種。甘みがあり、いため物や鍋物に最適。<タキイ>

▲黄ごころ 85　やわらかくて甘みがある、品質良好なつくりやすいハクサイ。<タキイ>

## チンゲンサイ、パクチョイ、タアサイ

育て方
109ページ

いため物や煮物がおいしい、代表的な中国野菜。青軸系をチンゲンサイ（青梗菜）、白軸系をパクチョイ（白菜の広東語での読み方）と呼びます。タアサイは横に広がる系統です。

▲シャオパオ®　まるごと調理できる手のひらサイズのミニチンゲンサイ。すじが少なくて食べやすい。<サカタ>

▲タアサイ　やわらかくておいしい冬の青菜。寒さに当てるとおいしさが増す。<タキイ>

◀パクチョイ　軸が白いのが特徴。煮てもいためてもおいしい。<タキイ>

▶長陽　肉厚でおいしい、コンパクトに育つチンゲンサイ。暑さに強く育てやすい。<タキイ>

## サントウサイ

育て方
90ページ

初心者にもおすすめの結球しないハクサイ。栽培期間が短く、栽培も楽です。味や歯ざわりはハクサイとほぼ同じです。

▶新あづま　玉は尻張り・胴張りがよく、球長は 40〜43㎝と長い。漬け物用に最適な半結球ハクサイ。<タキイ>

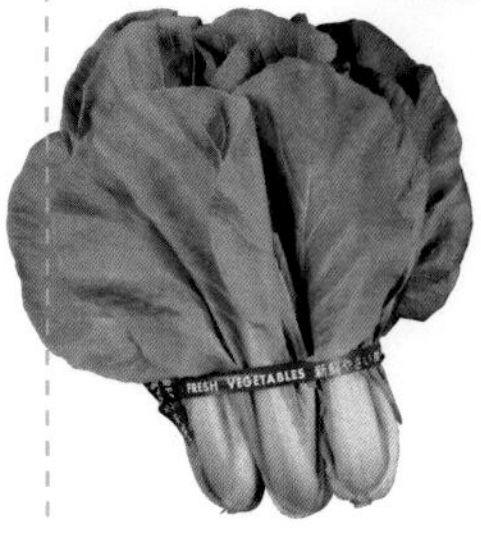

◀丸葉山東菜　やわらかくておいしく、煮物、漬け物に最適。暑さにも強くつくりやすい。<タキイ>

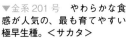

## ホウレンソウ

育て方
138 ページ

ビタミン、カルシウム、鉄などが多く含まれ、貧血や肌荒れなどによい健康野菜。品種を選べば、ほぼ一年じゅう育てられますが、秋から冬が育てやすくておすすめ。寒さに当てるとおいしくなります。

▲冬ごのみ
葉数が多く株張りが良好。ホウレンソウ特有のアクが極めて少なく、くせのない良食味。＜タキイ＞

▼弁天丸　ルテインが豊富で病気にも強いおすすめ品種。寒さに強く、低温で甘みが増す冬どり種。＜タキイ＞

▲アクティブ
とう立ちが遅く、萎凋病やべと病に強い。葉は広く濃い緑色で、浅い切れ込みが入る。＜サカタ＞

## シュンギク

育て方
94 ページ

独特な香りが冬の鍋物には欠かせないキク科の野菜。タネまきから１～２カ月で収穫。

▲菊之助　苦みが少なくサラダに最適。「おたふくシュンギク」と呼ばれる葉の切れ込みが少ない丸葉系品種。＜タキイ＞

▶菊祭り　くせがなくサラダにしてもおいしいニュータイプのシュンギク。天ぷらもおすすめ。＜タキイ＞

◀さとにしき　味と香りのよい株張り中葉シュンギク。株ごと収穫する「根切り型」の栽培に向く。＜サカタ＞

◀大葉シュンギク　肉厚でやわらか、香りの強いおいしい品種。暑さ寒さに強く育てやすい。＜サカタ＞

## カラシナ

育て方
75 ページ

ピリッとした辛さが特徴の漬け菜の仲間で、若い葉はサラダに、大きくなったものは煮物や漬け物に利用します。害虫も少ない、育てやすい野菜。カラシ（マスタード）は、この野菜の種子を粉にして水でねったものです。

▲葉からし菜
やわらかくて独特の辛みがおいしい。煮物、漬け物、おひたしなどに。＜サカタ＞

▼セリフォン（雪里紅）
ピリッと辛い成分を含むカラシナの仲間。低温、乾燥に強く育てやすい。＜サカタ＞

▲コーラルリーフ・プルーム
鮮やかな赤紫に色づく生食用のカラシナ。うまみと辛みのバランスがよく、歯ざわりも最高。＜タキイ＞

## ハナナの仲間

育て方
131 ページ

とう立ちしてきたつぼみや茎を食べる野菜です。ハナナは春に黄色い花を咲かせるナノハナで、汁の実や、おひたし、からしあえなどで、春の薫りが味わえます。少し花が咲いてから収穫するときれいです。

▼オータムポエム
アスパラガスのような甘みと食感が楽しめる、中国野菜のサイシン（菜芯）とコウサイタイ（紅菜苔）の交配種。さっとゆでておひたしに。＜サカタ＞

▶冬華　品質がよく、濃緑色の花蕾のそろいもよい、おいしいハナナ。耐寒性が強く冬季の長期摘みとりに最適。＜タキイ＞

## キョウナ

育て方
80 ページ

関西ではミズナ（水菜）、ツケナ（漬け菜）と呼ばれる、おなじみの野菜です。古くから浅漬けや鍋物などに利用され、最近はサラダなどにも使われます。関東でも見かけるようになりました。

▲紅法師
目によいアントシアニンを多く含む赤紫のミズナ。ベビーリーフはサラダに、大きくなったものは漬け物やおひたしに。＜タキイ＞

◀水天　シャキシャキした食感でおいしいサラダ向きの品種。煮物にもおすすめ。＜サカタ＞

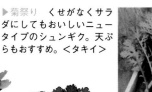

## サトイモ

育て方
88ページ

ねっとりした食感がおいしい、古くからある野菜。ヌルヌルの成分はガラクタンとムチンで、脳細胞を活性化し老化を防ぐといわれます。ポリネシアやミクロネシアなどで食べられているタロイモの仲間で、日本でも縄文時代から栽培されていたという説もあります。

◀八ツ頭芋　粉質で水分が少なく、味がよい。サトイモの中では最も大きな品種。＜タキイ＞

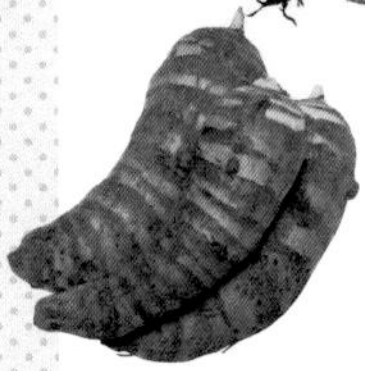

◀えび芋　やわらかく、煮ると粘りが出る。ずいき（葉柄）はあえ物や汁の実に。＜タキイ＞

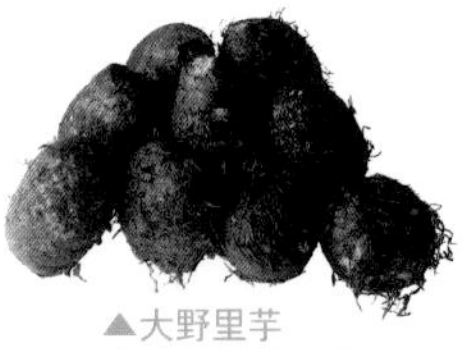

▲大野里芋　食味、品質のすぐれた福井県大野地方特産のサトイモ。子いも専用種。＜タキイ＞

## サツマイモ

育て方
86ページ

焼きいもやスイートポテトは、女性や子どもに大人気。いも掘りの楽しさも、秋の家庭菜園には欠かせません。やせた場所でも元気に育つ、初心者にも最適の野菜です。

▲パープルスイートロード　あっさりした甘みとホクホク感がおいしい、中まで赤いアントシアニンたっぷりの紫イモ。＜タキイ＞

▲紅あずま　甘くてホクホクした食感の、焼きいもに最適の人気品種。濃い紅紫色の皮が特徴。

## ジャガイモ

育て方
92ページ

掘りたて、ゆでたてのおいしさは家庭菜園ならでは。保存もできる、利用範囲の広い野菜です。春植え・夏どりのほか、秋植え・冬どり栽培もできます。

▶メークイン　ねっとりとした食感が魅力で味も最高！　皮がむきやすく、煮くずれしにくい、煮物に最適の品種。＜タキイ＞

▲レッドムーン　サツマイモと見間違えるような赤い皮のジャガイモで、ほんのりと甘みがある。煮くずれしにくく、どんな料理にもぴったり。＜サカタ＞

▲ノーザンルビー　調理しても美しいピンクの濃色赤色品種。病気に強く育てやすい。＜タキイ＞

◀シャドークイーン　濃色の紫色品種。ポテトサラダやコロッケに使うと見た目も美しい。＜タキイ＞

▲男爵　香りが高く、ホクホクとした食感の日本じゅうでいちばん多く食べられている人気品種。＜タキイ＞

## ヤマイモ

育て方
143ページ

独特のヌルヌルの成分は強壮効果があるムチンという物質。病後の体力回復、滋養強壮によいとされます。ジアスターゼなどのデンプン分解酵素を含み、健胃、整腸効果もある健康野菜。

4月にタネいもを植えつけ、晩秋に収穫します。

▲長芋　とろろ汁などにして食べるとおいしい、こん棒状に長く伸びるヤマイモ。＜タキイ＞

▼つくね芋　ねばりが強く栄養価も高い、滋養強壮食品として親しまれている。「大和芋」とも呼ばれる丸形のヤマイモ。＜タキイ＞

▲ねばり芋　きめこまかく甘みのある味で人気のヤマイモ。育てやすい短茎種（下の小さいものはタネいも）。＜タキイ＞

## エダマメ

育て方
64ページ

一年じゅう出回っているエダマメですが、やっぱり旬は夏。とれたて、ゆでたての味は格別です。人気の「茶豆」はひと味違ったおいしさで、家庭菜園でぜひ育てたい品種です。タネまきは4月から7月まで、時期をずらして数回に分けてまくと長く収穫できます。

▲おつな姫® 甘みと香り、風味のよさで大人気のエダマメ。茶豆のような味わいが楽しめる。＜サカタ＞

▼とびきり 葉が小葉で少なめなため、育てやすい。さやつきがよく3粒さやも多い品種。飽きのこないさわやかな味。＜サカタ＞

▲早生黒頭巾 黒豆特有の風味とコクのある甘みが味わえる、おすすめの黒エダマメ。＜タキイ＞

## ソラマメ

育て方
103ページ

とれたてをさっとゆでたものは、ビールのおつまみとしても最高！ ほかにもいろいろな料理にも利用できるのがソラマメ。旬の味を楽しみましょう。高温多湿が苦手なため、秋にまいて梅雨入り前に収穫します。

▲さぬき長莢早生 ひとさやに5～6粒入る、長さや種。耐寒性が強く作りやすい。＜タキイ＞

▲打越一寸 3㎝もある大粒の豆が人気の一寸ソラマメ。ひとさやに3粒入るものがたくさんとれる、丈夫で育てやすい品種。＜サカタ＞

## ラッカセイ

育て方
146ページ

地面の下にできる珍しい豆。新鮮な豆をゆでて食べる「ゆでラッカセイ」は家庭菜園ならではのおいしさ！ 乾燥させていってもおいしく食べられます。春にタネをまいて育てます。

◀おおまさり 普通の品種の2倍ほどもある大きな実のジャンボラッカセイ。「ゆでラッカセイ」にも最適。＜タキイ＞

## エンドウ

育て方
68ページ

春先に味わうサヤエンドウやグリーンピースが一般的ですが、最近人気なのは太った実をさやごと食べるスナップエンドウ。さっとゆでるだけでおいしく食べられます。甘みが強く、子どもたちにも大人気です。

▼久留米豊 グリーンピースとして利用する、実とり用の専用品種。つくりやすさでおすすめ。＜タキイ＞

▼スナック はじける食感と強い甘みが特徴。太った豆もみずみずしくておいしい。＜サカタ＞

▲成駒三十日 やわらかくておいしいサヤエンドウ用の品種。寒さに強く、丈夫で育てやすい。さやの長さは約7.5㎝。＜タキイ＞

▲グルメ さやは歯切れがよく肉厚で、甘みが特に強い。スナップエンドウとしては、さやの長さが9～10㎝と長い。＜タキイ＞

## ブロッコリー、カリフラワー

育て方
136ページ

緑色の花蕾が栄養満点のブロッコリーは、最初にできる大きな花蕾を収穫したあと、わき芽も収穫できます。カリフラワーは、ブロッコリーが突然変異で白くなったもの。最近はオレンジ色や紫の品種も出てきました。

▲美星®(みせい)　みずみずしくて生で食べてもおいしい家庭菜園向きのミニカリフラワー。直径10㎝ほどが収穫適期。＜サカタ＞

▲ピクセル　粒がこまやかで歯ざわりのよい、おいしいブロッコリー。生育が早くつくりやすい。＜サカタ＞

▲フォレスト　大きく育つ頂花蕾どり用のブロッコリー。暑さに強い、春まきにも適した品種。＜タキイ＞

▼ブライダル　中早生のカリフラワー。強健で肥大がよく、花蕾は緻密でしまり、厚みのある円形。＜サカタ＞

▶バイオレットクイン　紫色の美しいカリフラワー。ゆでると紫から緑へ色が変わる。＜タキイ＞

▲ロマネスコ　独特の形がおもしろい、ブロッコリーとカリフラワーの交配種。甘みが強く、茎までやわらかくておいしい。コーラル、さんご礁カリフラワーなどとも呼ばれる。

▼スティックセニョール　やわらかい花茎がおいしい、茎ブロッコリー。頂芽を小さいうちに収穫すると、側花蕾が次々と伸びてくる。＜サカタ＞

## アスパラガス

育て方
58ページ

甘いグリーンアスパラガスは、おやつとしても最適。疲労回復の効果のあるアスパラギン酸を含み、ビタミンも豊富です。宿根性の野菜で、一度植えれば6～7年は収穫できます。

▲シャワー　おいしいアスパラガスがたくさんとれる人気品種。病気に強く育てやすい。＜タキイ＞

## レタス

育て方
150ページ

栄養豊富な、サラダには欠かせないヘルシー野菜。いろいろなタイプがあり、玉レタスはキャベツのように結球しているおなじみのレタス、コスレタスは立ちレタス、ロメインレタスとも呼ばれる長卵形の半結球レタス、リーフレタスは葉が巻かないタイプです。ステムレタスは茎を食べるレタスです。

▲コスレタス　歯切れがよくておいしい、高さ20～30㎝の立ちレタス。エーゲ海のコス島で栽培されていたのでこの名がある。＜タキイ＞

◀フリフリッカー　育てやすい早生種。外葉が日よけの役割をし、日焼けによる白化や、しおれが起きにくい。＜サカタ＞

▶ケルン　甘くてこりこりした食感が人気のステムレタス。下葉をとり、皮をむいていためたり、軽くゆでてサラダなどに。＜サカタ＞

▲シスコ　寒さに強く栽培も容易な冬どり用の玉レタス。ビニールトンネルをかければ真冬にも収穫できる。＜タキイ＞

# ピーマン、トウガラシ

育て方
111、132ページ

ピーマンとトウガラシはもともとは同じ野菜で、辛いトウガラシから突然変異で生まれた辛くない品種がピーマン、パプリカなどと呼ばれるようになりました。最近は緑のほかに、赤、黄色、オレンジ色などのカラフルな品種も加わり、料理に彩りを添えてくれます。

現在では各地の料理に欠かせないトウガラシですが、世界じゅうに広く伝わったのはそれほど古いことではなく、コロンブスのアメリカ大陸発見のころだということですから、いまから500年ほど前。その後、各地の気候・風土に合ったさまざまな品種が生み出され、現在では、トウガラシの品種は2000種とも3000種ともいわれています。ビタミンが豊富な健康野菜で、辛みの成分のカプサイシンには、脂肪分解酵素を活性化し肥満防止の効果があるといわれます。

## ピーマン

▲セニョリータ® ミックス　赤、黄色、オレンジ色に熟すカラフルなフルーツパプリカ。甘みが強く、緑色の未熟果もおいしく食べられる。＜サカタ＞

▲イエローホルン、レッドホルン　甘くておいしい牛角形のピーマン。ビタミンも豊富。＜タキイ＞

▲京ひかり　ウイルス病に強く育てやすい中型ピーマン。＜タキイ＞

▲ピー太郎　苦みがなく、子どもにも人気の、新しいタイプ。果肉は厚くジューシーでおいしい。＜タキイ＞

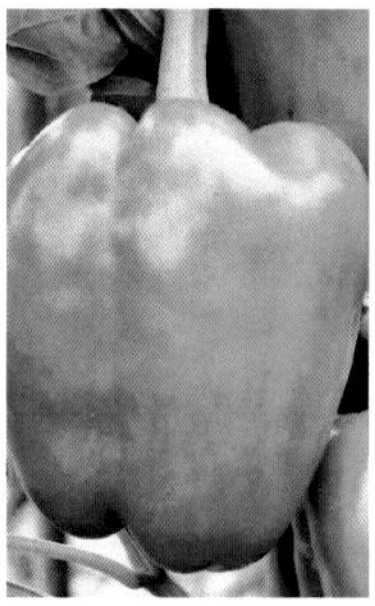

▲デカチャンプ　10㎝以上にもなるジャンボピーマン。肉厚、甘みたっぷりで、サラダにも向く。＜サカタ＞

▲ソニア ミックス　色鮮やかな大型のカラーピーマン。果肉がとても厚くジューシーで、さわやかな甘みがある。＜サカタ＞

◀ししピー　シシトウを大きくしたような形のピーマン。病気や暑さに強く、たくさん収穫できる。＜サカタ＞

## トウガラシ

▲甘とう美人　辛みのない、「万願寺」タイプのトウガラシ。実は長さ15㎝ほどで、やわらかくておいしい。＜タキイ＞

▲伏見甘長　10〜12㎝程度の長形で、早生の多収種。辛みが少なく、天ぷら、煮物などに。＜タキイ＞

▲ハラペーニョ・グリーンファイア　メキシコの激辛トウガラシ。辛さの中にもジューシーさがある。＜タキイ＞

▲鷹の爪　日本で最も多くつくられている辛み用トウガラシ。赤く熟したら株ごと収穫し、乾燥させる。＜サカタ＞

子どもも
大好き！

# デザート野菜

おいしいイチゴやメロン、スイカなどは、野菜というよりフルーツといった感覚。
大人も子どもも大好きです。
デザートやおやつとして人気の野菜を集めてみました。

## イチゴ

育て方
60 ページ

甘くておいしい、子どもの人気ナンバーワンの野菜です。ひとつの実が小さめの卵くらいのものから、原種に近い小型のものまで、多くの品種が出回っています。好みの品種を選んで育てましょう。一度植えると5年くらい収穫できます。鉢植えで育てるのもおすすめです。

▲まんぷく　実も花も大型で、大きなものは1果90gほどにもなる。肉質は密でやわらかくジューシー。とても甘い。＜タキイ＞

▼宝交早生　甘みと酸味のバランスがよい、初心者向きの定番品種。育てやすさでも人気。＜タキイ＞

▲紅ほっぺ　ジューシーで甘く、果肉もしっかりしているおいしい品種。実の大きさにもびっくり！
＜タキイ＞

## スイカ

育て方
96 ページ

夏には欠かせないジューシーな野菜。スイカを食べないと夏が来たという感じがしないほどです。多くの品種がありますが、家庭菜園には小型の品種がおすすめ。春に苗を入手して植えつけます。

▲ニューこだま　1個1.8～2kgほどの小玉スイカ。中は濃い黄色で美しく、甘くておいしい。極早生種で育てやすい、家庭菜園にもぴったりの品種。＜タキイ＞

▼タヒチ　黒くて丸い不思議なスイカ。甘みが強くておいしい。
＜サカタ＞

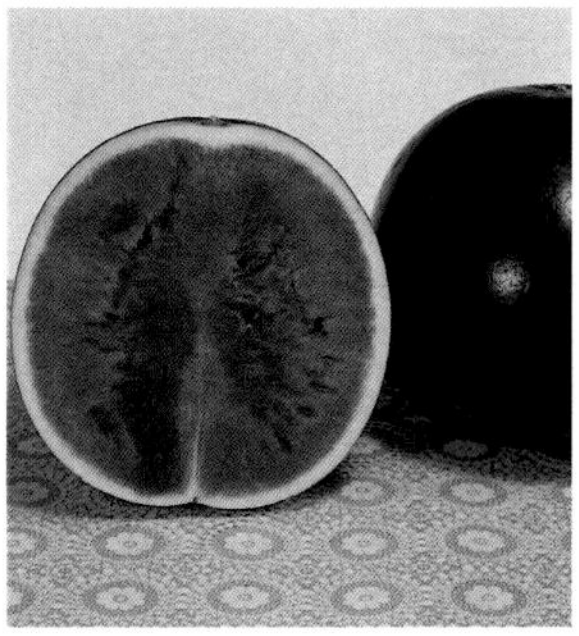

▲紅まくら　甘い香りと高い糖度が自慢の大玉スイカ。枕形の独特のフォルムが人気。
＜タキイ＞

## 食用ホオズキ

育て方
95 ページ

普通のホオズキは見るだけですが、これは食べられるホオズキ。甘ずっぱくてフルーティーな香りの実は、生食のほか、ジャムなどにしてもおいしく食べられます。

▶スカットパール
甘くておいしい、やや大粒のホオズキ。美しい緑色から完熟すると黄色くなる。
＜タキイ＞

▲スイートパール
オレンジ色のやや小粒のホオズキ。甘みとコクがある格別なおいしさ。
＜タキイ＞

## メロンの仲間

育て方
135ページ

高級フルーツの代表といえるのがメロンです。網目の出るネットメロンと、網目の出ないプリンスメロンに分けられますが、育てやすいのは網目の出ないプリンスメロン。古くから栽培されているマクワウリとネットメロンを交配してつくられた品種です。5月に苗を入手して植えつけます。畑にじかにタネをまいて育てることもできます。

▲かわい〜ナ
1株から10〜20個も収穫できる小型のメロン。手のかからない、家庭菜園向きの品種。1個300gほど。<タキイ>

▼レノン　オレンジ色の甘い果肉がぎっしり詰まった、おいしいネットメロン。上品な香りが人気。1個1.5〜1.7kgほど。<タキイ>

▲プリンスメロン
味も香りも抜群の、広く栽培されている人気品種。1個500gほど。<サカタ>

▶金太郎
甘くてほのかな香りのある、昔懐かしいマクワウリ。丈夫で育てやすく、初心者にもおすすめ。<タキイ>

▲ニューメロン　甘みと香りの強い、おいしい家庭菜園向きのメロン。1個300gほど。<タキイ>

▲ころたん®　甘くておいしいネットメロン。プランターでも育てられる。緑色の果肉がきれい！<サカタ>

## トウモロコシ

育て方
112ページ

ゆでたり焼いたりして、おやつにも最適なトウモロコシ。収穫後1時間で甘みが半減するといわれるので、とれたてを味わいましょう。スープやシチュー、サラダなど、いろいろな料理に使え、若い実を収穫したヤングコーンも人気です。

▶おひさまコーン7　皮がやわらかく、甘みが強い、極良質のスイートコーン。<タキイ>

▼まるポップ　家庭でポップコーンがつくれるトウモロコシ。完全に熟させてよく乾燥したものをいると、何倍にも膨らむ。<サカタ>

▼ゴールドラッシュ88　甘みが非常に強い、おいしい品種。皮もやわらかく食味は最高！<サカタ>

▲クリスピーホワイト　甘みが非常に強く濃厚。粒皮もやわらかで、サクサクとした食感。<サカタ>

▼ゆめのコーン®
味のよさ、つくりやすさで大人気。白と黄色の粒ができるバイカラー品種。<サカタ>

体を
元気に！

# 健康野菜

「医食同源」という言葉がありますが、最近、健康食品としての野菜が注目されています。食物繊維やビタミンの多い野菜は、それだけでも体によいものですが、特別な成分が含まれているものもあります。市販されていないものも多いので自分で育てて利用しましょう。

## アシタバ

育て方
57ページ

伊豆諸島に自生している野草です。葉を摘んでも、明日には葉芽が出てくるというので「明日葉《あしたば》」と呼ばれるようになりました。各種のビタミンやミネラルが豊富で、ゲルマニウムも含み、がんを予防する効果もあるといわれています。

▶アシタバ　光沢のある若い葉を摘みとって利用する。

## エゴマ

育て方
66ページ

奈良時代以前から、油をとるために栽培されていたといわれる古い作物で、一時期はあまり栽培されなくなりましたが、近年、健康野菜として見直されてきました。若い葉をサラダや薬味として使うほか、タネをゴマのように使うこともできます。

▼エゴマの葉

◀エゴマ　実からは油がとれる。

## モロヘイヤ

育て方
142ページ

手軽につくれる栄養満点の健康野菜の王様。暑さに強く、夏場にどんどん収穫できます。トロロナともいわれ、生葉を刻むと粘液が出て、独特の粘りが生まれます。手のかからない野菜で、鉢やプランターでも手軽に栽培できます。

▲モロヘイヤ

▲ハイクロップ
不結球キャベツのコラード。葉長30㎝ほどに伸びた若葉を随時収穫利用する。青汁に利用するほか、肉料理にもよく合う。＜タキイ＞

▲食べる健康ケール　おひたし、野菜いためなど、茎までいろいろな料理に。プランターでも栽培可能。＜サカタ＞

## ケール、コラード

育て方
81ページ

いずれもよく似た野菜で、結球しない原始的なキャベツの仲間です。ビタミン、ミネラルが豊富で、「青汁」として利用するほか、ゆでたりいためたりして食べることもできます。

▲青汁用ケール　栄養価の高い青汁用の不結球キャベツ。冷涼地では、夏から秋にかけて順次かきとる。肥培管理は普通のキャベツと同じ。＜タキイ＞

## ツルムラサキ

育て方
110 ページ

日本ではあまり普及していませんが、熱帯地方では一般的な野菜で、インディアンホウレンソウとか、セイロンホウレンソウなどとも呼ばれます。病害虫も少なく、無農薬栽培も容易。ほかの野菜が少ない真夏にたくさん収穫できます。やわらかい葉やつるを摘みとり、ゆでておひたしやゴマあえ、汁の実などに使います。観賞用にも利用される美しい野菜で、緑茎種と赤紫茎種があります。

▲美しいツルムラサキの花

▶ヤーコンの葉　乾燥させてお茶のように利用する。

◀ヤーコンの根
薄くスライスして生食がおすすめ。ナシのような食感で、ジュースにもできる。

## ヤーコン

育て方
142 ページ

オリゴ糖、ポリフェノール、食物繊維、カリウム、鉄、β-カロテンも多い栄養豊富な健康野菜。主に地下にできるサツマイモに似たいもを利用しますが、若葉を乾燥してお茶のように利用することもできます。草丈は 150㎝ほど。ヒマワリに似た大きな葉と太い茎で、花もヒマワリに似ています。春に苗を入手して植えつけます。

◀まるみちゃん
やわらかくておいしい、長くて丸いさやのオクラ。<タキイ>

▶赤オクラ
ゆでるときれいな緑色になる。

▼赤まるみちゃん
「まるみちゃん」の赤紫色品種。<タキイ>

▼グリーンソード
やわらかでおいしい五角形のオクラ。緑色が濃くきれい。<タキイ>

## オクラ

育て方
71 ページ

独特の粘りけがある健康野菜で、夏バテ予防によいとされます。生食でも加熱してもおいしく、数株あれば、夏から秋まで、毎日収穫できます。プランターでも手軽につくれます。

◀ピークファイブ　葉が小さく草丈も低いので倒伏しにくい。狭いところでもぐんぐん育ち、家庭菜園には最適。タネまき後 60 日が収穫の目安。<サカタ>

▼レッドソード　鮮やかな赤紫色の五角形のオクラ。加熱すると緑色になる。<タキイ>

◀ハナオクラ　花を食べる種類で、別名トロロアオイ。花弁をサラダなどに利用する。

▲オクラの花

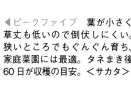

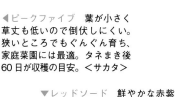

## ニラ

育て方
121 ページ

ビタミンが豊富な緑黄色野菜の代表で、スタミナ野菜として知られています。一度植えておけば手がかからず、暑さ寒さで葉が枯れても、季節が変わるとまた葉が伸びてきます。花茎を若いつぼみとともに利用するのが花ニラで、６月が収穫の適期。つぼみを包んでいる苞が開かないうちに、地上５㎝くらいで切りとり、いため物やゆでてサラダなどに利用します。

▶幅広にら
葉は幅広・肉厚で、やわらかくておいしい。暑さ寒さに強く、一年じゅう栽培できる。＜タキイ＞

## ニンニク

育て方
120 ページ

古代エジプトでも食べられていたといわれる、古くから利用されている健康野菜。独特な香りが、料理の味を引き立てます。病害虫にも強く、つくりやすい野菜で、とれたてのみずみずしさは、市販品にはないおいしさです。

◀紫ニンニク　外皮は紫色だが中は白い普通のニンニク。球径は５㎝ほど、生育旺盛な極早生品種。＜タキイ＞

▲葉ニンニクのタネ球

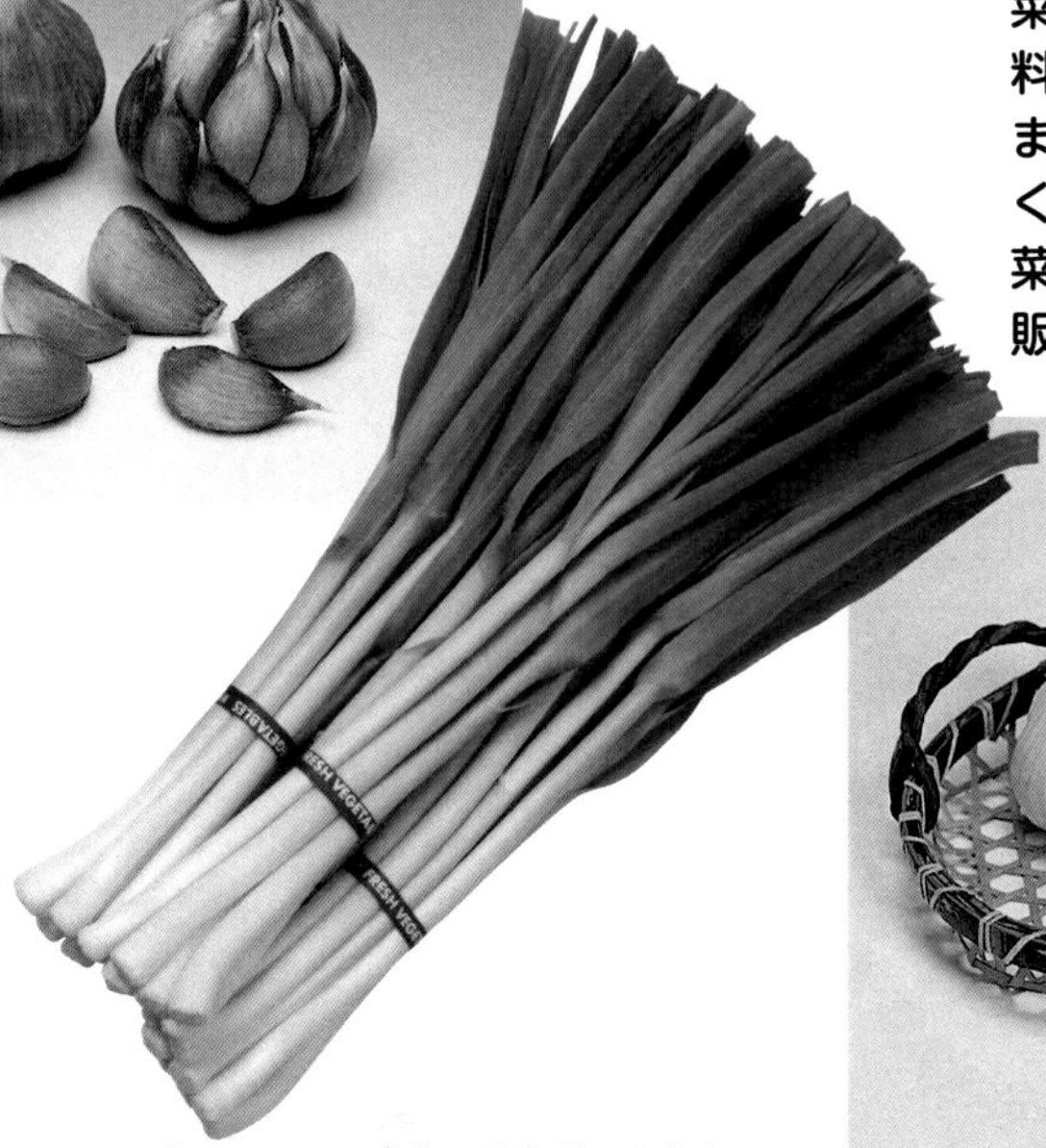

▲葉ニンニク　春先に長ネギのような若い茎葉を利用する。多めに土寄せをして、基部を軟白化させる。においも少なく、栄養も豊富。＜タキイ＞

▲ホワイト六片　白くて、鱗片が６個ほどあることから名づけられた代表的な品種。冷涼な地域に向く。＜タキイ＞

## ゴボウ

育て方
84 ページ

香りが高くおいしい根菜。なによりの特徴は食物繊維が豊富なことで、銅、マグネシウム、鉄なども豊富です。疲労回復、整腸、動脈硬化予防、糖尿病予防などに効果があるとされ、美肌にもよいといわれています。

▶サラダごぼう ダイエット　生のままサラダなどで香りのよさを味わいたい、やわらかでアクも少ない、太さ 1.5㎝ほどの小型のゴボウ。＜サカタ＞

本格フレンチ、イタリアンに！

# 西洋野菜

本格的なフランス料理やイタリア料理を食べることも一般的になってきましたが、そこに使われている野菜にはあまり見かけないものもたくさんあります。トマトやキャベツなども西洋野菜ですが、ここでは最近になって導入された野菜を紹介します。

## ズッキーニ

育て方 100ページ

緑色の品種はキュウリのように見えますが、カボチャの仲間で、食感はナスに似ています。薄く切って肉類といためたり、煮物やあんかけなどがおすすめで、和洋中、どんな料理にも使えます。たくさん咲く雄花も、おひたしや天ぷらなどにして食べられます。

▲グリーントスカ　つるが伸びないので場所をとらず、強健でつくりやすいので家庭菜園向き。＜サカタ＞

▲ブラックトスカ　濃緑色のズッキーニ。深みのある色が料理に映える品種。育てやすくたくさん収穫できる。＜サカタ＞

## スイスチャード

育て方 98ページ

ロシア料理のボルシチには欠かせないテンサイ（甜菜、砂糖大根、ビーツ）と同じフダンソウの仲間ですが、こちらは葉を食べるように改良されました。赤、黄色、オレンジ色など、カラフルな色彩が魅力で、サラダなどに利用すると、食卓に彩りを添えてくれます。

▲フダンソウ　暑さや乾燥に強く、葉ものの不足する夏に重宝する。＜サカタ＞

▲ブライトライト　葉柄や葉脈が、赤や黄色、白、オレンジ色などに染まるカラフルな品種。アク（シュウ酸）も少なく、サラダにも利用できる。＜タキイ＞

## アーティチョーク、カルドン

育て方 56ページ

いずれも高さ２ｍにもなる大型のアザミの仲間で、10㎝以上にもなる大きな頭花を咲かせます。日本ではあまり見かけませんが、ヨーロッパではポピュラーな野菜で、古くから高級食材とされています。アーティチョークはつぼみを、カルドンは主に葉柄の部分を食用とします。

▲カルドン
アーティチョークによく似ているが、とげが鋭いのが特徴。葉柄の基部などの多肉質の部分を食べる。

▼アーティチョークのつぼみ
全体に丸い感じで、花を包む托葉もふっくらとしている。花が咲かないうちに収穫して利用する。

## コールラビ

育て方 83ページ

欧米の家庭菜園では人気の野菜のひとつです。キャベツの仲間で、別名は球茎キャベツ。丸く肥大する茎を食べます。生でサラダなどにするのがおすすめで、カブとキャベツをミックスしたような味。緑白色種と赤紫色種、小型早生種と大型晩生種があります。

▶グランドデューク　やわらかくておいしい早生系の多収品種。直径５～７㎝。丈夫でつくりやすい。＜タキイ＞

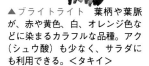

## エンダイブ

育て方
67 ページ

独特の苦みが特徴の葉もの野菜で、見た目はかなり違いますが、チコリ（アンディーブ）やトレビス（赤チコリ）に近縁です。キクチシャ、ニガチシャ、ニガナなどとも呼ばれます。広葉種と縮葉種がありますが、一般的なのは縮葉種。広葉種はエスカロールとも呼ばれます。

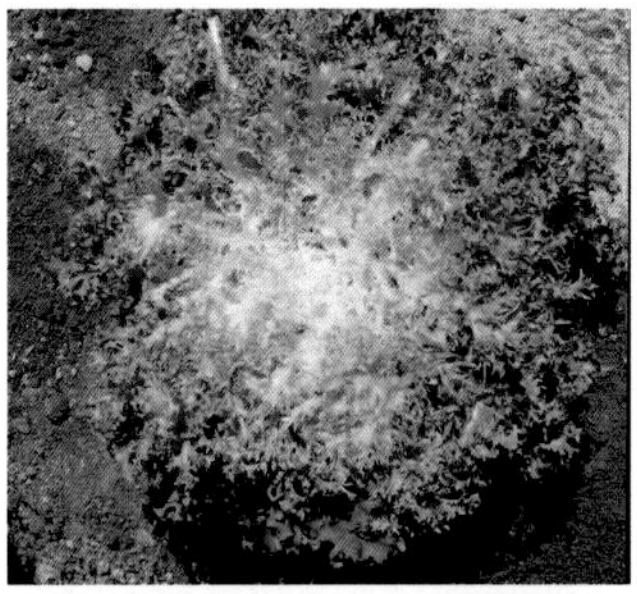

▶エンダイブ　ちぢれた葉の縮葉種。外葉を縛って中央を軟白すると、やわらかくなり、苦みもやわらぐ。<タキイ>

## リーキ

育て方
148 ページ

地中海沿岸地方原産のヨーロッパのネギで、フランス語では「ポワロ」。そのためポロネギ、西洋ネギとも呼ばれます。古代エジプトでも栽培されていたといわれるほど、古くから親しまれてきた野菜です。やわらかくて甘みがあり、フランス料理には欠かせません。

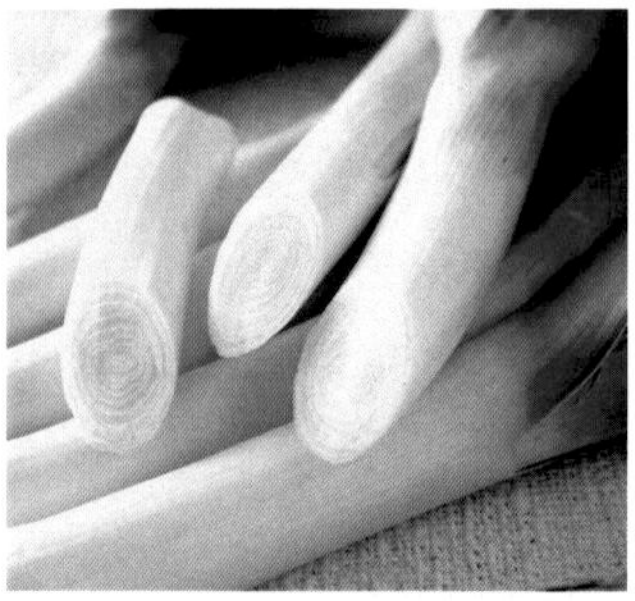

▶ポワロ（リーキ）　普通のネギよりにおいが少なく、煮込み料理や焼き料理に向く。加熱するととろけるように甘くなる。<タキイ>

## チコリ

育て方
108 ページ

チコリといえば、アンディーブとも呼ばれる白いチコリ（左の写真）をさしますが、近縁のトレビス（写真右）も赤チコリと呼ばれ、彩りとして最近よく使われています。半結球のレタスの仲間で、ほろ苦い味でサラダのアクセントになります。イタリアではラディッキオと呼ばれます。

▼チコリ（アンディーブ）
チコリは英名でヨーロッパではアンディーブと呼ばれる。苦みが強いので、軟白化したものがフランス料理などに使われる。

▲トレビスの花　エディブルフラワー（食用花）としても楽しめる。

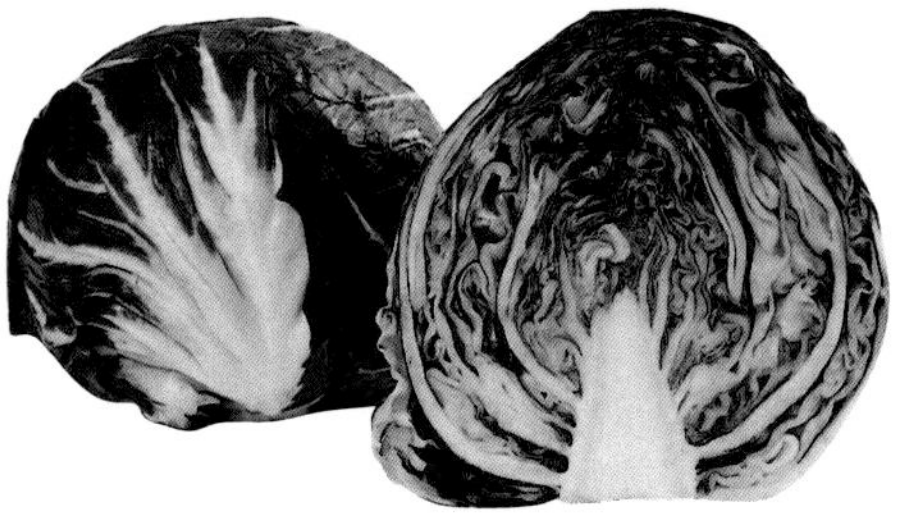

◀トレビス（赤チコリ）
さわやかな苦みとなめらかな歯ざわりがおいしいサラダ野菜。美しい色合いが人気。

## セルリー

育て方
102 ページ

さわやかな香りと歯ざわりを生かして、サラダなどに使われますが、スープや煮物、いため物などにしてもおいしい香味野菜。肉のくさみを消す効果もあります。暑さに弱く、少し気難しい野菜なので、ていねいに世話することが大切です。

▲コーネル　茎が太く、厚みがあり歯切れのよい品種。すじが少なくさわやかな香りがあり、生食やいため物でおいしく食べられる。<サカタ>

## スープセルリー、コリアンダー

育て方
99 ページ

スープセルリーは家庭菜園でも育てやすい小型のセルリーで、キンサイ（芹菜）、ミニセルリーとも呼ばれます。香りが強く、スープや料理の香りづけには最適。タイ料理に欠かせないコリアンダーも同じ仲間の野菜で、独特の香りを楽しみます。

▲スープセロリ（キンサイ）　セルリーの原種といわれる。香りが強く、いため物やスープ、サラダに利用できる。<サカタ>

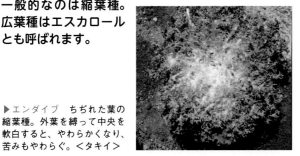

## メキャベツ

育て方
141 ページ

子持ちキャベツとも呼ばれ、小さなキャベツがいくつもつきます。普通のキャベツと同様に食べられますが、まるごとシチューやスープに入れて食べると楽しいでしょう。収穫期間も長いので、10 株くらいつくっておくと重宝します。

◀早生子持ち　暑さに強くて育てやすいメキャベツの代表品種。かわいい玉がたくさんつく。〈タキイ〉

▶ファミリーセブン　太く伸びた茎にびっしりと小玉がつくメキャベツ。ひとつひとつがきれいな球状になる。〈サカタ〉

## バジル

育て方
131 ページ

イタリアンには欠かせない料理用のハーブで、トマト料理やパスタのソース、ジェノベーゼソースなどに使います。シナモンバジルやダークオパールバジルなど、多くの仲間がありますが、よく使われるのはスイートバジルです。

▲スイートバジル　葉は鮮やかなつやのある緑色。スパイシーな香りの料理に向くハーブ。

▶ダークオパールバジル　葉や茎が濃い紫色になり、観賞用としてもおもしろいバジル。美しいルビー色のビネガーができる。

◀シナモンバジル　シナモンに似た強い香りが特徴。葉は緑色だが、茎やがくなどが紫色になる。

## チャービル

育て方
108 ページ

上品な香りが特徴で、美食家のパセリと呼ばれます。別名セルフィーユ。ふんわりとした繊細な葉の、パセリをマイルドにしたようなデリケートな香りです。いつも近くにあると便利なので、鉢やコンテナで育てるのがおすすめです。

▲チャービル　早春にタネをまけば、初夏から冬まで、長い間収穫できる。株が大きくなったら、下葉から順次摘みとる。

## ハーブ類

育て方
126 ページ

ハーブにはいろいろな種類があり、料理のほか、ポプリや入浴剤などにも利用します。家庭菜園の病害虫防除に効果があり、いっしょに植えた植物の生育を促進させるものもあり、そんなハーブをコンパニオンプランツと呼んでいます。

◀ローズマリー　強い香りのおなじみのハーブ。ハーブティーやポプリなどに利用する。殺菌や防虫効果も期待できる。

▼ルメックス（赤葉ソレル）　スイバの仲間で、若い葉をサラダやおひたしに利用できる。さわやかな酸味が特徴。

▼ポテトとチキンのローズマリー焼き

# 夏も元気！ 沖縄野菜

最近、長寿食として注目を集めているのが沖縄料理。ゴーヤに代表される沖縄野菜がふんだんに使われていて、エキゾチックな味も人気です。暑い夏にも元気に育ってくれるのもうれしいところです。

## ナーベラー（ヘチマ）

育て方 120ページ

本州ではあまり食べられていないヘチマですが、南九州から沖縄、台湾、中国にかけて野菜としてつくられています。若いやわらかな実を、いためたり、みそ汁に入れたりして利用します。

◀ナーベラー（ヘチマ）開花後10日前後のキュウリくらいの実を利用する。葉も食べられ、果実より栄養が豊富。

## アカモーウィ

育て方 57ページ

キュウリの仲間で、実が赤くなることからこう呼ばれます。実は長さ30cmほどに育ち、薄緑色→黄緑色→黄色→茶色と変化します。果肉は白で味は淡泊、ほのかな甘みも感じられます。

じゅうぶん生長して表皮が茶色になったものは、薄く切って浅漬けにしたり、いためたりして食べる。

未熟のものは、キュウリのように生で食べるとおいしい。

## スイゼンジナ

育て方 99ページ

沖縄ではハンダマ、熊本ではスイゼンジナ（水前寺菜）、金沢市付近ではキンジソウ（金時草）と呼ばれます。独特の香りがあり、煮ると粘りを生じます。汁の実、あえ物、酢の物、スープ、いため物、あんかけ、おひたしなどに利用します。

▲スイゼンジナ　葉裏が赤いのが特徴。観葉植物のギヌラの仲間で、観賞用として栽培されることもある。

▲アバシゴーヤ　アバシ（アバサー）とは魚のハリセンボンのこと。太くて短いタイプのゴーヤ。

▲各種のゴーヤ　右から、いぼのない「なめらかゴーヤ」、苦みの少ない「白ゴーヤ」、「中長ゴーヤ」。手前の「ミニゴーヤ」は観賞用。

## ゴーヤ（ニガウリ）

育て方 82ページ

栄養豊富な健康野菜で、独特の苦みには健胃効果があります。つる性で、垣根や壁面に這わせて育て、緑のカーテンとしても人気です。耐暑性、耐乾性、耐水性、耐病性の4つがそろった家庭菜園向きの野菜。レイシとも呼ばれます。

▼中長ゴーヤ
果実が25～30cmの中長タイプ。長さ35cmくらいになる「長ゴーヤ」もある。

## シマラッキョウ

育て方
145 ページ

普通のラッキョウと違って細長く、アサツキやワケギのような感じで、塩もみしておひたしのようにして食べます。天ぷらやバターいためもおすすめです。

▲シマラッキョウ（種球）　8月から９月に植えて、翌年４月ごろに収穫。

## エンサイ（クウシンサイ）

育て方
66 ページ

高温多湿を好む夏の野菜で、沖縄ではウンチェーバーと呼ばれます。東南アジアから中国にかけて広く利用されていて、食物繊維はホウレンソウの 3.5 倍、ビタミンやカルシウムも豊富な栄養野菜です。

▲エンサイ（エンツァイ）　若い芽先を２～３葉つけて収穫。茎が中空なのでクウシンサイ(空芯菜)、アサガオの仲間なのでアサガオナとも呼ばれる。

## シカクマメ

育て方
90 ページ

熱帯から亜熱帯地方ではよくつくられている豆で、沖縄ではウリズンと呼ばれます。栄養価が高く、成熟した種子はダイズ並みに高タンパク、高脂肪。さやに４列のひれがあり、切ると断面が四角形になることから「四角豆」と呼ばれます。

▲シカクマメ　インゲンと同様に若いさやを収穫して利用。若い葉や芽先も食べられる。

## シマオクラ

育て方
71 ページ

沖縄などでは一般的なオクラで、普通のオクラより大型で、大きくなってもあまりかたくならず、食べやすいのが特徴です。甘みが強く、苦みや渋みが少なく、粘りが強い、おいしいオクラです。

▲シマオクラ　普通のオクラのように角がなく、断面が丸いのが特徴。

## フーチバー（ヨモギ）

育て方
134 ページ

ヨモギは一般には草もちにするくらいですが、沖縄では、天ぷら、ジュース、お茶などに利用されます。茎葉を束ねて風呂に入れ、入浴剤としても利用できます。食物繊維、ビタミン、ミネラルが豊富です。

◀フーチバー　各地に自生している多年草で、やわらかな芽先や葉を摘みとって利用。葉にはたくさんの毛が生えている。

## シマトウガラシ

育て方
111 ページ

沖縄特産の長さ２㎝ほどの小型のトウガラシ。幹が木化して高さ1.5 mほどになるので、キダチトウガラシとも呼ばれます。タイのプリックキーヌー、メキシコのタバスコなどの仲間です。

▲シマトウガラシ　実は小型で辛みが強い。沖縄の辛み調味料のコーレーグースは泡盛にこの実をつけたもの。

## シマニンジン

育て方
91 ページ

沖縄で古くからつくられているニンジンで、沖縄ではチデークニと呼ばれます。チは黄色、デークニはダイコンのことで、黄色いダイコンという意味。煮ても焼いてもおいしいニンジンです。

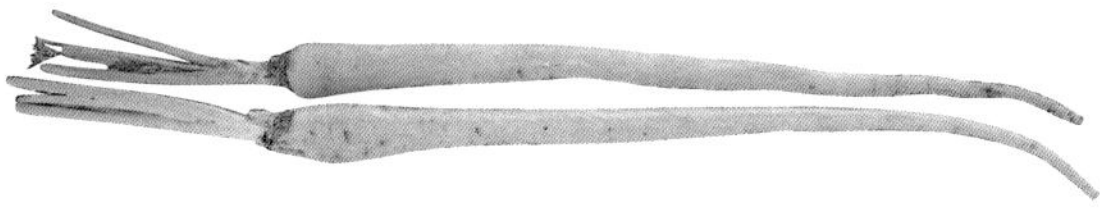

▲シマニンジン　普通のニンジンにくらべると、細くて長いのが特徴。長さは 30㎝ほどで、太さは 3㎝くらい。

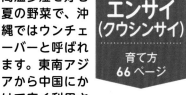

テラスやベランダで育てる!

# コンテナ向き野菜

小型の野菜、薬味として利用するパセリやシソ、ワケギなどの香味野菜、サラダ野菜やハーブ類などは、鉢やコンテナで育てるのもおすすめです。ベランダや軒先などで育てていれば、必要なときにすぐに摘みとって利用できます。

## パセリ、イタリアンパセリ

育て方 130ページ

少量あれば用が足りる香味野菜は、鉢植えにして手近なところに置き、いつでもすぐに摘みとって利用できるようにしておくと便利です。タネからでも苗からでも育てられます。

▲パセリ　葉がちぢれているのでモスカールドパセリとも呼ばれる。ビタミンCがレモンの2倍以上、ビタミンAはニンジンと同じくらい含まれている栄養野菜。残さずに食べよう。

▲イタリアンパセリ　味や香りがマイルドなヨーロッパのパセリ。葉がちぢれていないのが特徴。

## ラディッシュ

育て方 148ページ

ごく小型のダイコンで、20日間で育てられるということで、「二十日《はつか》大根《だいこん》」とも呼ばれます。真夏と真冬を除けばいつでも栽培できる、家庭菜園向きの野菜です。生で食べるのがおすすめで、サラダなどの料理の彩りとしてもきれいです。

◀カラフルファイブ　白、ピンク、赤、薄紫、紫と1袋でカラフルなラディッシュができる。やわらかい葉ごと、サラダや一夜漬けに。<サカタ>

◀レッドチャイム　赤丸型がきれいにそろって収穫できる。す入りが遅く、つくりやすい。<サカタ>

▲ニューコメット　生育が早くそろいのよい二十日ダイコンの一代交配種。<タキイ>

▲アイシクル　肉質が緻密で風味がよい、おいしいラディッシュ。<タキイ>

▲フレンチ・ブレックファスト　皮は鮮紅色で下部は白色。肉色は純白で、歯切れよく甘い極早生種。<タキイ>

## クレソン

育て方 81ページ

ピリッとした辛み成分はシニグリンで、高い殺菌効果や抗酸化作用があります。原産地はヨーロッパですが、現在では各地の水辺に野生化しています。生命力が強く、水に挿しておけば根が出て生長します。

▲クレソン　ピリッとした辛みとさわやかな香りがもち味。つけ合わせやサラダ、スープに。<サカタ>

## ヒユナ（バイアム）

育て方 134ページ

中国では一般的な野菜で、暑さに強く、夏場のホウレンソウの代替品として利用できます。バイアム、ジャワホウレンソウとも呼ばれる、ハゲイトウ（アマランサス）に近縁のヒユ科の野菜です。

▲いろこい菜　通常より葉色の濃いヒユナ。くせのない味で、おひたし、油いため、ゴマあえなどに。<フタバ種苗卸部>
http://www.futaba-seed.co.jp/

## マーシュ

育て方 139ページ

フランスの家庭菜園で人気の、丈夫でつくりやすいサラダ野菜です。ヨーロッパの小麦畑に生えていた野草で、そのため、コーンサラダとも呼ばれます。珍しいオミナエシ科の野菜です。

▶マーシュ　独特の風味でサラダのアクセントに。

## ミツバ

育て方 139ページ

１本の葉柄に３枚の小葉がつくことから「三つ葉」と呼ばれます。上品な香りの日本のハーブで、お吸い物や茶わん蒸しなどには欠かせません。株の根元を水につけておくと芽が出てきます。

▲白茎みつば　歯ざわりのよさと香りが身上の香味野菜。おひたしやお吸い物に。<タキイ>

## シソ

育て方 91ページ

ヒマラヤから中国にかけてが原産地で、日本には奈良時代に渡来したといわれます。当初は薬用に使われていたようで、現在でも各種の薬効が知られています。葉だけでなく花や実も、刺し身のつまなどに利用されます。

◀赤ジソ　梅干しの色づけに欠かせないのが赤ジソ。花はピンクで料理の彩りに利用できる。

▶青ジソ　さわやかな香りで刺し身やそうめんの薬味としては欠かせない日本のハーブ。大葉とも呼ばれる。

## ロケット

育て方 152ページ

いったゴマのような独特の香ばしい風味の、ヨーロッパではよく使われているサラダ野菜で、おひたしなどにもおすすめです。イタリアではルッコラ、フランスではエルーカと呼ばれます。

◀ロケットの花　エディブルフラワーとして、サラダなどに利用できる。

▲オデッセイ　ゴマの香りとクレソンの辛みのあるおいしいロケット。サラダ、おひたしなどにおすすめ。<サカタ>

## サンチュ

育て方
89ページ

焼き肉を包んで食べるのがこれ。カキチシャとも呼ばれる、古くから栽培されている野菜で、一時期あまりつくられなくなりましたが、韓国料理の流行で復活してきました。外葉からかきとって少しずつ収穫できるので、鉢植えでつくっておくと便利です。

◀玄関先で育てた鉢植えのサンチュ。

▼赤葉チマサンチュ
食材を包んで食べる、サンチュの赤葉種。主に夏秋まき・年内どりに向く。＜タキイ＞

◀青葉チマサンチュ
韓国料理に欠かせないサンチュの青葉種。春まき・初夏どり、夏まきも可。＜タキイ＞

## コマツナ

育て方
85ページ

鍋物などには欠かせない、おいしい野菜です。古くから栽培されている野菜で、東京・小松川（江戸川区）近辺が産地だったので、この名がついたといわれます。寒さに強く、雪の下でも濃い緑色を保ちます。

▶はまつづき
小型の丸葉で、つやのある濃緑色、葉軸が太く、味がよい。＜サカタ＞

## サラダナ

育て方
89ページ

葉にバターのようなスベスベした感触があるので、バターヘッドとも呼ばれます。リーフレタスの仲間ですが、やわらかくてあっさりした味で、サンドイッチなどに最適です。生がおいしい野菜ですから、自分でつくってとれたてを味わいましょう。

▶岡山サラダ菜　濃緑大型葉で切れ込みやしわが少ない極早生種。暑さ寒さに強く、周年栽培できる。＜タキイ＞

## ワケギ

育て方
153ページ

地下に小さな球根をつけるネギの仲間で、秋から初夏にかけて緑色の葉を伸ばし、夏に枯れて休眠します。薬味には緑色の葉を切って使います。地下の球根も、みそなどをつけておいしく食べられます。葉を切っても、しばらくするとまた葉が伸びてきます。

▶わけぎ　ネギより葉が細くやわらかで、香りもよく薬味に最適。長さ30～40㎝に伸びたころ収穫する。＜タキイ＞

## リーフレタス

育て方
149ページ

結球しないレタスで、普通のレタスよりも育てやすく、家庭菜園には最適。鉢やコンテナにもおすすめです。青葉種と赤葉種があります。赤葉種はサニーレタスとも呼ばれます。新鮮さが命ですから、とれたてを味わいましょう。

▶レッドウェーブ　みずみずしく葉に厚みがあるおいしいリーフレタス。寒さに強く、つくりやすい。＜サカタ＞

# ムスクラン

ムスクランとは「７種混合」という意味。数種類の洋風サラダ野菜をミックスしたものです。北イタリアが発祥の地で、エンダイブ、エスカロール（広葉エンダイブ）、レタス、タンポポ（ダンディライオンともいう食用タンポポ）、トレビス（赤チコリ）、ロケット、マーシュの７種が基本のようですが、バジル、スープセルリー、リーキ、チャイブ、チャービルなどが入っている場合もあります。これらの数種類のタネが混合されたものが、ムスクラン、またはサラダミックスなどという名前で市販されています。ミックスされたタネが近くの店で入手できないときは、１種類ずつ購入して少量ずつまきましょう。

▲鉢植えのムスクラン　ひとつの鉢で、数種類のサラダ野菜が一度に栽培できる。

◀ムスクランのサラダ　大きく生長したものから順次収穫して利用する。

3

大きく育った葉から、必要に応じて切りとって収穫。

1

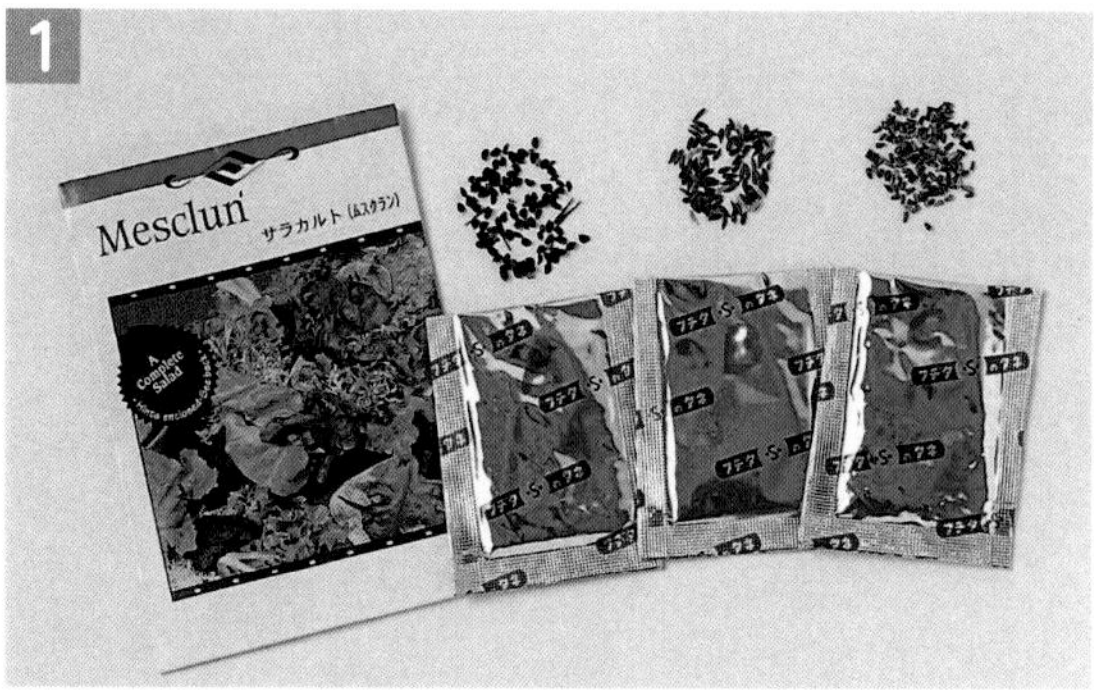


ムスクランのタネ。数種類のサラダ野菜のタネが入っている。

4

収穫した葉。左から、リーフレタス、エスカロール、チャービル、ロケット。

2

タネは適量を混ぜ合わせて、大きめの鉢にまく。種類がかたよらないように注意。少量の用土と混ぜてまくと薄く均一にまける。

# タネや苗の入手法

リーフレタスの苗

ピーマンの苗

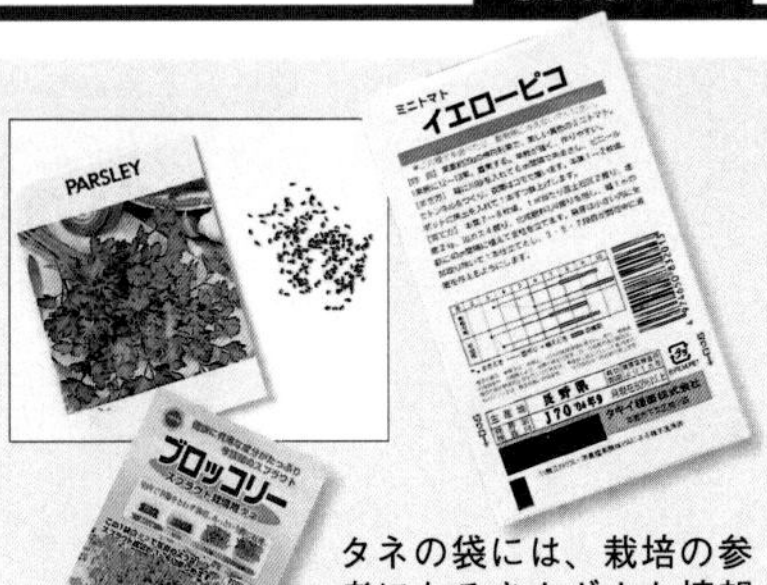


各種の野菜のタネ。

タネの袋には、栽培の参考になるさまざまな情報が書き込まれている。買うときは有効期限のチェックも忘れずに。

### ◆タネをまくか、苗を植えるか？

野菜を育てるには、タネをまいて育てる方法と、苗を購入して植えつける方法があります。タネか苗、どちらか一方しか入手できないものもありますが、両方が売られているものもあります。いずれも、長所と短所がありますから、自分に合った育て方を選びましょう。

一般に、トマトやナスなどのように、家庭菜園では数株あればよいものは、苗を購入して植えるのがむだがなくて便利です。ただし、苗が売られていないものも多く、あっても品種名がはっきりしないものもありますので、注意が必要です。

コマツナやホウレンソウなどのように、タネからでもそれほど時間がかからない小型の葉菜類は、タネをまいたほうがよいでしょう。コマツナなど、最近は苗が売られているのを見かけますが、タネから育てるのに比べると割高になります。ただし、プランターなどで数株あればよい場合は、苗から育てるほうが手軽でおすすめです。

### ◆苗の入手法

最近は、家庭菜園での野菜づくりが盛んになって、ホームセンターや園芸店などで、多くの野菜の苗が売られるようになりました。各地のＪＡでも売られています。

大型のホームセンターなどは、品ぞろえも豊富で、ほとんどの種類が入手できるようになりました。ただし、苗が売られるのは春と秋の植えつけ適期の前に限られているようです。購入が遅れると、どこへ行っても売っていない、ということになるので注意しましょう。お店の人に入荷の予定などを尋ねれば、いろいろ教えてくれます。

苗を購入してから植えつけまでに間があるような場合は、日当たりのよい場所で水ぎれさせないよう、ときどき水やりをしながら植えつけを待ちます。

### ◆タネの入手法

苗と同様にホームセンターなどでほぼ一年じゅう売られているので、早めに入手しておくのがよいのですが、タネには有効期限があり、時間がたつと発芽しなくなるので、半年以上も前に買うのはおすすめできません。有効期限をよく確かめてから買いましょう。

### ◆通信販売を利用する

ほしい野菜のタネや苗が近くで売られていないときは、通信販売を利用すると便利です。通信販売をしている種苗会社としては、株式会社サカタのタネ、タキイ種苗株式会社が有名です。どちらもカタログを発行しているので、それをとり寄せて注文します。ホームページから注文することもできます。なお、本書で紹介した野菜の品種で、＜サカタ＞とあるのは株式会社サカタのタネ、＜タキイ＞とあるのはタキイ種苗株式会社でとり扱っている品種です。

#### 株式会社サカタのタネ

■注文方法■・カタログ「家庭園芸」を入手またはデジタルカタログ閲覧のうえ、専用注文書にてFAXまたは郵便で申し込む。
・オンラインショップ　https://shop.sakataseed.co.jp より申し込む。
■カタログの入手方法■カタログは年４回（３月、６月、９月、12月）発行。無料。郵便はがきに、郵便番号、住所、氏名（フリガナ）、電話番号、「カタログ希望」と明記して、下記宛先まで。またはFAXで請求。ホームページからの請求、デジタルカタログ閲覧も可能。
■問い合わせ先■ ☎ 0570-00-8716（ナビダイヤル）
FAX 0120-39-8716
〒221-0832　横浜市神奈川区桐畑8-3
株式会社サカタのタネ直売部通信販売課
■とり扱い品目の特徴■人気のオリジナル品種を中心に、野菜全般が充実した幅広い品ぞろえで、ハーブ、果樹、ベリー類も多彩です（時期により、とり扱い品目が変わることがある）。用土などの園芸用品も充実しています。

#### タキイ種苗株式会社

■注文方法■・カタログ「花と野菜ガイド」を入手のうえ、専用注文書にてFAXまたは郵便で申し込む。
・ホームページ　https://shop.takii.co.jp より申し込む。
■カタログの入手方法■カタログは年２回（６月、12月）発行。郵便はがきに、郵便番号、住所、氏名（フリガナ）、電話番号、「花と野菜ガイド希望」と明記して、下記宛先まで。またはFAXで請求。ホームページからも可能。
■問い合わせ先■ ☎ 075-365-0140　FAX 075-344-6707
〒600-8686　京都市下京区梅小路通猪熊東入
タキイ種苗株式会社通販係
■とり扱い品目の特徴■おすすめのオリジナル品種をはじめ、家庭菜園向けからプロ向けの品種まで、魅力あるタネや苗、農園芸資材などが充実していて、ハーブ、果樹、ベリー類も豊富。友の会会員には、園芸情報誌「はなとやさい」を毎月お届けします。また、カタログ・ネット通販でのお買い物が１割引き（一部商品を除く）、全国の植物園でお得な特典が受けられたり、友の会主催の講習会などにご招待。

# 野菜100種の育て方

＊本書で紹介する栽培方法は、とくにことわりのない場合は、関東地方の標準です。また、栽培カレンダーは、いろいろな作型のうち、初心者でも育てやすいと思われるものを掲載しました。

花も楽しめる大型のアザミの仲間

# アーティチョーク

**キク科／地中海沿岸地方原産**
**生育適温：10～22度**

近縁のカルドン。アーティチョークに比べると、がくなどのとげが鋭い。

**point**
★水はけのよい場所で育てる。
★元肥をたくさん入れて、しっかりした株に育てる。
★強風に注意。

| 1月 | 2月 | 3月 | 4月 | 5月 | 6月 | 7月 | 8月 | 9月 | 10月 | 11月 | 12月 |
|---|---|---|---|---|---|---|---|---|---|---|---|
| | | タネまき | ● | | | | | | | | |
| | | | | ━━ | ━━ | 収穫(2年目以降) | | | | | |

高さ2mにもなる大型のアザミの仲間で、日本ではあまり見かけませんが、ヨーロッパではポピュラーで、古くから高級野菜とされています。直径10㎝にもなるつぼみ（がくの基部や花托）を食べます。独特の香りと苦みで人気があります。

近縁種にとげの鋭いカルドンがあり、混同されることもありますが、こちらは主に、とう立ちした葉柄の部分を軟白して食用とします。いずれも大型で美しい花を咲かせるので、庭のアクセントとして育てるのもおすすめです。

ビタミンCやカリウムのほか、水溶性食物繊維を多く含んでいて、糖尿病や脂質異常症の予防にも効果があるといわれます。古くは媚薬の効果もあるとされていたようです。

## ◆タネまき

タネを入手して鉢などにまき、本葉4～5枚まで育った苗を畑に植えつけます。水はけのよい場所を好みます。株が大きくなり、生長期間も長いので、植えつけ場所には有機質の元肥をたっぷり入れておきましょう。2株以上を植えるときは、株間を1mくらい離して植えます。

近くに育てている人がいれば、秋に株元から出てくるわき芽をもらって植えつけることもできます。

## ◆収穫

春先にタネをまいた場合は、その年は収穫できませんが、2年目以降は毎年収穫できます。初夏にできるつぼみがふくらんできたら、つぼみの下で切りとって、まるごと15分ほどゆがいて食べます。

## ◆追肥など

冬には花茎が枯れて、ロゼット状の葉で越冬します。冬の間に、株の周囲を掘って、堆肥や油かすなどの有機質の元肥を入れておきます。

春先にはアブラムシがつきやすいので、天然防虫剤などを散布して予防しておきましょう。

**利用法**

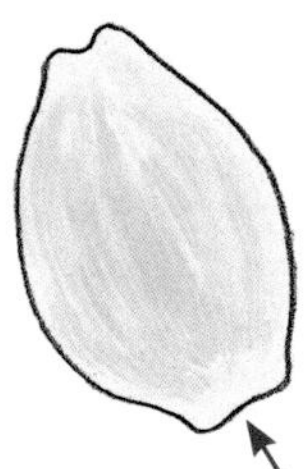

がくのつけ根にある多肉質の部分を、歯でしごいて食べる。

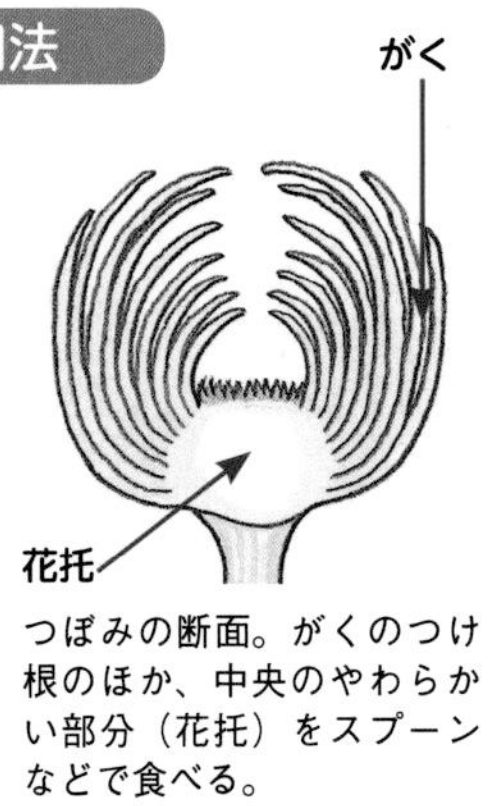


つぼみの断面。がくのつけ根のほか、中央のやわらかい部分（花托）をスプーンなどで食べる。

丈夫で体にもよい沖縄野菜

# アカモーウィ

**ウリ科／ヒマラヤ地方原産**
**生育適温：20～30度**

point
★株間を広くとる。
★親づるを摘芯して、子づるを伸ばす。
★虫の少ないところでは人工授粉する。

| 4月 | 5月 | 6月 | 7月 | 8月 | 9月 | 10月 |
|---|---|---|---|---|---|---|
| タネまき | | | 収穫 | 収穫 | 収穫 | |

沖縄特有のキュウリの仲間（黒いぼキュウリ系）で、実が赤（茶色）くなることから赤毛瓜（アカモーウィ）と呼ばれます。果実は長さ30cm、重さ700g以上に育ち、薄緑色→黄緑色→黄色→茶色と変化していきます。薄緑色から黄色の未熟の実はやわらかく、キュウリのように生で食べられます。よく熟して茶色くなった実はいため物、漬け物などのほか、トウガンと同じように煮てもおいしく食べられます。外見と違い、果肉は白で味は淡泊、キュウリのような青くささがなく、甘みも感じられます。

暑さや病害虫にも強く、全国どこででも育てられます。

700g以上の大果になり、実は薄緑色から茶色に変化する。

実は白く、味は淡泊でおいしい。

**◆タネまき**

夏キュウリ（地這いキュウリ）と同じようにタネをまいて、つるを地面に這わせて育てます。つるがよく伸びるので、株間は2mほどとします。

**◆つるの伸ばし方**

本葉5～6枚のころに親づるを摘芯して、子づるを3～4本伸ばします。側枝の発生は旺盛です。

**◆収穫**

虫がいれば受粉して実をつけますが、訪花昆虫の少ないところでは人工授粉が必要です。

がん予防の効果が期待される健康野草

# アシタバ

**セリ科／伊豆諸島原産**
**発芽適温：14～23度　生育適温：20度前後**

point
★寒冷地では防寒が必要。
★春先に地上部を刈りとる。
★花が咲いたら、夏～秋にタネをとって春にまく。

| 3月 | 4月 | 5月 | 6月 | 7月 | 8月 | 9月 | 10月 | 11月 |
|---|---|---|---|---|---|---|---|---|
| | 苗の植えつけ | | | | 収穫 | 収穫 | 収穫 | 収穫 |

※2年目からは、真冬を除けばいつでも収穫できる。

生育が速く、葉を摘んでも明日には葉芽が出てくるほどだ、ということで、明日葉（あしたば）と呼ばれるようになりました。ビタミン$B_{12}$をはじめとする各種ビタミンやミネラルが豊富で、ゲルマニウムも含む、香り高い野菜（野草）です。がん予防の効果が高いといわれ、動脈硬化、貧血、高血圧、低血圧、便秘、不眠症、糖尿病、リウマチ、更年期障害、冷え性、胃腸病、肝硬変などにも効果があるとされます。

常緑の多年草で、関東以南の太平洋沿岸の暖地では、野生化しているものも見かける。光沢のある若葉を摘んでおひたしなどに。

**◆苗の植えつけ**

春先に市販の苗を入手して植えつけます。畑には苦土石灰と元肥をじゅうぶん入れておき、40cm間隔に苗を植えます。植えつけ後には、乾燥防止に、堆肥や腐葉土、ピートモスなどを株元に敷いておくとよいでしょう。

常緑の宿根草で、関東以南では、一度植えれば毎年収穫できます。

**◆収穫と追肥**

あまり開ききっていない、つやつやした光沢のある若葉を切りとり、おひたしや汁の実などに利用します。青汁やお茶にして飲むのもおすすめです。生育を見ながら、ときどき追肥を与えましょう。

1 苗を入手して植えつける。

2 光沢のある若い葉や芽先を摘みとって収穫する。葉が生長して光沢がなくなってくると、かたくなってくる。

アスパラガスは、一度植えると6～7年はそのままで収穫できる、手のかからない野菜。けっこう場所をとるので、庭や畑の隅などに植えておくとよい。

洋風の香味と歯ざわりが魅力

# アスパラガス

**ユリ科／南ヨーロッパ～ロシア南部原産**
**生育適温：15～16度**

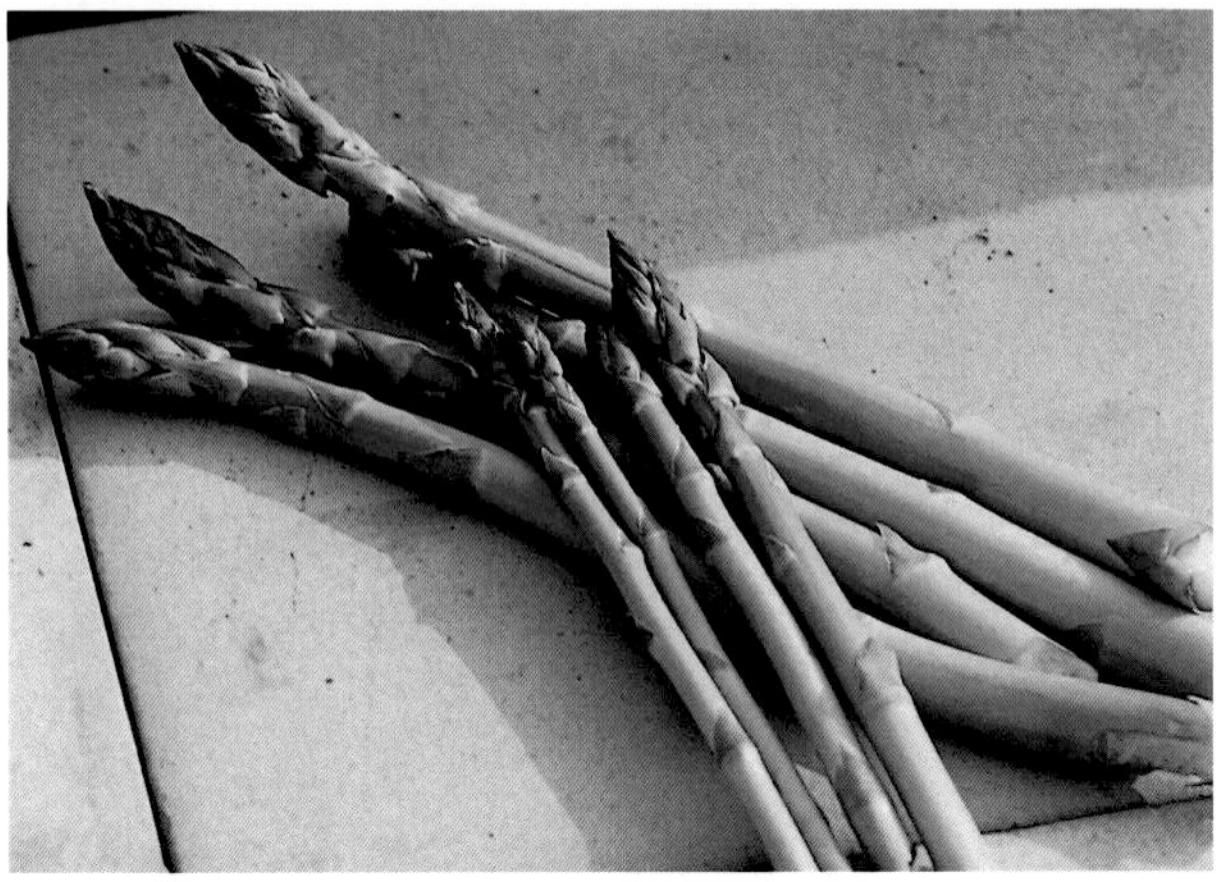

point
★苗は地表より低く植える。
★収穫は植えつけ2年目から。
★6～7年収穫したら掘り上げて株分けし、別の場所に植え直す。

| 2月 | 3月 | 4月 | 5月 | 6月 | 7月 | 8月 | 9月 |
|---|---|---|---|---|---|---|---|
| 苗の植えつけ▲ | | 1年目は収穫しない | | | | | |
| 2年目以降 | | | 収穫 | | | | |

タネまきもできますが、市販の苗を入手して植えつけるのが手軽です。植えた年は株を育て、収穫は翌年からとします。宿根性の野菜で、冬は地上部が枯れますが、春には再び芽を出してきます。一度植えれば、数年間はそのまま収穫できます。

β-カロテン、ビタミン$B_1$、$B_2$、Eが多く含まれ、カルシウム、カリウムも豊富です。イライラを防止し、肝機能を改善して、体力強化、美容にも効果があるとされます。

**◆苗の植えつけ**

3月から4月に市販の苗を入手して植えつけるのが手軽です。株が大きく、芽がたくさんついている苗を選びましょう。畑には苦土石灰と堆肥などの元肥をじゅうぶん入れておきます。苗の上部の茎や葉を切りとって、地表よりやや低くなるように植え、じゅうぶん水やりをしておきましょう。

**◆1年目の管理**

植えつけた年は収穫せず、株を育てます。

追肥は6月にマグァンプKなどの化成肥料を株元にまき、中耕、土寄せをし、8月には尿素を水にとかして与えます。

秋の終わりには茎や葉が枯れ始めてくるので、株元から切りとっ

赤茎アスパラガス・サンタクロース　珍しい赤茎種で、普通の種類より甘みが強い。加熱すると緑色になる。〈タキイ〉

ジャンボアスパラガス
普通の種類より大型のみごとなアスパラガスがとれる豊産種。〈タキイ〉

て処分します。

◆2年目の管理

春の芽出し前（1月から3月）に、株の間を耕して堆肥とマグァンプKをすき込んでおきます。

4月下旬ごろから新芽が出てきますから、長さが20㎝ほどになったら地ぎわから切りとって収穫します。夏までは次々と新芽が出てきますが、収穫は6月初めまでとし、それ以後はそのまま伸ばして翌年のための株づくりをします。

追肥は7月から8月の間に2回、尿素を水にとかして与えます。

◆タネまきと苗づくり

タネまきから収穫まではまる2年かかりますが、自分でタネをまいて育てることもできます。

タネは30～35度のぬるま湯に一昼夜つけて吸水させてからまきます。幅9㎝のすじまきにし、2～3㎝土をかけて手で押さえておきます。発芽までには1カ月ほどかかることもあるので、芽が出ないからといってあきらめず、気長に待ちましょう。発芽したら順次間引き、草丈が10㎝になるころまでに10～15㎝間隔にします。その後、追肥を与えながら育て、翌春に掘り上げて定植します。

なお、アスパラガスは雌雄異株で、雄株と雌株がありますが、雄株のほうが収量が多いので、できるだけ雄株を残します。赤い実がなるのが雌株です。また、小苗でわりあい大きな芽をもつものは雌株のことが多いようです。

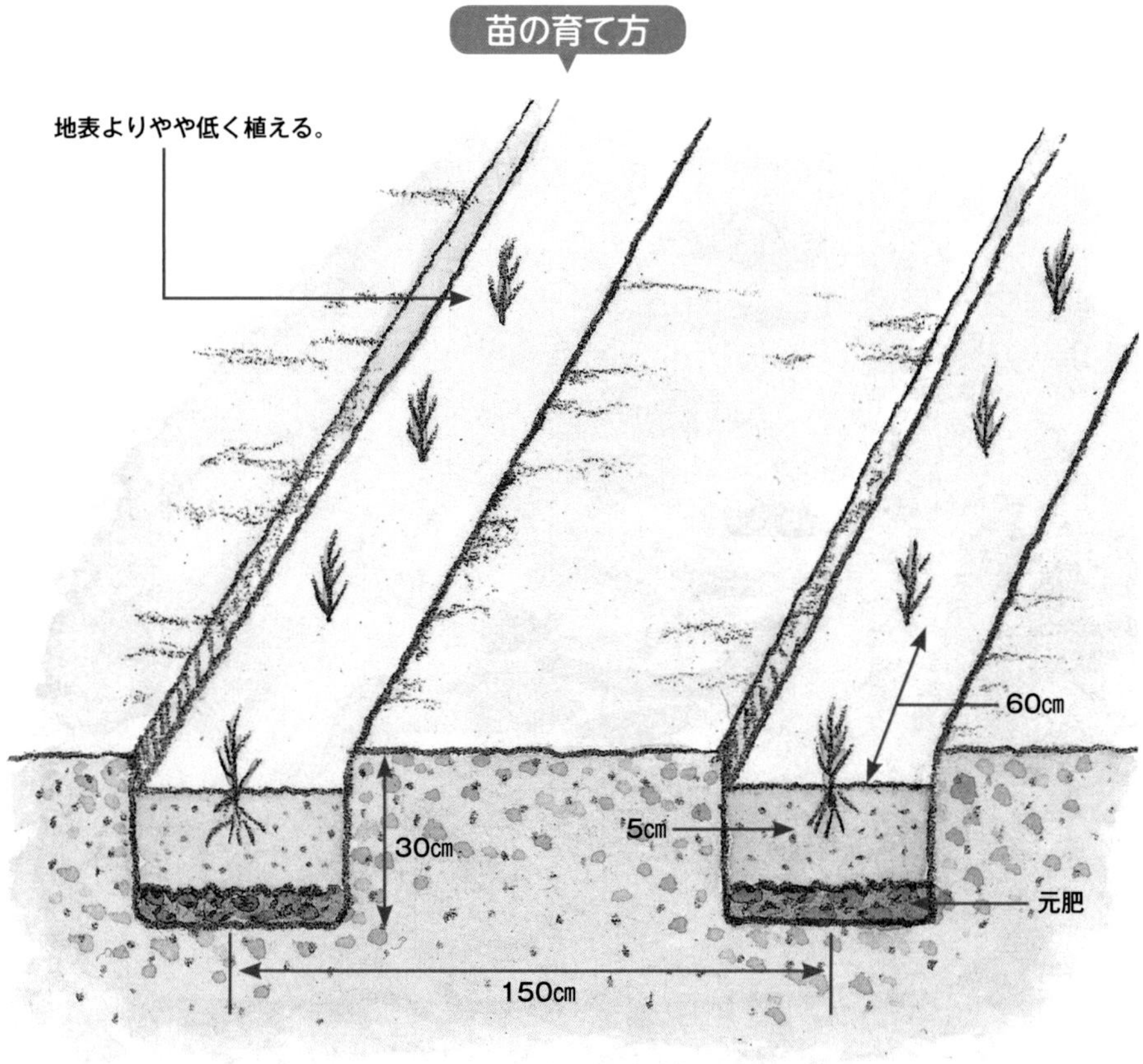
苗の育て方
地表よりやや低く植える。
60㎝
5㎝
30㎝
元肥
150㎝

1 タネをまいて1年目の苗。株間15㎝とし、有機液肥を与えて大きく育てる。タネまきから1年育てて定植し、収穫はさらにその1年後になる。

2 定植2年目以降は、春に出る太い芽を高さ20㎝ほどになったときに収穫する。あまり細い芽は収穫せずに、そのまま伸ばす。

3 夏になって出る新芽は収穫せず、翌年のために伸ばす。液肥を与えながら育てる。

甘くておいしいイチゴは家庭菜園の人気者。敷きわらで、泥のはね返りなどを防ぎ、清潔に栽培することが大切。

ビタミンCの王様、美肌に効果！

# イチゴ

**バラ科／北米、南米原産**
**生育適温：17～20度　花芽分化には10～17度の低温と、昼の長さが12時間以下の短日条件が必要**

ストロベリーポットに植えたイチゴ。イチゴは草姿がそれほど大きくならないので、鉢やプランターでも育てることができる。植え穴がいくつもついたストロベリーポットがおすすめで、ベランダやテラスに置いてもおしゃれ。

point
★苗を植える深さに注意。
★敷きわらを忘れない。
★長くても4～5年で株を更新する。

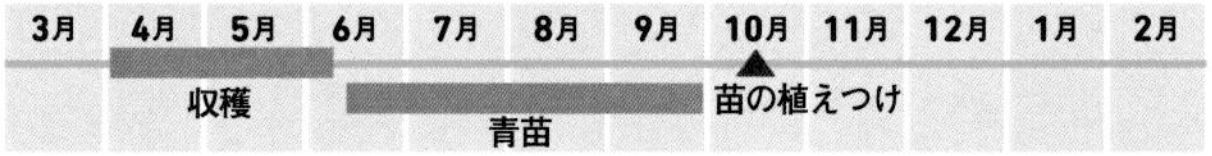
3月
4月
5月
6月
7月
8月
9月
10月
11月
12月
1月
2月
収穫
青苗
苗の植えつけ

イチゴの仲間は各地に野生種があり、日本にもノウゴウイチゴなどの原種があります。現在栽培されているのはオランダイチゴと呼ばれるもので、北米や南米の原種がオランダで自然交雑して発生したものが元祖といわれます。

ビタミンC、E、食物繊維、カリウムなどが豊富で、生食がおすすめ。かぜ、美肌、ストレス解消などの効能があり、動脈硬化、高血圧などの生活習慣病、がん予防などの効果も期待されています。

## ◆苗の植えつけ

10月に市販の苗を入手し、苦土石灰と元肥をじゅうぶん施した畑に、株間35㎝、条間45㎝に植えつけます。土壌成分が栽培の主な制限因子になるので、保水力と通気性がよい、pH6.0～6.5の弱酸性の場所で育てます。

芽の中心に泥水がかかると腐ってしまうので、深植えにしないように注意します。浅すぎても生育が悪くなるので、最適の深さに植えるように心がけます。

根づくまでは水やりをして乾かないようにしますが、このときも中心の芽に泥水がかからないように注意します。

同じ株で2～3年は収穫できますが、長くても4～5年で株を更新するようにします。収穫後に子

苗の植え方

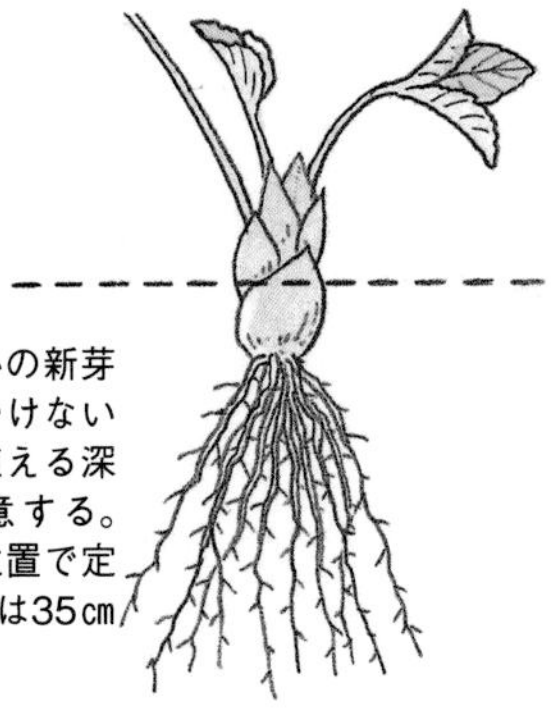

苗の中心の新芽に土をかけないよう、植える深さに注意する。点線の位置で定植。株間は35㎝とする。

根の張り方

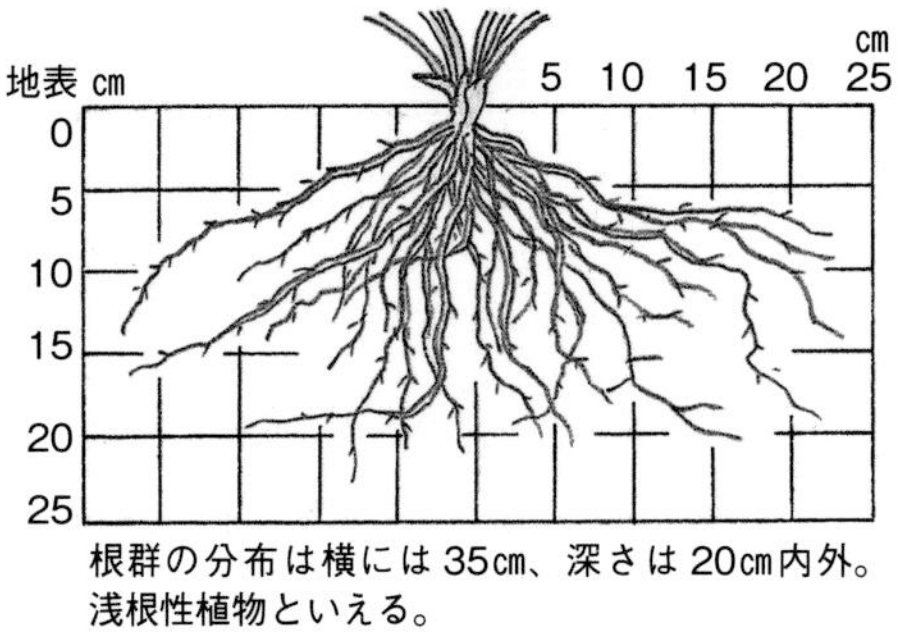
地表 cm
0
5
10
15
20
25
cm
5
10
15
20
25

根群の分布は横には35㎝、深さは20㎝内外。浅根性植物といえる。

ワイルドストロベリー
野生に近い小型のイチゴ。丈夫で、一度植えておくと毎年収穫できる。実は小さいが甘みが強い。

苗ができるので、それを育てれば苗をつくれます。

◆追肥と敷きわら

11月上旬、12月中旬、2月下旬に液肥を与えます。11月から2月は休眠期で、葉が枯れることもありますが、春になるとまた伸びてきます。

春になり、花が咲き始めたら株のまわりにわらを敷き詰め、実に泥がつかないようにします。敷きわらは雑草の発生防止や土の乾燥防止の効果もあります。

◆収穫

開花から30～40日で実が熟します。全体が赤くなったものから順に収穫しましょう。

収穫が終わると、株元からつる（ランナー）が伸びてきてその先に子苗ができますが、同じ株で2～3年は収穫できるので、株を更新しない場合は、出てきたつるは早めに摘みとります。

◆新苗づくり

株を更新して新しい苗をつくるときは、6月に親株を1㎡あたり2本になるように間引き、肥料を与えておきます。やがてつるが伸びて、そのつるにたくさんの子苗ができます。この子苗を10月に掘り上げて切り分け、植えつけます。このとき、親株にいちばん近い子苗は奇形果が出やすいので捨てましょう。

菜園にほかの夏野菜をつくりたい場合は、6月に子苗を切りとってポットなどで育苗することもできます。

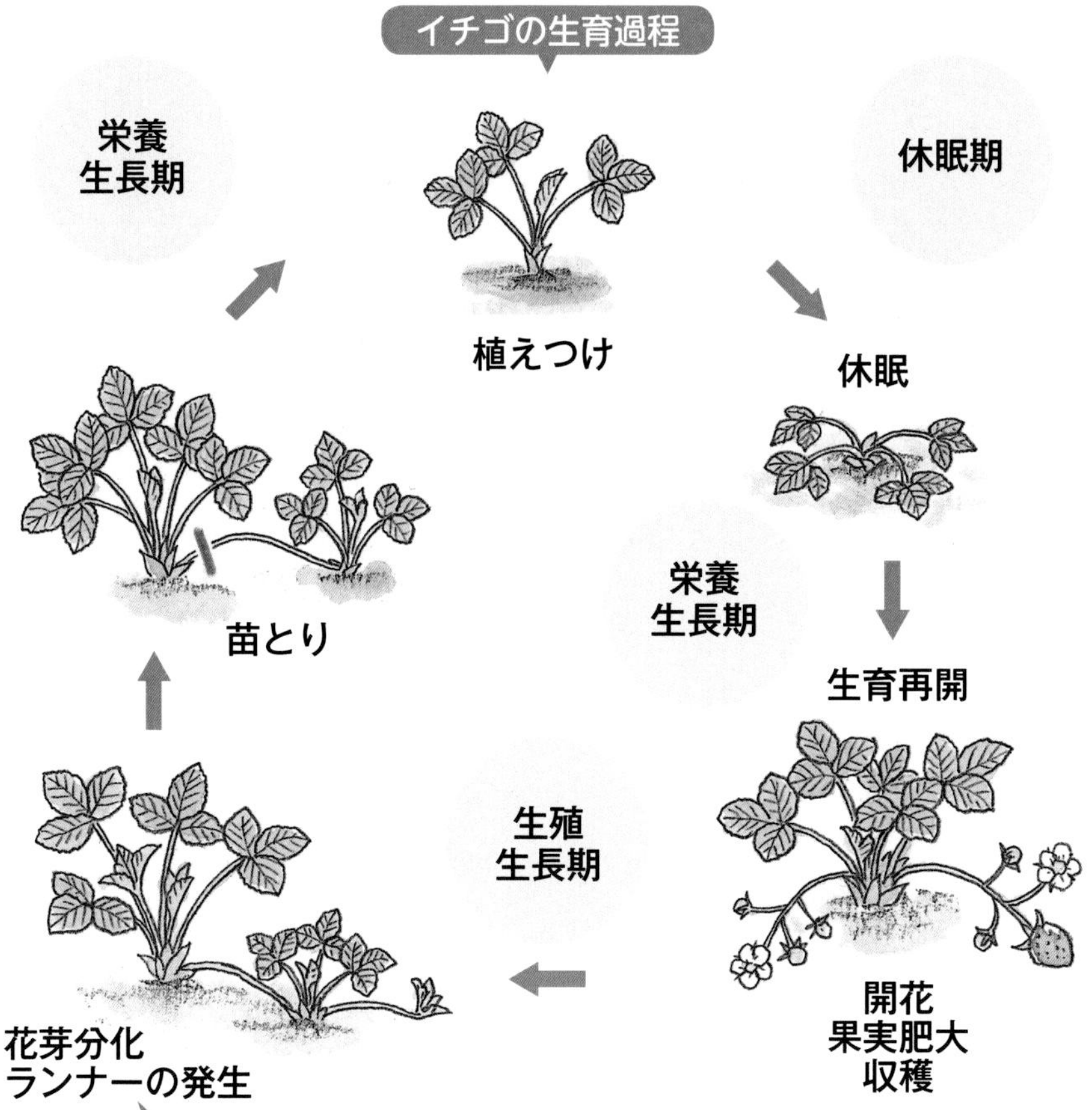
イチゴの生育過程
植えつけ
休眠期
休眠
栄養
生長期
生育再開
開花
果実肥大
収穫
生殖
生長期
花芽分化
ランナーの発生
苗とり
栄養
生長期

収穫が終わるころになると、株元からランナーが出て先に子苗ができる。これを翌年育てる苗にする。

1 ストロベリーポットと植えつける苗、用土などを用意する。サイドの植え口が3つあるストロベリーポットには、4種類のイチゴを植えると楽しい。

2 鉢底にごろ土を入れ、それぞれの植え口に苗を植え込んでいく。苗を植える深さに注意。植えつけが終わったら、じゅうぶん水やりして日当たりのよい場所に置き、乾かさないように注意する。

つるありインゲン。つるが伸びるので支柱を立てて育てる。

栄養たっぷりの若さやを利用する

# インゲン

**マメ科／中南米原産**
**発芽適温：20～25度**
**生育適温：昼28度内外、夜15～20度**

point
**★連作を嫌うので、3～4年インゲンをつくっていない畑で育てる。**
**★酸性土を嫌うので、苦土石灰をじゅうぶんまく。**

4月
5月
6月
7月
8月
9月
10月
タネまき
[つるあり種]
タネまき
収穫
収穫
[つるあり種]
タネまき
収穫


春から初夏にタネをまいて、夏から秋に収穫します。

つるあり種とつるなし種（矮性種）があります。つるあり種は、支柱を立てる必要があり、やや手がかかりますが、少しずつ長期間収穫できるので家庭菜園向きです。

また、高温性の品種と低温性の品種、その中間の品種があります。その地域でつくられている品種が育てやすいので、付近の農協や農業センターで聞いてください。

穀類にはあまり含まれていないリジンというアミノ酸を含みます。ビタミンA、$B_1$、$B_2$、C、鉄、カリウム、カルシウムも多く、食物繊維も多いので、便秘予防、美容、高血圧、整腸作用、貧血にもよいといわれます。

**◆タネまき**

連作を嫌うので、3～4年インゲンをつくっていない畑で育てます。pH6.3内外の砂質土壌が適地で、乾燥しやすい場所や、塩分の多い海岸では生育不良になります。豆類の中では酸性土を嫌うので、タネまきの2週間前に畑に苦土石灰を1㎡あたり150gまき、よく耕しておきます。

根はわりと深く張るので、元肥は15㎝以上の深いところに施します。つるあり種は株間35㎝、つるなし種は株間25㎝にタネを3粒ずつまき、1.5㎝覆土します。

つるなし種は収穫期が短いので、1週間ほどずつずらして、数回に分けてタネをまくと長い間収穫できます。

**◆間引きと追肥、土寄せ**

1回目の間引きは本葉が1～2枚のころで、1カ所2本にします。2回目は本葉4～5枚のころで、1カ所1本にします。

2回目の間引きがすんだら株元に土寄せをし、有機質の液肥を与えます。草丈15㎝ほどになったこ

つるなしインゲン。つるが伸びないので手軽に育てられる。茎がよく分岐し、草丈15㎝くらいのときから実がなり始める。

## インゲンの育て方

1 元肥を入れた畑に、ビンの底などでタネをまく位置をマークする。

2 1カ所に3粒ずつタネをまく。まき終わったら、1.5cmほど土をかけておく。

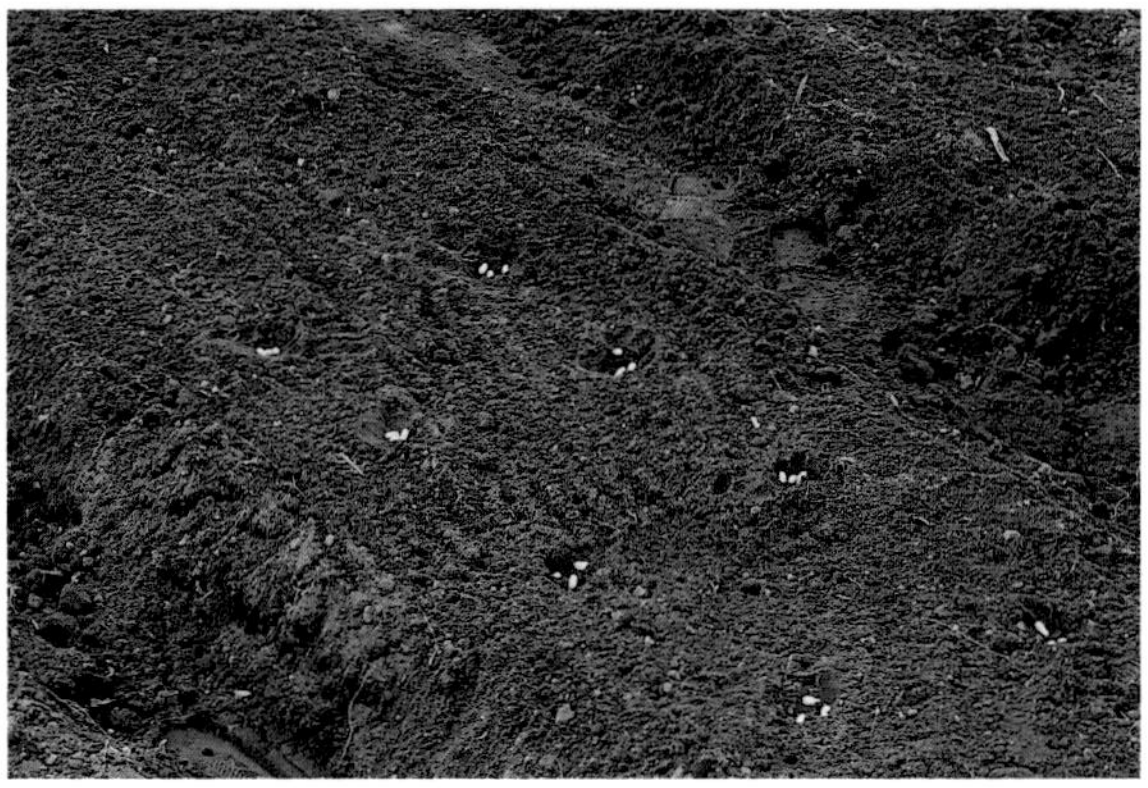

3 タネをまいたところ。つるあり種は株間35cm、つるなし種は株間25cmとする。

ろには草木灰200gを施して土寄せし、開花の始まるころにも液肥を与えます。

**◆支柱立て**

つるあり種は太陽に向かって伸びるので長い支柱が必要です。草丈が15cmほどになったら支柱を立ててつるを絡ませます。つるなし種は茎が分岐するので支柱は不要です。

**◆収穫**

さやの長さが10～15cmになり、中のタネが少しふくらんできたころが収穫の適期です。

4 芽が出て本葉が4～5枚になったら1カ所1本に間引き、土寄せ、追肥をする。

5 草丈が15cmになったら、草木灰を与えて再度土寄せをする。つるあり種は、つるが長く伸び始めるので支柱を立てる。

6 支柱は高さ150cmほどの合掌式にするとよい。下部の早く生長した実から順次収穫する。

収穫適期のエダマメ。とり遅れるとかたくなるので、さやがふくらんできたら早めに収穫する。時期をずらしてタネをまくと、長期間収穫できる。

心臓病、動脈硬化予防にも…

# エダマメ

**マメ科／中国東北部原産**
**発芽適温：30度　生育適温：20～25度**

**point**

★まいたタネを鳥に食べられやすいので注意する。
★窒素肥料を与えすぎない。
★はじめての畑には根粒菌をまく。

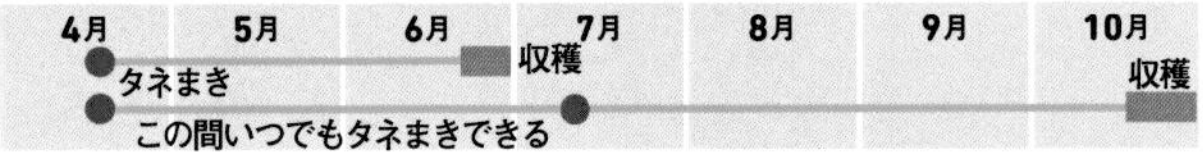

4月
5月
6月
7月
8月
9月
10月
タネまき
収穫
収穫
この間いつでもタネまきできる


ダイズをやわらかい未熟なうちに収穫したものがエダマメです。ダイズには、高温で花芽分化する早生系統の夏ダイズと、短日で花芽分化する晩生の秋ダイズがありますが、エダマメにするのは多くが夏型です。最近人気の「茶マメ」は、一味違ったおいしさで、家庭菜園でぜひ育てたい品種です。

　ダイズは畑の肉といわれるほど高タンパク質で、ビタミン$B_1$、カルシウム、鉄、食物繊維なども多く含みます。高血圧、動脈硬化、脳卒中予防、便秘予防、疲労回復、心臓病、老化防止によいといわれています。エダマメの中に含まれるサポニンは血管をきれいにし、尿の排泄を促す効果があります。東洋医学では黒豆のエダマメをすすめています。

## ◆タネまき

タネまきは4月から7月まで可能です。時期をずらして数回に分けてまくと、長く収穫できます。

　日当たりのよい畑に畝をつくって元肥を入れ、30cm間隔に3～4粒ずつタネをまき、2cmほど覆土します。畑にはじゅうぶんな日照が必要で、特に開花期には不可欠な条件です。根は横に60～70cm、深さ80～100cmまで伸びるので、耕土の深いところを好みます。

　ダイズなどのマメ科の植物には根に根粒菌が共生していて、これが空気中の窒素を吸収できる形にかえるので、窒素肥料はあまり与えなくても育ちます。しかし、新しくつくった菜園などでは、土中に根粒菌が少ないので、ダイズ用根粒菌をまいて土と混ぜておくとよいでしょう。

　根粒菌は農業改良センターなどで入手できます。日光に当てたり、乾かしたりすると死滅するので注意しましょう。

**夏の装い**
香りがよく、甘くてとてもおいしい黒豆。〈サカタ〉

**濃姫**
香り高くおいしい黒豆。甘みが強い。〈タキイ〉

## エダマメの育て方

1

タネは1カ所3～4粒ずつまき、2cmほど覆土する。

2

株間は30cm、2列まくときは畝の間を75cm以上にする。

3

地上20cmくらいのところにネットを張るなどして、まいたタネをハトなどに食べられないようにする。

4

発芽したエダマメ。マメの部分が広がって双葉になる。

5

本葉が2枚出たエダマメ。1カ所2本に間引く。このころに水ぎれさせると生育が悪くなるので、乾いたら水やりする。

6

本葉6～7枚のエダマメ。2本のうちの生育の悪いほうを根元からハサミで切って1カ所1本にし、摘芯して側枝を出させる。

### ◆間引きと摘芯

本葉が1枚出たところで1カ所2本に間引きます。本葉6枚のころにもう一度間引いて1本にし、摘芯して4～5本の側枝を伸ばします。間引きをするたびに、中耕と土寄せをしておきましょう。

### ◆水やりと追肥

生育の初期（本葉が1～3枚のころ）に乾燥させると生育が悪くなるので、雨が降らないときは水やりします。開花期にも水やりして、乾燥させないようにします。

追肥は普通は3回与えます。1回目は本葉が2枚のころ、2回目は本葉6枚のころ、アミノ酸の含まれた液肥を与えます。3回目は開花期で、カルシウムの多い液肥を散布します。

### ◆病気と害虫

発芽のころには、タネバエやダイズネモグリバエなどに注意します。実を食害するものには、マメシンクイガ、カメムシなどがあります。

### ◆収穫

さやの中の実がふくらんできたら、早めに収穫します。タネまき後80～90日が収穫の目安で、とり遅れるとかたくなります。

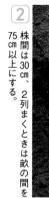

家庭菜園では葉を利用するのが手軽。肉や魚を包んだり、サラダやいため物、薬味などに利用できる。

見直したい健康野菜

# エゴマ

**シソ科／東南アジア原産**
**発芽適温：23度**

point
★病害虫に強く育てやすい。
★高冷地に向く。
★乾燥しない場所で育てる。

| 4月 | 5月 | 6月 | 7月 | 8月 | 9月 | 10月 |
|---|---|---|---|---|---|---|
| | | タネまき | 収穫 | | | |

奈良時代以前から栽培されていたといわれる古い作物です。油をとるために広く栽培されていましたが、ナタネ油やゴマ油が普及するにつれて、あまり栽培されなくなってきました。ビタミンB群やミネラルが豊富で、近年、健康野菜として見直されてきています。
　家庭では、若い葉を収穫して大葉（シソ）のように使ったり、サラダなどに利用するのがよいでしょう。タネをゴマのように使うこともできます。油をとるにはある程度の量が必要なので、家庭菜園では難しいでしょう。

**◆タネまきと育苗**
　5月から6月、幅20cmくらいのすじまきにします。芽が出たら順次間引き、株間を3cmほどにします。

**◆定植と収穫**
　草丈が15～30cmになったら畑に定植します。タネまき後30～40日が目安。株間は30～70cmくらいとします。定植して根づいたら、若い葉を順次収穫しましょう。開花は8月から9月、実ができるのは9月から10月です。

ぬめりのある葉、幼茎の歯ざわり抜群

# エンサイ

**ヒルガオ科／東南アジア原産**
**発芽適温：22～30度　生育適温：25～38度**

point
★熱帯の野菜なので、暑い時期につくる。
★水やりを忘れない。
★水耕栽培にも適する。

| 5月 | 6月 | 7月 | 8月 | 9月 | 10月 | 11月 |
|---|---|---|---|---|---|---|
| タネまき | | | 収穫 | | | |

東南アジアから中国にかけて広く利用されている野菜で、茎が中空なのでクウシンサイ（空芯菜）、アサガオの仲間なのでアサガオナ、沖縄ではウンチェーバーと呼ばれます。食物繊維はホウレンソウの3.5倍、カルシウムは1.5倍、ビタミンAが1.4倍、ビタミンCも1.5倍多く含みます。

**◆タネまき**
　多湿を好み、定期的な水やりが必要なので、水運びが楽な、水やりに便利な畑で栽培しましょう。天然の湿地を利用する水耕栽培もできます。
　高温多湿を好み、16度以下では生育できません。タネまきは5月以降、じゅうぶん暖かくなってからにします。アサガオのタネと同様に、ヤスリやナイフで少し傷をつけて一晩水につけ、吸水させてからまきます。

**◆間引きと追肥、水やり**
　本葉2～3枚のときに込んでいるところを間引き、本葉4～5枚のときに10～15cm間隔にします。
　間引き後に有機液肥を与え、畑が乾いてきたら水やりすることも忘れないようにしましょう。

**◆摘芯と収穫**
　草丈が10～20cmになったら、根元の葉を2～3枚残して摘みとり、側枝を出させます。以後は同様に、芽先を摘みとり収穫します。

アサガオの仲間で、アサガオナとも呼ばれる。夏の間じゅう伸び続けて次々と収穫できる。

やわらかい芽先を摘みとって収穫する。茎と葉をともに軽くゆがいて、おひたしやゴマあえ、いため物などにすると独特のぬめりがあっておいしい。

サラダを美しく演出する
# エンダイブ

**キク科／南ヨーロッパ地中海沿岸地方原産**
**発芽適温：25～30度　生育適温：20～30度**

レタスの仲間で、キクチシャ、ニガチシャ、ニガナなどとも呼ばれる。広葉種と縮葉種があるが、写真は縮葉種。アンディーブ（チコリ）とは別物。中央の白い部分が軟白化されたところで、やわらかく苦みも少ない。周辺の緑の部分は、火を通すと食べやすい。

point
★冷涼な気候を好む。
★葉を縛って軟白化すると苦みがやわらぐ。

| 8月 | 9月 | 10月 | 11月 | 12月 | 1月 |
|---|---|---|---|---|---|
| タネまき | | | 収穫 | | |

レタスの仲間で、独特の苦みがあり、サラダなどのアクセントになり、味を引き立てます。タンパク質が多く、カリウム、鉄、亜鉛、マンガン、ビタミンA、葉酸、パントテン酸、食物繊維なども多い栄養野菜です。疲れ目や貧血、心臓病にもよいといわれています。サラダや野菜ジュースなどのほか、キャベツなどのように煮込んでもおいしく食べられます。

**◆タネまき**

8月から9月にタネをまきます。苦土石灰と元肥をじゅうぶん入れた畑に、タネまきの直前に有機液肥をたっぷりまいて土を湿らせておき、株間30㎝ほどで、1カ所6～7粒ずつタネをまきます。光を好む種子で、厚く土をかけると発芽しなくなるので、覆土はごく薄くして手で押さえておきます。

**◆間引きと追肥**

最初の間引きは本葉2枚のころで、1カ所4本にします。2回目は本葉3～4枚のころで1カ所2本に、本葉6～7枚のころに1カ所1本にします。葉が若いうちは苦みも少ないので、間引き菜はサラダなどにするとおいしく食べられます。

追肥は間引きのたびに、有機液肥を与えます。3回目の間引きの1週間後に、葉面散布肥料を与えると生育がよくなります。

**◆水やり**

乾燥は禁物です。晴天の日が続くときは、ときどき水やりしましょう。

**◆軟白と収穫**

葉を縛って光を遮って育てると、葉が白くやわらかくなり、苦みもやわらいで、苦みが苦手な人にも食べやすくなります。これを「軟白化」と呼びます。収穫の時期が近づいてきたら、ハクサイのように外葉をまとめてひもなどで縛ります。11月なら1週間くらい、12月なら2週間ほど、1月から2月は1カ月ほどそのまま育てると、中心部が軟白化されます。株元から切りとって収穫します。

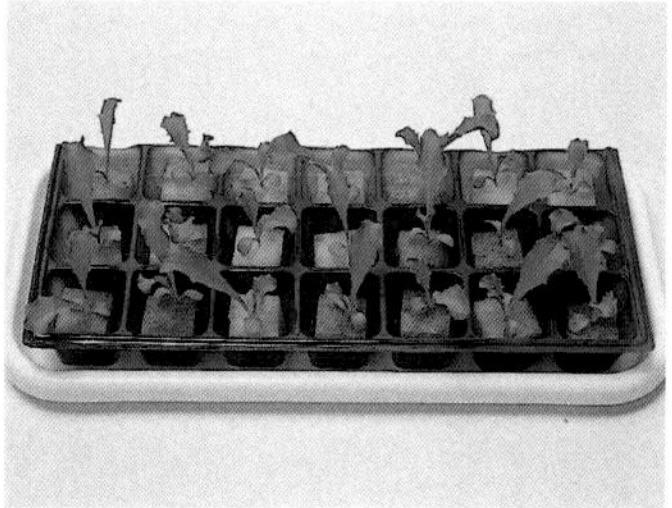

1 小さな鉢などにタネをまいて、苗を育てる。写真は、市販のタネまき用のウレタンにタネをまいて発芽させたところ。本葉が2～3枚になったら、20～30㎝間隔に植えつける。

2 やがてちぢれた葉が大きくなる。涼しい時期に育てたほうが、葉がやわらかく、苦みも少なくなる。

3 収穫間近になったら、外葉をまとめてひもなどで縛っておく。11月なら1週間、12月なら2週間ほどで中心部が軟白化される。

古代より世界各地で栽培利用されていた

# エンドウ

**マメ科／地中海沿岸地方原産**
**発芽適温：18度　生育適温：15～20度**

**point**
★連作を嫌う。
★適期にタネをまく。
★冬は防寒、風よけをする。

| 10月 | 11月 | 12月 | 1月 | 2月 | 3月 | 4月 | 5月 | 6月 |
|---|---|---|---|---|---|---|---|---|
| タネまき | | | | | | | 収穫 | |

寒冷地では春まきしますが、関東以西では秋にタネをまいて小苗で越冬させ、翌春に収穫します。春に市販の苗を入手して植えつけることもできます。

古くから栽培されている野菜で、ヨーロッパでは石器時代の遺跡からも発見されるといいます。若芽はトウミョウ（豆苗）、若いさやはサヤエンドウ（莢豌豆）、若い実はグリーンピース、完熟種子はエンドウと呼ばれ、いろいろな食べ方をされています。最近は、若い実をさやごと食べるスナップエンドウも人気です。花を楽しむスイートピーも同じ種類です。

ビタミン$B_1$、ナイアシン、鉄、食物繊維などが豊富で、動脈硬化、高血圧、便秘予防、美肌、貧血、整腸作用、疲労回復などによいとされています。

### ◆畑の準備

連作を嫌うので、3～5年エンドウをつくっていない畑で育てましょう。日光の要求度が高く、日のよく当たる場所を好みます。土壌はpH7.0（中性）がよいのですが、pH6.4くらいまではつくれます。

畑には事前に苦土石灰をまいてよく耕しておき、元肥を入れて畝をつくります。エンドウはハモグリバエの被害が多いので注意します。葉の中に幼虫がいて、白いすじのようになるので、見つけたら指でつぶしておきましょう。

### ◆タネまき

1カ所に3～4粒ずつタネをまき、1.5cmほど土をかけておきます。

特に秋まきでは、適期にタネをまくことが大切で、タネまきが遅れると生育が悪くなりますし、早くまいて冬までに大きくなりすぎると、寒さで株が傷んでしまいます。本葉3枚くらいまでの小苗のうちなら、零下4度まで耐えられます。発芽適温は18度ですが、4度まで発芽可能です。

タネまきは関東地方では10月下旬から11月上旬が一般的ですが、品種によっても差があります。

直径、深さとも30～40cmのコンテナがあれば鉢植えもできる。高さ1.5mほどのしっかりした支柱を立てておく。

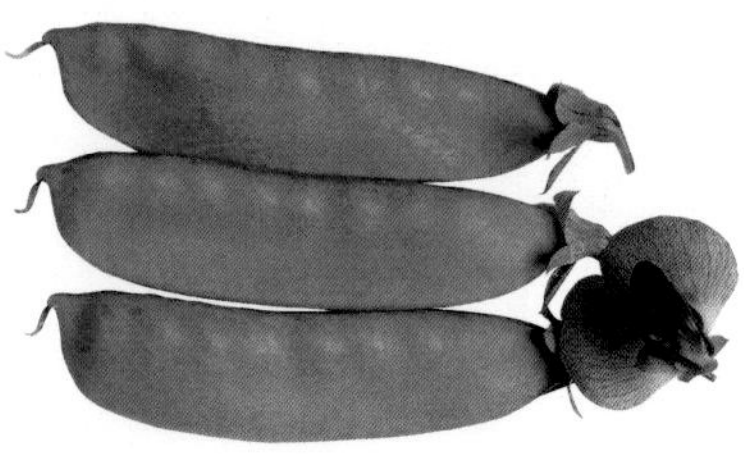

仏国大莢
大さや品種の代表で、さやは長さ12～13cmになり、幅も広い。家庭菜園向きの品種。＜タキイ＞

グルメ　太った豆と肉厚のさやをいっしょに食べるスナップエンドウ。甘みが強くておいしい品種。＜タキイ＞

## エンドウの育て方

1 エンドウのタネ。オレンジ色なのは、各種の薬品でコーティングしてあるため。

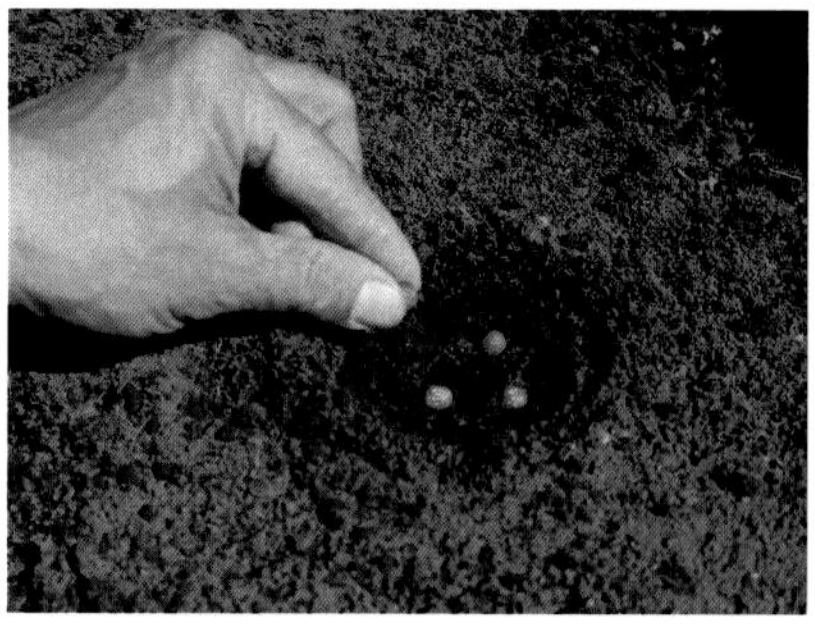

2 1カ所に3～4粒ずつタネをまき、1.5㎝くらい土をかけておく。隣との間は45㎝くらい。数日で芽が出る。

3 本格的な寒さが来る前（12月中旬ごろまで）に、北側に笹の枝やヨシズなどを立てて寒風を防ぐ。株元には堆肥などを敷いておく。

4 3月中旬になったら1カ所2本に間引き、支柱を立て、ネットやひもを張ってつるを這わせる準備をする。

5 春に市販のポット苗を入手して植えつけることもできる。

6 サヤエンドウは豆が大きくならないうちに、スナップエンドウとグリーンピースはさやが太ってきたら収穫する。

### ◆冬越しと間引き、支柱立て

数日で芽が出ますが、間引きはせず、そのまま育てます。本格的な寒さが来る前に、北側の土を盛り上げたり、笹の枝やヨシズを立てたりして寒風を防ぎます。

暖かくなると勢いよく生長し始めます。3月中旬になったら、元気な株を1カ所に2本ずつ残して間引き、支柱を立ててネットなどを張り、つるを這わせます。

### ◆収穫

それぞれさやが大きくなり、サヤエンドウは実のふくらみが見え始めてから、実エンドウはさやにしわができ始めたころが収穫の目安。

#### タネのまき方

エンドウは微量要素の要求が多いので、堆肥は前作に多く入れておく（1年以上前に多く入れておく）のがよい。

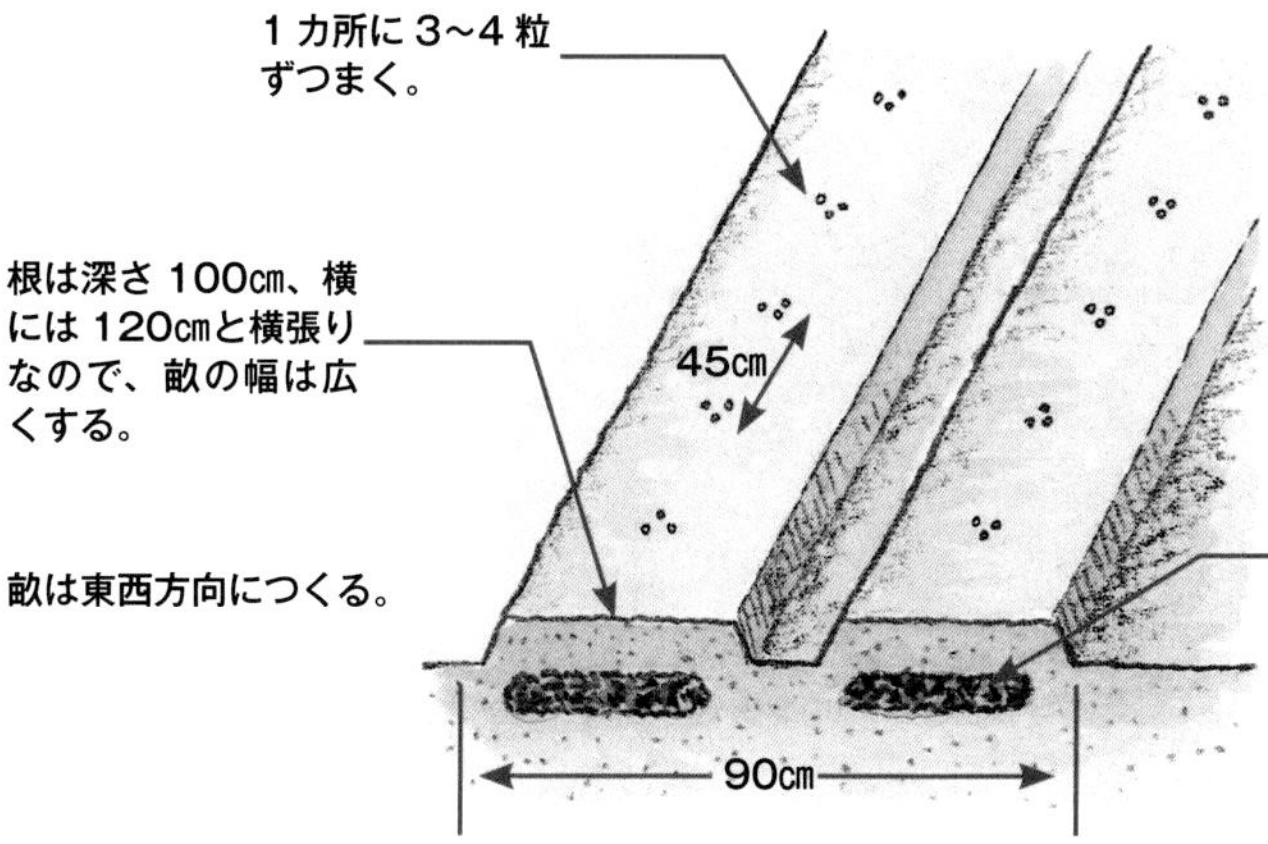

1カ所に3~4粒ずつまく。
根は深さ100㎝、横には120㎝と横張りなので、畝の幅は広くする。
45㎝
畝は東西方向につくる。
元肥
90㎝


#### 支柱立て

合掌式の支柱を立ててネットを張るとよい。

#### 苗の冬越し

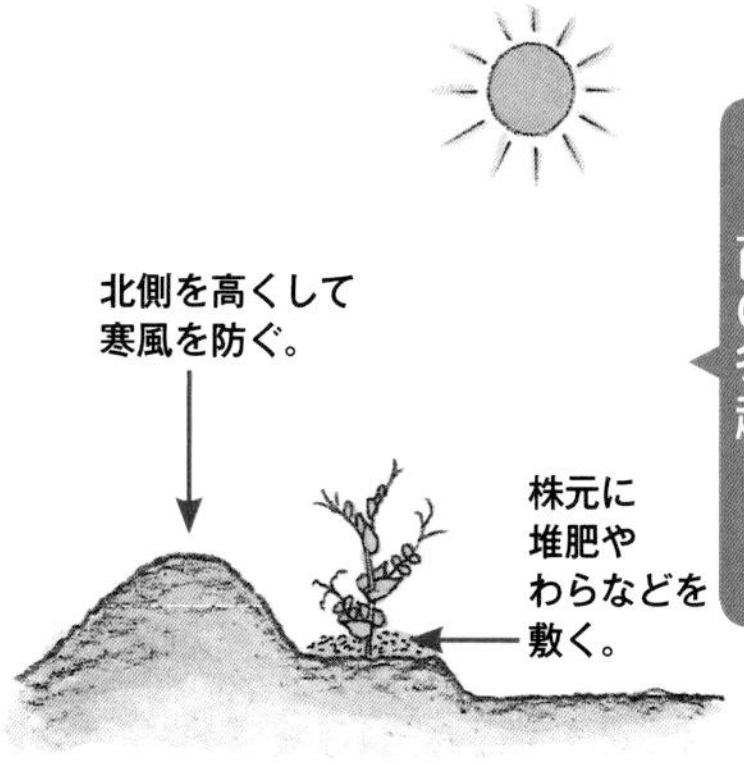

北側を高くして寒風を防ぐ。
株元に堆肥やわらなどを敷く。

アスパラ風味の花菜の仲間
# オータムポエム

**アブラナ科／ヨーロッパ原産**
**発芽適温：20 ～ 25 度**

**point**
★暑さがやわらいだら、早めにタネをまく。
★肥料をたっぷり与える。
★花が咲き始めたら、早めに収穫する。

| 6月 | 7月 | 8月 | 9月 | 10月 | 11月 | 12月 | 1月 |
|---|---|---|---|---|---|---|---|
| | | タネまき | | | 収穫 | 収穫 | 収穫 |

コウサイタイ
茎や葉柄が紅紫色を帯びているのが特徴。1株から40～50本の茎が収穫できる。〈サカタ〉

サイシンとコウサイタイの交配種で、とう立ちしてきたつぼみや茎を食べる野菜です。さっとゆがいて食べると、アスパラガスのような甘みのある味と食感でおいしく、アスパラ菜とも呼ばれます。

比較的寒さには弱いので、盛夏を過ぎたら早めにタネをまき、本格的な寒さが来る前に収穫するようにします。寒冷地では、ビニールトンネルなどで防寒します。

### ◆タネまきと間引き

苦土石灰と元肥をじゅうぶん施した畑に、タネを薄くすじまきにして、タネが見えなくなるくらいまで土をかけておきます。畝と畝の間は、60㎝ほどとします。

### ◆間引きと追肥

発芽したら順次間引き、最終的な株間は30㎝ほどとします。

本葉が4～5枚になったころと、高さ10㎝くらいになったころに、畝の間に化成肥料をまいて軽く耕しておくと、後の生育がよくなり、たくさん収穫できるようになります。

### ◆収穫

最初にできた花茎は早めに収穫すると、その後に元気なわき芽がたくさん出てきます。わき芽は長さが20～25㎝になり、花が1～2花咲き始めたころが収穫の適期です。

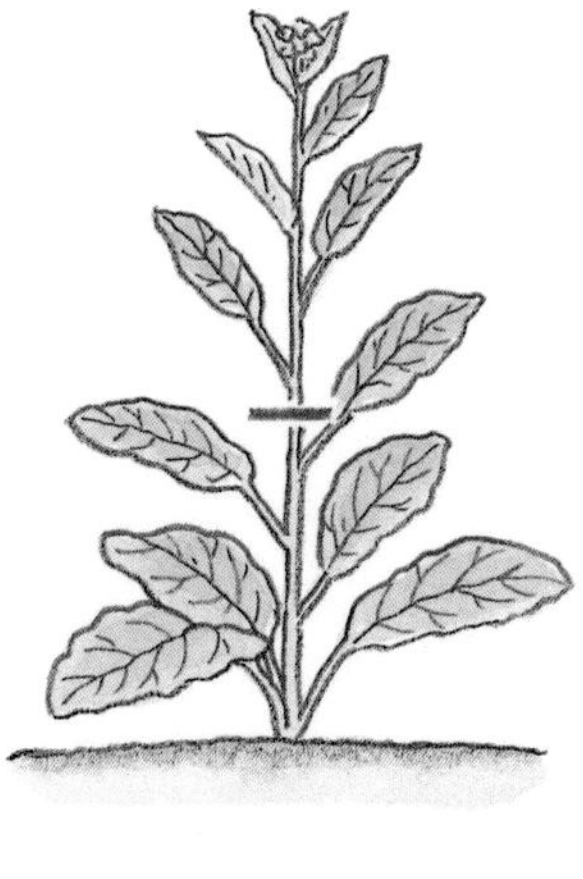

最初にできた花芽は早めに収穫して、その後のわき芽の発生を促す。

わき芽がどんどん出てくるので、順次収穫する。

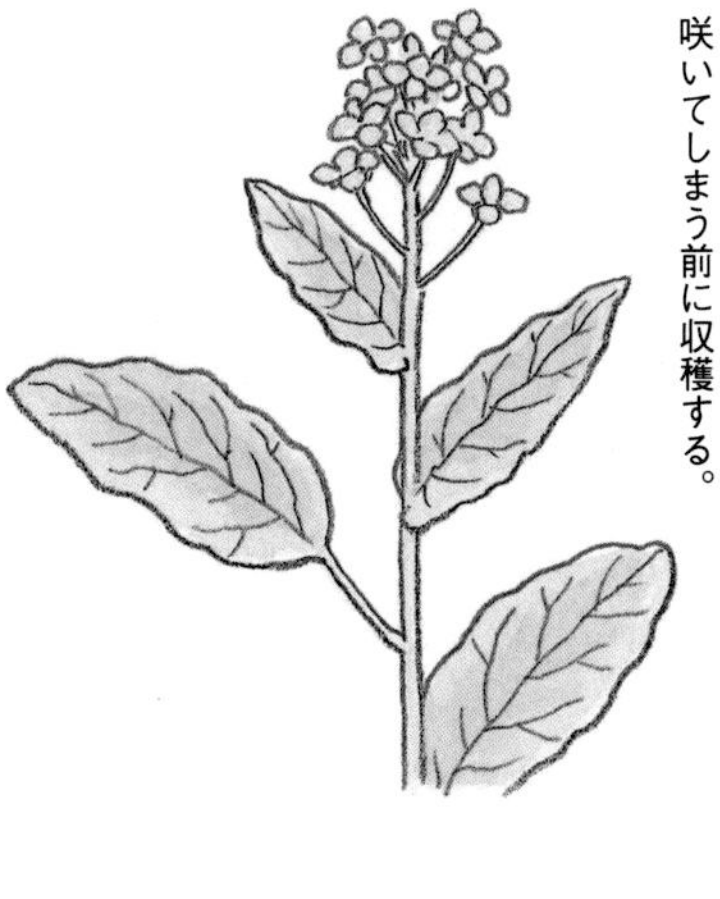

茎の先が葉より上に出てきて、花がたくさん咲いてしまう前に収穫する。

花も実もある健康野菜

# オクラ

**アオイ科／アフリカ東北部原産**
**発芽適温：25～30度　生育適温：20～30度**

point
★水はけのよい畑でつくる。
★タネは水につけて吸水させてからまく。
★葉菜類との混植もおすすめ。

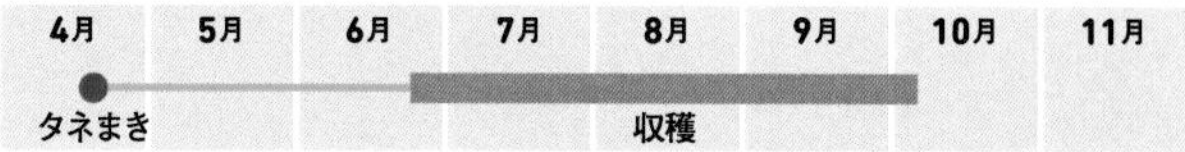


独特の粘りけがおいしい健康野菜です。粘りの成分は水溶性食物繊維のペクチンとムチンという糖タンパクでできています。夏バテ予防、整腸作用、疲労回復、消化促進、便秘、糖尿病、動脈硬化防止によいとされています。ビタミンC、カルシウムも豊富です。

高温性の野菜で、気温が高くなるにつれてぐんぐん大きくなります。花は降霜期まで咲くので、日当たりのよい南側の暖かいところで育てれば、長く収穫を楽しめます。

タネは芽が出にくいので、一晩水につけて吸水させてからまく。左は吸水前、右は吸水後で、芽が出始めている。

ハイビスカスの花に似たオクラの花。開花後1週間から10日後、実が4～5㎝になったころが収穫の目安。

## ◆タネまき

水はけのよい、有機質に富んだ、pH6.0～6.8の土を好むので、苦土石灰と元肥をじゅうぶん施しておきましょう。根は深く広く張るので、畑は深くまでよく耕しておきます。

タネまきは4月から5月、50㎝間隔に、1カ所4～5粒ずつまきます。寒さに弱いので、ビニールマルチをしておくのも効果的です。発芽したら順次間引いて、本葉2枚のときに1カ所2～3本、本葉4～5枚のときに1本にします。

## ◆敷きわらと支柱立て

乾燥を防ぐために、株元にわらや堆肥を敷き詰めておくと生育がよくなります。風が強いところでは、支柱を立てておくと安心です。

## ◆追肥

1回目は本葉2～3枚のとき、2回目は本葉5枚のとき、3回目は本葉7～8枚のときに、有機液肥を与えます。さらに、最初の花が咲いたときと、その3日後にも液肥を与えます。追肥を与えるときには、土寄せもしておきます。

## ◆収穫

実が長さ4～5㎝になったら収穫します。とり遅れるとかたくなるので、早めに収穫します。

## ◆葉菜類との混植栽培

オクラはあまり横に広がらず上に伸びるので、ホウレンソウなどの葉菜類と混植するのもおすすめです。ホウレンソウやコマツナなどの畝間にオクラのタネをまいておけば、オクラが大きくなるまでにホウレンソウなどが収穫でき、土地を有効に利用することができます。

グリーンソード　濃い緑で色つやがよく、やわらかくておいしい品種。家庭菜園向き。〈タキイ〉

シマオクラ　沖縄などでは一般的な、断面が丸いオクラ。普通のオクラより大型で、大きくなってもかたくならない。

美しい赤いオクラ。ゆでると緑色になってしまうので、彩りを楽しむには生で使う。味や育て方などはほとんど同じ。

4月から5月にタネをまき、つるを地面に這わせる。敷きわらをして、茎や実が直接地面につかないようにするのがよい。栄養満点で保存もできる、家庭菜園でもぜひつくってみたい野菜だが、場所をとるのが難点。

生活習慣病予防の栄養野菜

# カボチャ

**ウリ科／中南米原産　発芽適温：25～30度**
**生育適温：日本種は昼23～25度、夜12度**
**　　　　　西洋種は昼17～20度、夜15度**

point
★日当たりのよい場所で育てる。
★敷きわら、追肥を忘れない。
★日本カボチャは子づる、西洋カボチャは親づるを中心に実をつける。

| 4月 | 5月 | 6月 | 7月 | 8月 | 9月 | 10月 |
|---|---|---|---|---|---|---|
| タネまき | | | | | | |

ビタミンA、C、Eと、食物繊維が豊富で、夏から冬至までたっぷりカボチャを食べておくと、冬にかぜをひかないといわれます。動脈硬化や高血圧、低血圧などの生活習慣病の予防に、また、冷え性、健胃、せき、たん、夜盲症などにもよいといわれています。

日本カボチャ（16世紀に導入された系統）と西洋カボチャ（明治以降に導入された系統）があり、つるの伸ばし方などが少し異なります。関東以南の暖地には中米熱帯地方原産の日本カボチャが、北海道、東北、長野の高冷地などには南米の高地原産の西洋カボチャが向いています。

ほっこり姫
高粉質でおいしい、ミニカボチャの決定版。1個600～800gの実がたくさんとれる。〈タキイ〉

ブラックのジョー®
貯蔵後もきわめて黒い果皮を維持できるカボチャ。肉質はやや粉質で濃厚な甘みが特長。〈サカタ〉

## ◆タネまき

日当たりのよい場所で育てます。日照が不足すると、つるが伸びるだけで着果しない「つるぼけ」になります。根は横に90cm、深さも60cm以上に伸びるので、元肥は30cm以上の深さに施します。株間も100cm以上必要です。pH5.8～6.8の有機質が多く耕土の深いところが適地です。

市販の苗を入手して植えつけるのもよいのですが、畑に直接タネをまく「直まき栽培」のほうが、元気に育ちます。畑に直径60cm、深さ40cmほどの穴を掘り、堆肥を4kg、油かすや鶏ふん、またはマグァンプKなどの元肥を入れて底の土とよく混ぜ、土を戻して盛り上げて上部をならしておきます。これを「くらつき」と呼び、ここに4～5粒のタネをまき、覆土してホットキャップをかぶせておきます。

## ◆間引きと敷きわら

発芽して本葉が3枚くらいになったらホットキャップをはずし、1カ所2～3本に間引きます。本葉5～6枚のときに、もう一度間引いて1本にします。

梅雨入り前には敷きわらをして、つるや実が直接地面につかないようにします。

## ◆追肥

吸肥力が非常に強いので、元肥

## カボチャの育て方

1 「くらつき」をつくり、4～5粒のタネをまく。タネをまいたら1㎝ほど土をかけ、たっぷり水をやっておく。2株以上育てるときは100㎝以上離してタネをまく。

2 寒さには弱いので、生育初期にはホットキャップをかぶせておく。

3 発芽して本葉が3枚くらいになったらキャップをはずし、1カ所2～3本に間引く。その後、もう一度間引いて1カ所1本にする。

4 本葉が6～7枚になったら、日本カボチャは摘芯して子づるを伸ばす。西洋カボチャはそのまま親づるを伸ばす。梅雨入りまでにはわらを敷き詰めておく。

カボチャの雄花

花の下に丸い「子房」が
ついているのが雌花

5 確実に着果させるためには、雄花の花粉を雌花の雌しべの先につける「人工授粉」をする。人工授粉は朝のうちに行ったほうが成功率が高い。

6 やがて子房がふくらんできて実ができる。

### 日本カボチャ

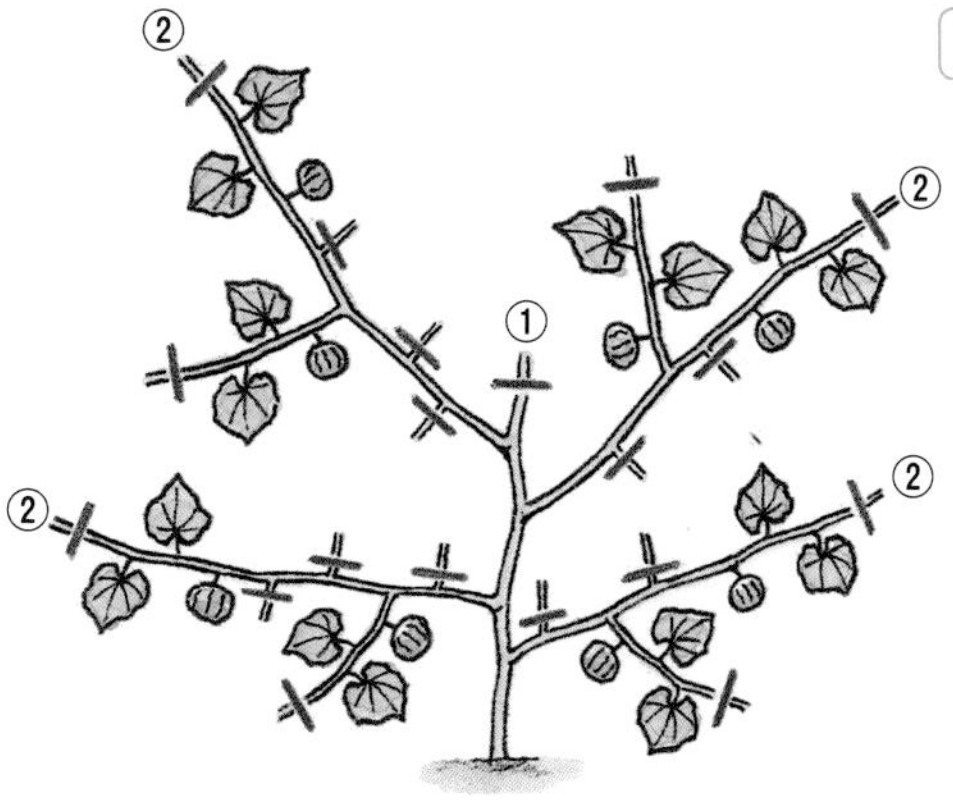
①
②
②
②
②

①親づるは本葉6～7枚で摘芯。
②子づるに着果したら、実の先の葉2枚を残して摘芯。
③1本の子づるに2個実がなったら、ほかの孫づるは摘みとる。

は少なくてよく、着花を見てから追肥中心の栽培が適しています。肥料の吸収は着果始めごろから増加し、旺盛になるのは8月上旬ごろからです。

最初の追肥は1回目の間引きのとき、葉面散布用の有機液肥を与えます。2回目の追肥は本葉が6～7枚になって摘芯をするときで、有機液肥を与えます。以後、株の生長を見ながら適宜追肥を与え、最初の実がこぶし大になったときにはカルシウムの多い肥料を与えます。

つるが広がるのと同じように根も広がってくるので、2回目以降の追肥はつるの先端付近に施します。

青菜としても楽しめる小カブが人気

# カブ

**アブラナ科／アファガニスタン、ヨーロッパ西南部原産**
**発芽適温：20～25度　生育適温：15～20度**

point
★有機質肥料を好むので、堆肥などをたくさん入れておく。
★追肥と土寄せで育てる。
★小カブは間引き菜を利用しながら育てる。

| 9月 | 10月 | 11月 |
| --- | --- | --- |
| タネまき | | 収穫 |

春まき、秋まきのどちらでも簡単で、タネまきから1～2カ月で収穫できます。青菜として利用するなら、さらに早く収穫できます。

ローカル色豊かな野菜で、その地方の食習慣と結びついた古くからの定着品種が多くあります。直径10cm以上、重さ1kgにもなる大カブもありますが、タネまき後35日ほどで収穫できる、根径5cm程度の小カブが人気です。カブが豆粒大のときに収穫するものを芽カブと呼びます。利尿、消化促進、渇きを止め声がれを治す働きがあるとされています。ひび、あかぎれの薬としても使われていました。

### ◆タネまきと間引き

すじまきか、幅5cmほどの帯状に薄くばらまき、タネが見えなくなる程度に覆土します。芽が出たら本葉2枚のころ、4枚のころと順次間引いて、本葉6枚のときに株間10cmにします。間引き後に、有機液肥を追肥し、中耕、土寄せをしておきます。3回目の間引きの後に有機液肥を葉面散布します。

### ◆収穫

小カブは根の直径が5～6cmになったとき、大カブは8～10cmになったときに収穫します。収穫が遅れると根が割れたりするので注意しましょう。

小カブの育て方

1 畑に10～15cm間隔にすじをつけ、タネをまく。

2 発芽がそろったら1回目の間引きをする。

3 順次、間引きをしながら育てる。間引き後は株元に土寄せをし、肥料も与えておく。

4 本葉が6枚くらいのときまでに、株間10cmくらいに間引く。

5 根の直径が5～6cmになったころが収穫適期。

ピリッとくるさわやかな辛み菜

# カラシナ

アブラナ科／中国・長江流域一帯原産
生育適温：15～20度

point
★暑さには弱いので、暑い時期を避けて育てる。
★元肥をじゅうぶん施す。
★しっかり間引いて、株間を広くする。

| 3月 | 4月 | 5月 | 6月 | 7月 | 8月 | 9月 | 10月 | 11月 | 12月 | 1月 | 2月 |
|---|---|---|---|---|---|---|---|---|---|---|---|
| タネまき | | | | | タネまき | | | | 収穫 | | |

タネをすりつぶして水を加えたものがカラシ（マスタード）ですが、家庭菜園では、葉を利用するのが一般的です。サラダや漬け物などにするとピリッとした辛さがおいしく、ゆがくと辛さが消えるので、いろいろな料理に利用できます。

カラシナには多くの種類があり、タカナやザーサイなどもカラシナの仲間です。セリフォン（雪里紅）は中国・華北地方で多く栽培されている、低温乾燥に強い種類で、日本には昭和15年ごろに導入されました。

秋まきも春まきも可能で、タネまきから1～2カ月で収穫できます。害虫も少ない、育てやすい菜類です。ハクサイに比べ、カルシウムは5.5倍、ビタミンA（β-カロテン）は14・7倍、ビタミンCは4.4倍、鉄は11・3倍も含まれる、栄養野菜です。

◆育て方のポイント

雪の中でも茂るといわれるほど耐寒性があり、暑さにも比較的強いので、半日陰で管理すれば夏でも収穫できます。葉に辛みがあるためか、害虫の発生もほかの菜類よりも少ないようです。

◆タネまきと間引き

タネは苦土石灰と元肥をじゅうぶん入れた畑に、20㎝間隔にすじまきします。発芽がそろったとき、本葉が3枚のとき、本葉6枚のときと3回に分けて間引き、最終的には株間20㎝とします。

◆追肥と収穫

1回目は本葉3枚のとき、2回目は本葉6枚のとき、有機液肥を与えます。3回目は2回目の2週間後、2回目と同様の液肥を与えます。

間引きをしながら収穫します。大きくなった株は、外葉から順次収穫できます。

カラシナの育て方

1 市販の苗を入手して植えつけるのが手軽。写真は若い葉をサラダなどに利用するグリーンマスタード。タネまきも簡単で、20㎝間隔にすじまきして、間引きながら育てる。

2 株間は20㎝ほど。植えつけ適期は春か秋だが、日陰に植えれば夏でも栽培できる。

3 育て方はホウレンソウやコマツナなどと同じ。春なら2～3週間ほどで収穫できる。

4 大きく育った外葉から順に収穫していけば、長い間楽しめる。

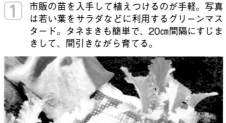

胃腸の調子を整え、美肌にも効果！

# キャベツ

アブラナ科／西ヨーロッパ海岸地方原産
発芽適温：15～25度
生育適温：15～22度(25度以上の高温時には生育不良になる)
結球適温：18度

point
★アオムシの食害を防止する。
★苗を入手するのも手軽。
★乾燥に弱く、結球期に乾燥すると葉球の締まりが悪く小球となる。

| 9月 | 10月 | 11月 | 12月 | 1月 | 2月 | 3月 | 4月 | 5月 | 6月 |
|---|---|---|---|---|---|---|---|---|---|
| タネまき | 苗の植えつけ | | | | | | 収穫 | 収穫 | 収穫 |

健胃、胃腸潰瘍防止、整腸作用があり、胃腸薬にも用いられているビタミンUが多いのが特徴の、胃腸にやさしい野菜です。そのほか、ビタミンK、カルシウム、カリウム、食物繊維などを含みます。ちなみに、メキャベツにはビタミンC、植物タンパクが特に多く含まれています。便秘、かぜ、貧血、美肌、疲労回復などにも効果があるとされています。

### ◆タネまきと育苗

秋まき春どり栽培では、9月にポットにタネをまいて育苗します。タネまきはビニールポットなどに培養土を入れてまくのが普通ですが、ジフィーセブンなどを利用するのもおすすめです。

### ◆苗の植えつけ

本葉5～6枚に育った苗を10月に定植します。数が少なければ、秋に出回る市販の苗を入手して植えつけるのもよいでしょう。全体にがっしりして葉柄が短く、葉の丸みが強く、葉の縁の切れ込みが浅い苗を選びましょう。

日当たりのよい、有機質の多い土が適しています。pHは6.2～8.2がよく、5.8以下の酸性土では発育不良となり、根瘤病の発生が多くなります。苦土石灰を1㎡あたり200gほどまき、元肥を入れて畝をつくり、苗を植えつけます。

#### 苗の育て方

直径9㎝のポットに4～5粒ずつタネをまき、ごく薄く覆土して涼しい場所で発芽させる。発芽したら3本に間引き、本葉3枚になったら2本に、本葉4～5枚の植えつけ適期になるまでには1本にする。

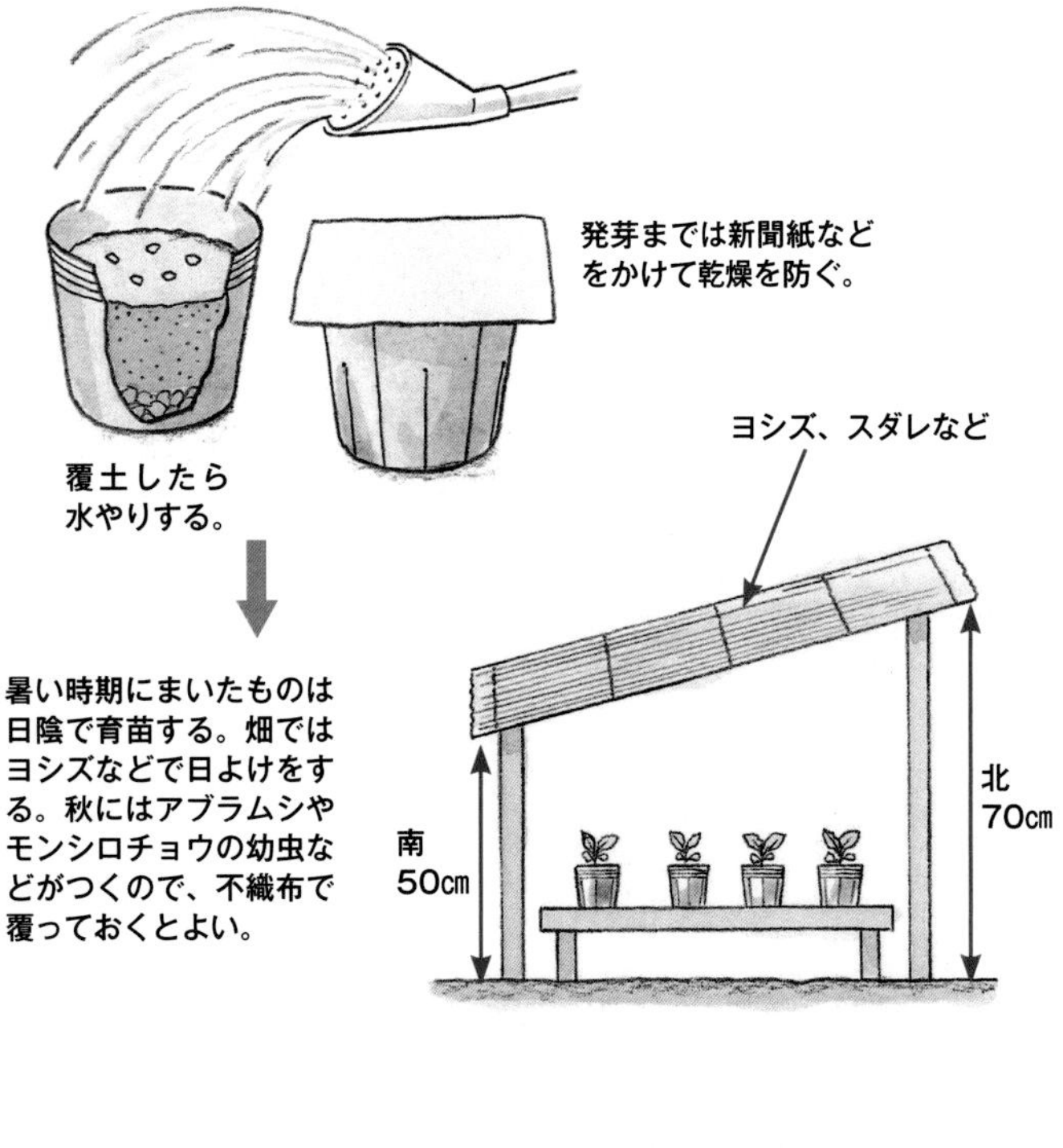
発芽までは新聞紙などをかけて乾燥を防ぐ。
覆土したら水やりする。
ヨシズ、スダレなど
暑い時期にまいたものは日陰で育苗する。畑ではヨシズなどで日よけをする。秋にはアブラムシやモンシロチョウの幼虫などがつくので、不織布で覆っておくとよい。
北 70㎝
南 50㎝

### ◆収穫

植えつけた苗は冬を越させて春に収穫します。追肥、中耕、土寄せをするとともに、株元にわらや堆肥、ピートモスなどを敷いて乾燥を防ぎ、乾いたときは水やりもします。4月に入り、株の中心部がかたく巻いてきたら早めに収穫します。

### ◆病害虫の防除

キャベツはモンシロチョウの幼虫の大好物で、ほうっておくと穴だらけになってしまいます。不織布などのトンネルをかけてチョウが卵を産めないようにするのがおすすめです。

小型の品種は鉢植えでも栽培できる。

## キャベツの育て方

1 ビニールポットなどで苗を育てる。秋まきでは9月上旬がタネまきの適期。市販の苗を入手して植えつけるのも手軽。

2 本葉5〜6枚まで育てたら畑に定植する。株間は75cmほど。モンシロチョウよけの不織布を張る支柱を立てる。

3 不織布で苗をすっぽり覆って、モンシロチョウが産卵するのを防ぐ。

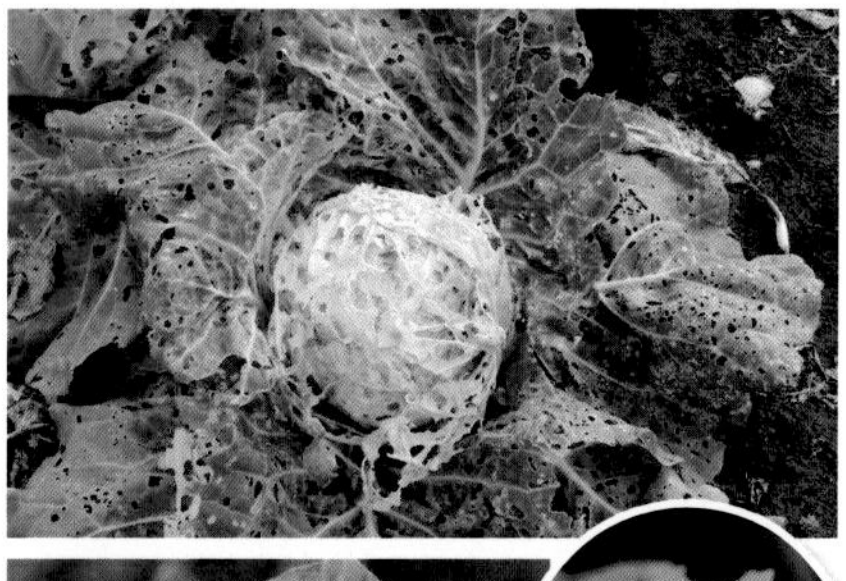

モンシロチョウの幼虫。

4 モンシロチョウに食害されたキャベツ。春まきでは特に被害が多い。

5 苗が大きくなったら支柱を大きなものにかえ、不織布を張り直す。

6 収穫まで不織布をかぶせて栽培する。最低気温が18度以下になってくると結球が始まるが、この時期に乾燥させると結球がゆるくなるので、雨が少ない場合は水やりする。

7 収穫は春。結球した部分を切りとる。

## 根の張り方

横に100cm、下に伸びる根は90cm以上になる。

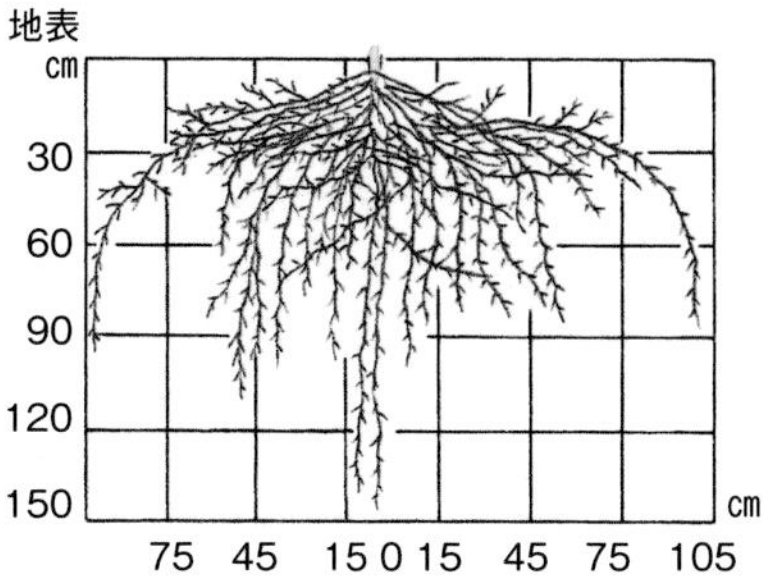
地表
cm
30
60
90
120
150
cm
75 45 15 0 15 45 75 105

## 元肥の施し方

根が深く伸びるので、深くまで耕した畑か、高畝にして栽培する。深さ30cm以上の穴を掘り、元肥を施す。

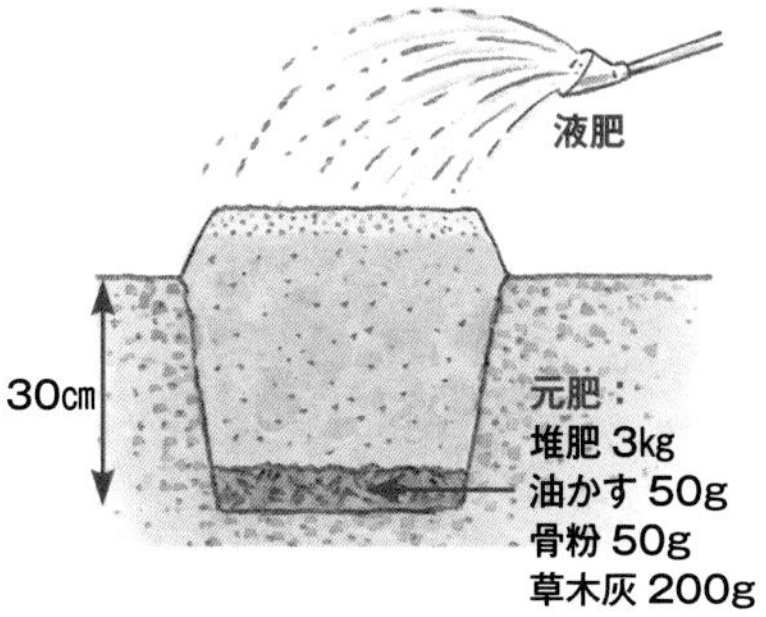
液肥
30cm
元肥：
堆肥 3kg
油かす 50g
骨粉 50g
草木灰 200g

## 苗の植え方

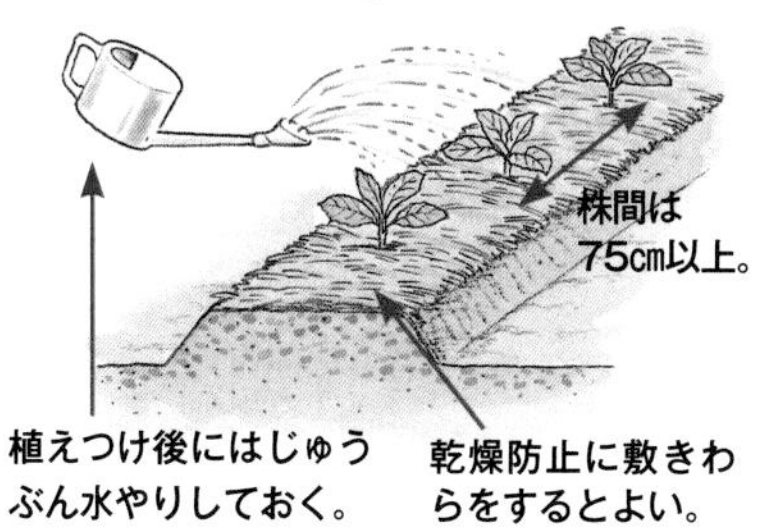
株間は
75cm以上。
植えつけ後にはじゅうぶん水やりしておく。
乾燥防止に敷きわらをするとよい。

## 中耕と土寄せ

本葉が15〜20枚になるまでに、株間の土を耕して株元に土寄せしておく。

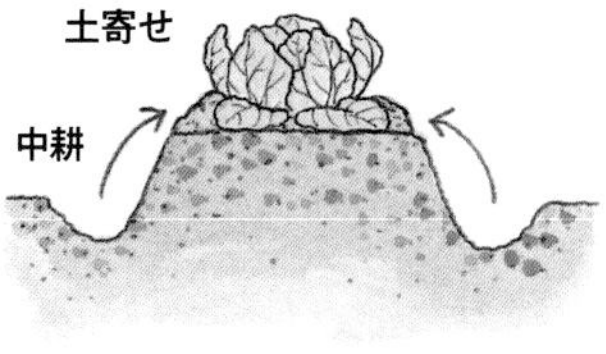
土寄せ
中耕

## 夏場の食欲増進に！
# キュウリ

**ウリ科／ヒマラヤ地方原産　発芽適温：25～30度**
**生育適温：昼25～28度、夜17～20度**

春キュウリ。春に苗を植えて初夏から夏に収穫する。支柱を立ててつるを誘引する。

苗を植えて育てる春キュウリ（立ちキュウリ）と、タネをまいて育てる夏キュウリ（地這いキュウリ）があります。

主な成分としてはカリウムとビタミンCくらいで、栄養的にはそれほどでもありませんが、しゃきっとした歯ざわりで夏の食欲を増進します。健胃、むくみとり、利尿、高血圧、食欲増進、心臓病、発毛に効果があるとされています。東洋医学では、利尿効果を高めるためには煮て食べることをすすめています。

4月から5月に苗を植えて6月から7月に収穫する春キュウリと、6月にタネをまいて7月から9月に収穫する夏キュウリがあります。春キュウリは支柱を立ててつるを絡ませて育てるので「立ちキュウリ」、夏キュウリは地面に這わせて育てるので「地這いキュウリ」とも呼ばれます。

**point**
★午前中によく日光の当たる場所で育てる。
★生長期に肥料をきらさない。
★敷きわらと水やりで夏場の乾燥を防ぐ。

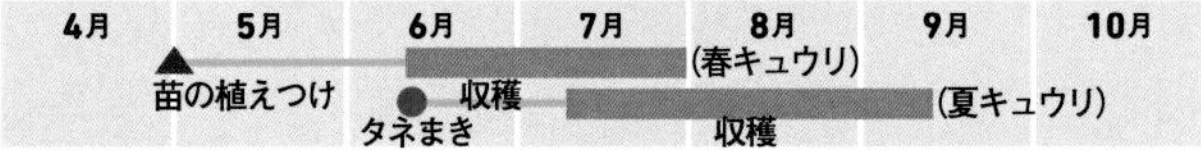

4月
5月
6月
7月
8月
9月
10月
苗の植えつけ
収穫
(春キュウリ)
タネまき
収穫
(夏キュウリ)


## 春キュウリの育て方

### ◆苗の植えつけ

早朝の光を好むので朝日のよく当たる場所で育てます。風に弱いので、風の強いところは風よけをすることも必要です。深さ30cmの植え穴を掘り、有機質の元肥をしっかり入れてから苗を植えます。

### ◆支柱立てとつるの誘引

つるが伸びてきたら支柱を立ててネットなどを張り、つるを誘引して巻きひげが絡みつきやすくします。

キュウリには親づるに連続して雌花がつく「節なり型」と2～3節おきに雌花がつく「飛び節型」がありますから、よく観察してどちらの型か見きわめましょう。前者は親づると子づる1本（計2本）を伸ばし、後者は親づるを10節で摘芯して子づるを伸ばします。

### ◆敷きわらと水やり、追肥

梅雨入りまでに、株元に敷きわらや腐葉土、堆肥などのマルチングをして、泥はねと夏の乾燥を防ぎます。夏の収穫期に乾燥すると花が落ちてしまったり、実が曲がったりします。6月下旬から8月は毎日午前中に畝間に水やりすると収量が増します。

追肥も重要で、施肥量が少ないと樹勢が衰え、果実の肥大が悪くなり、せっかく咲いた花まで落ちてしまいます。キュウリはトマトやナスなどと同様に、栄養生長と生殖生長を同時に行う野菜ですから、肥料をきらさないように、連続して供給することが必要です。

### 根の張り方

横に120cmにも広がるので、株間は100cm以上にすることが多収の条件。
深さは30cm内外のところに多く伸びる。

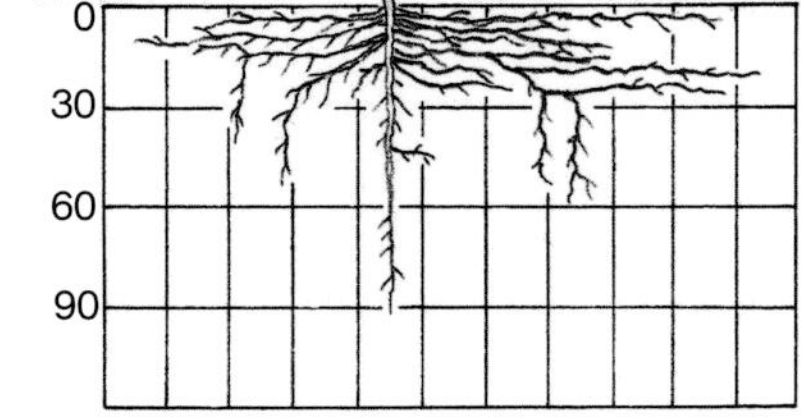

地表 cm
0
30
60
90
30 60 90 120 cm


### 畑の準備

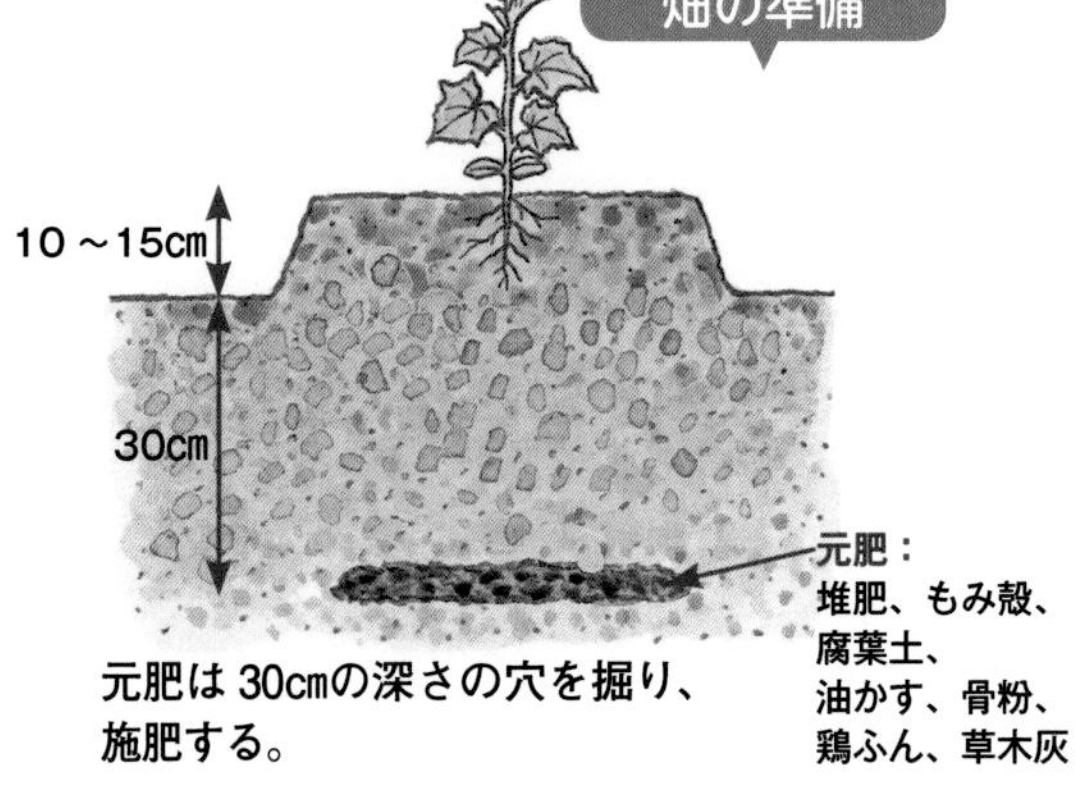

10～15cm
30cm
元肥：
堆肥、もみ殻、
腐葉土、
油かす、骨粉、
鶏ふん、草木灰


元肥は30cmの深さの穴を掘り、施肥する。

## 春キュウリの育て方

1 4月から5月に苗を150cm間隔で2列に植えつける。

2 地温が17度以下だと水分や肥料の吸収が悪くなるので、夜間の最低気温が17度以上になってから植える。ビニール袋と支柱で風よけするとよい。

3 つるが伸びてきたら合掌式の支柱を立てる。巻きひげが巻きつけるように誘引して軽く縛る。梅雨時の泥はね防止、夏場の乾燥防止のために敷きわらをするとよい。

キュウリの雌花

キュウリの雄花

## 夏キュウリの育て方

1 1カ所に5〜6粒タネをまき、1〜2cm覆土する。隣の株との間隔は150〜180cmくらいとる。

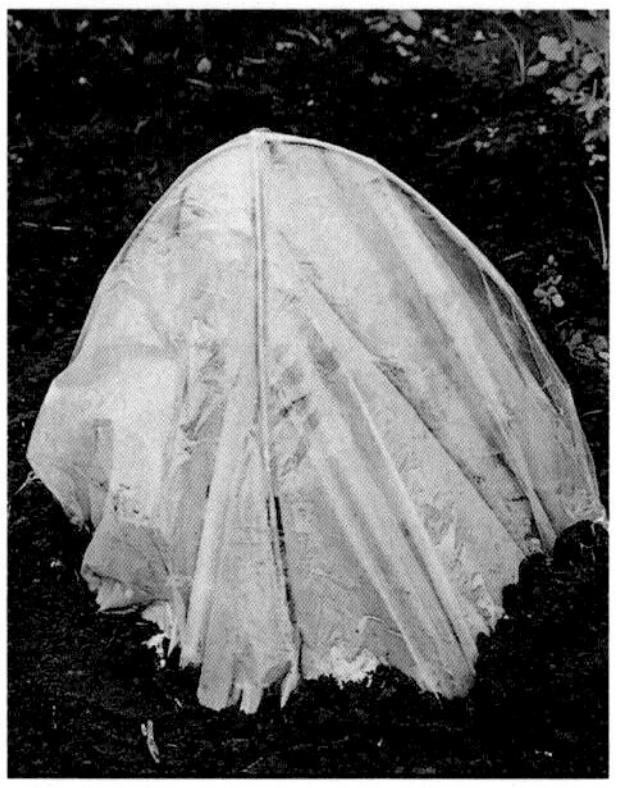

2 ホットキャップをかぶせて防寒する。

3 昼間の気温が25度以上になってきたら、ビニールを少しずつ破って換気する。苗が生長したらキャップをはずして1本に間引く。

4 つるを地面に這わせて育てる。泥はねを防ぐために敷きわらをする。早めに収穫して食べたほうがおいしい。

## つるの伸ばし方

地面に這わせる

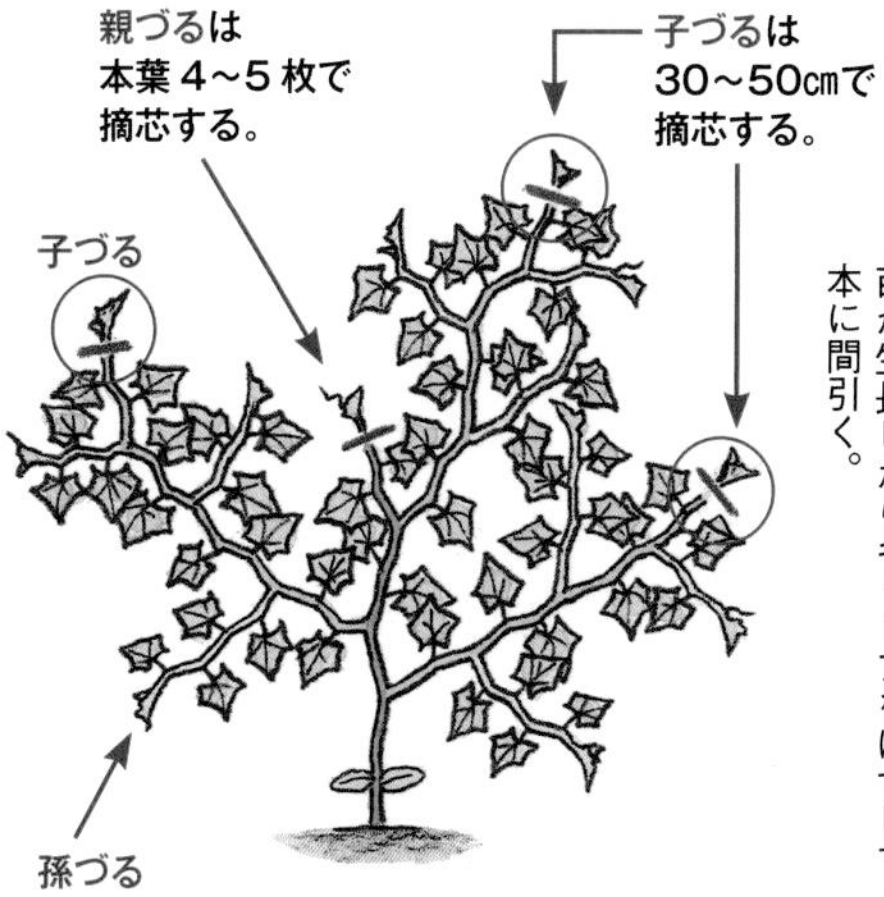
親づるは
本葉4〜5枚で
摘芯する。
子づるは
30〜50cmで
摘芯する。
子づる
孫づる

## 夏キュウリの育て方

### ◆タネまき

春キュウリと同様に元肥を入れた畑に、6月にタネをまきます。タネをまいたらじゅうぶん水やりし、保温とタネバエの害を避けるため、ホットキャップをかぶせておきます。日中の気温が25度以上になってきたら、ビニールに少しずつ穴をあけて換気し、苗が大きくなったらキャップをはずし、間引いて1本にします。

### ◆敷きわら、摘芯、追肥

夏キュウリはつるを地面に這わせるので、必ず敷きわらをします。むしろなどを使うのもよいでしょう。親づるは本葉4〜5枚のときに摘芯し、子づるを3本伸ばします。追肥と水やりは春キュウリと同様に施します。

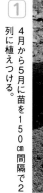

生食もおいしい、シャキシャキした葉菜

# キョウナ

**アブラナ科／ヨーロッパ原産**
**発芽適温：15～30度**

point
★堆肥をじゅうぶん入れた畑で育てる。
★連作しない。
★アブラムシに注意する。

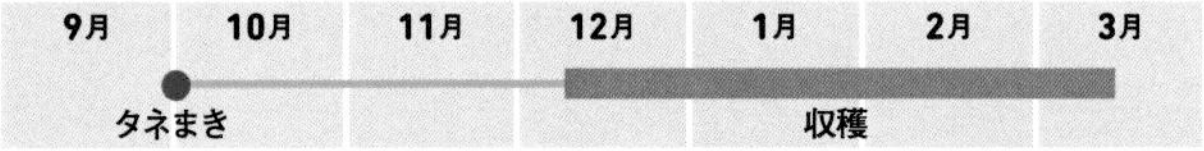


関東ではキョウナ（京菜）、関西ではミズナ（水菜）などと呼ばれる葉もの野菜です。京野菜として有名なミブナ（壬生菜）もこの仲間ですが、葉のふちにギザギザ（鋸歯）がないのが特徴です。もともとはヨーロッパ原産の植物から生まれたものだといわれますが、古くから日本でつくられている、日本特産の野菜です。

関東では、あまり見かけなかった野菜ですが、関西地方では一般的で、浅漬けや鍋物などに利用されてきました。最近はシャキシャキした食感を生かしてサラダなどにも多く使われるようになり、関東でもよく見かけるようになりました。

漬け物用に大株にするなら、秋まき春どりが普通ですが、タネまきから1～2カ月の小株をサラダなどに利用するのなら、一年じゅういつでも栽培できます。

早生水天（ワセスイテン）
夏ならタネまき後１カ月で収穫できる早生品種。葉がたくさん出て軸が細いのが特徴。〈サカタ〉

### ◆タネまきと間引き

連作を嫌うので、キョウナはもちろん、ハクサイやキャベツ、コマツナ、ブロッコリーなど、アブラナ科の野菜を2年以上つくっていない畑で栽培します。

育て方はコマツナ（85ページ）と同様です。堆肥などの有機質をたくさん入れた畑に、30cmほどの間隔でタネをすじまきし、タネが隠れるくらい土をかけておきます。発芽したら、順次間引きながら育てます。

### ◆収穫

タネまき後1カ月くらい、葉の長さが20～30cmになれば収穫できますから、必要に応じて抜きとって利用しましょう。

大株に育てるなら、株間を30cmくらいとって、乾燥させないように注意して育てます。追肥も忘れずに与えましょう。秋まきしたものは早春から、株元が大きく張り出してくれればいつでも収穫できます。生長すると、1株で葉が500枚以上、重さ4kg以上にもなります。

### ◆病害虫の防除

ウイルス病を媒介するアブラムシに注意します。春から夏の発生の多い時期は、ベタがけシートなどで覆っておくと安心です。

1 畑には堆肥や油かすなどの有機質肥料をたっぷり入れておく。

2 市販の苗を入手して植えつけるのも手軽。ポットにタネをまいて育苗してもよい。

3 苗を植える。大株にするのなら株間は30cm以上、小株で収穫するなら15cmほどとする。

4 アブラムシを防ぐためには、トンネル型の支柱を立て、防虫ネットや不織布などで覆っておくとよい。

5 小株どりなら葉が20～30枚になったら収穫できる。サラダなどに少量使うだけなら、外葉から少しずつかきとっていってもよい。

収穫時期の水耕栽培のクレソン。新芽が長さ15㎝以上に伸びてきたら、切りとって収穫。おひたしなどにしてたくさん食べたい。

ボウルに培養液を入れてざるを置き、培地に指で穴をあけ、挿し穂が傷つかないように注意して挿す。発根するまで1週間くらいは明るい日陰で管理する。

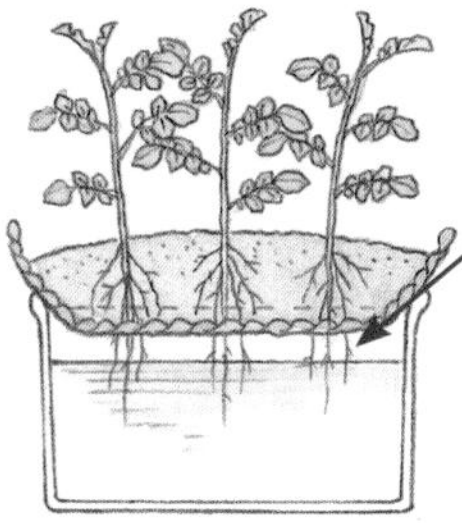

発根するまではざるの底に培養液が接するようにしておくが、発根したらすき間ができるようにする。

根が伸びてきたら1～2㎝空間をつくる。

## 添え物だけではもったいない香味野菜
# クレソン

**アブラナ科／ヨーロッパ原産**
**生育適温：15～18度**

point
- ★清潔な用土を使用する。
- ★培養液は3週間に1回とりかえる。
- ★夏は涼しい日陰で管理。

| 3月 | 4月 | 5月 | 6月 | 7月 | 8月 | 9月 | 10月 | 11月 | 12月 | 1月 | 2月 |
|---|---|---|---|---|---|---|---|---|---|---|---|
| 苗の植えつけ | ▲ | 収穫━ | ━ | ━ |  | ▲苗の植えつけ | ━ | 収穫━ | ━ | ━ | ━ |

水辺の湿地帯を好む水生植物です。原産地はヨーロッパですが、生命力が強く、現在では日本の各地に野生化しています。

ほのかな辛さがおいしい香味野菜で、肉料理の添え物に利用されます。辛みの成分はシニグリンで、高い殺菌効果や抗酸化作用があり、血液をさらさらにする効果があります。食欲増進、食中毒予防、口臭消しにも効果があるとされています。

ビタミンA、C、カルシウム、カリウム、鉄などが多く含まれている健康野菜で、野菜ジュースに利用するのもおすすめです。

### ◆挿し穂栽培

ざるとボウルを使った水耕栽培がおすすめです。

スーパーなどで売られている食用のクレソンの芽先を5～6㎝に切り、1時間くらい水に挿してピンとさせて挿し穂にします。ざるにはハイドロボール（人工礫）などを入れ、指などで穴をあけて挿し穂を挿します。株間は4～5㎝とします。

ボウルには、微量要素入りの液肥を規定の倍率に薄めた培養液を、ざるの底が少しつくくらいまで入れておきます。

発根するまでの1週間くらいは明るい日陰に置き、発根したらひなたに出します。ただし、暑さには弱いので、夏の間は風通しのよい日陰で育てます。

3週間に1回、培養液をとりかえます。根が伸びてきたら培養液を少なめにし、ざるの底と水面にすき間ができるようにしておきます。

### ◆収穫

新芽が伸びてきて長さ15㎝以上になってきたら、必要に応じて切りとって利用します。

青汁用ケール
栄養価の高い不結球キャベツ。秋から冬に外葉から順次かきとって収穫する。独特の苦みが特徴。〈タキイ〉

## 結球しないキャベツの仲間
# ケール、コラード

**アブラナ科／ヨーロッパ原産**
**発芽適温：15～25度**

point
- ★連作しない。
- ★日当たりのよい場所で育てる。
- ★アオムシの食害に注意する。

| 3月 | 4月 | 5月 | 6月 | 7月 | 8月 | 9月 | 10月 | 11月 | 12月 | 1月 | 2月 |
|---|---|---|---|---|---|---|---|---|---|---|---|
| ●タネまき |  |  | ━ | ━ | 収穫 |  |  |  |  |  |  |
|  |  |  |  | タネまき● |  |  | ━ | ━ | ━ | 収穫 |  |
|  |  |  |  |  | タネまき | ● |  | ━ | ━ | ━ | ━ |

ケールは、有史以前からあった結球しない原始的なキャベツです。栄養価の高い野菜で、がん予防、生活習慣病予防などにも効果があるといわれています。若い葉を油いため、ゆがいてサラダに用いるほか、青汁や野菜ジュースの原料としても利用されています。

コラードも結球しないキャベツの仲間で、ケールの変種といわれています。いずれも育て方はキャベツと同様ですが、栽培は楽で、初心者でも失敗がありません。

### ◆タネまき

春まき、秋まきとも可能で、タネまきから4～5カ月で収穫できます。

### ◆収穫

葉が30～40㎝になり、緑色が濃くなってきたら収穫適期です。外葉から順にかきとって収穫します。大きな葉が2～3枚あれば、コップ1杯分くらいのジュースがとれます。

## 真夏に強くてビタミンCがいっぱい！

# ゴーヤ(ニガウリ)

**ウリ科／熱帯アジア原産**
**生育適温：23度以上**

point
★タネまき後はホットキャップで保温する。
★実がなり始めたら追肥を忘れない。
★黄色くなる前に収穫する。

| 5月 | 6月 | 7月 | 8月 | 9月 | 10月 |
|---|---|---|---|---|---|
| タネまき | | 収穫 | 収穫 | 収穫 | 収穫 |

垣根や壁面に這わせる、つる性の野菜。春にタネをまくか、市販の苗を入手して植えつける。暑さには強く、真夏から秋まで収穫できる。

沖縄の家庭料理のゴーヤチャンプルーは、ゴーヤと豆腐をいためたもの。独特の苦みが暑い夏には食欲をそそります。ビタミンCはキュウリの約10倍あり、独特の苦みには健胃効果があります。栄養豊富な健康野菜で、がん予防、貧血、ストレス解消などに効果があるといわれ、青汁の原料としても注目されています。

耐暑性、耐乾性、耐水性、耐病性の4つがそろった家庭菜園向きの野菜。寒冷地には向きません。

**◆育て方**

つる性の野菜なので、垣根や壁面に這わせます。ヘチマのように、日よけ用の棚づくりにするのもおすすめ。広い畑があれば、つるを地面に這わせる「這いづくり」もできます。

**◆タネまきと苗の植えつけ**

元肥をじゅうぶん入れた畑を高さ15cmくらい盛り上げ、1カ所4粒ずつまいて土をかけます。寒さには弱いので、ホットキャップをかけて保温しましょう。苗の生長につれて1カ所1本に間引きます。

なお、4月に市販の苗を入手して植えつけるのが手軽です。

1 家庭菜園では1〜2株あればじゅうぶんなので、市販の苗を入手して植えつけるのが手軽。

2 南向きの壁やフェンスの近くに植えるとよい。植えつけ後にはじゅうぶん水やりする。

3 ゴーヤの雌花。最初の雌花が咲いたときが1回目の追肥の時期。

4 雌花が咲いてから15〜20日後が収穫適期。とり遅れると黄色くなってしまう。

**◆つるの伸ばし方と追肥**

栽培のポイントの第一は整枝法です。親づるを摘芯して子づる、孫づるに実をならせましょう。

第二のポイントは追肥をじゅうぶん与えることです。1回目は最初の雌花が咲いたころに、2回目は実がふくらみ始めたころに、有機液肥を与えます。3回目は最初の実を収穫したとき、葉面散布肥料を与えます。

**◆収穫**

開花後15〜20日が収穫の適期です。収穫が遅れると黄色くなって、裂果して食べられなくなります。

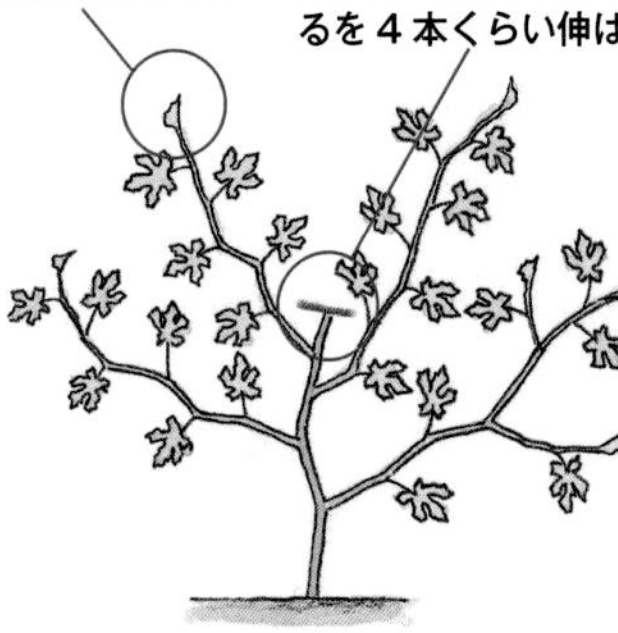
子づるも葉が４～５枚ついたら摘芯する。
親づるは本葉５～６枚のときに摘芯し、子づるを４本くらい伸ばす。

孫づるには１本に３個くらいの実をならせる。

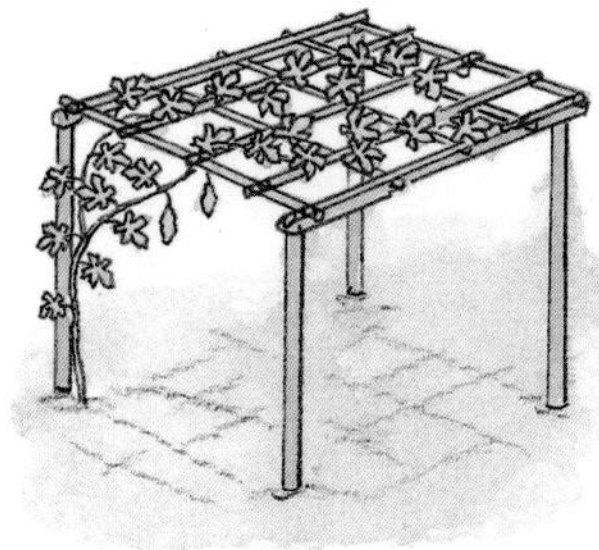

棚をつくって栽培するのもよい。

UFOのような円形の茎を食べる

# コールラビ

**アブラナ科／地中海北岸地方原産**
**発芽適温：15～25度　生育適温：15～22度**

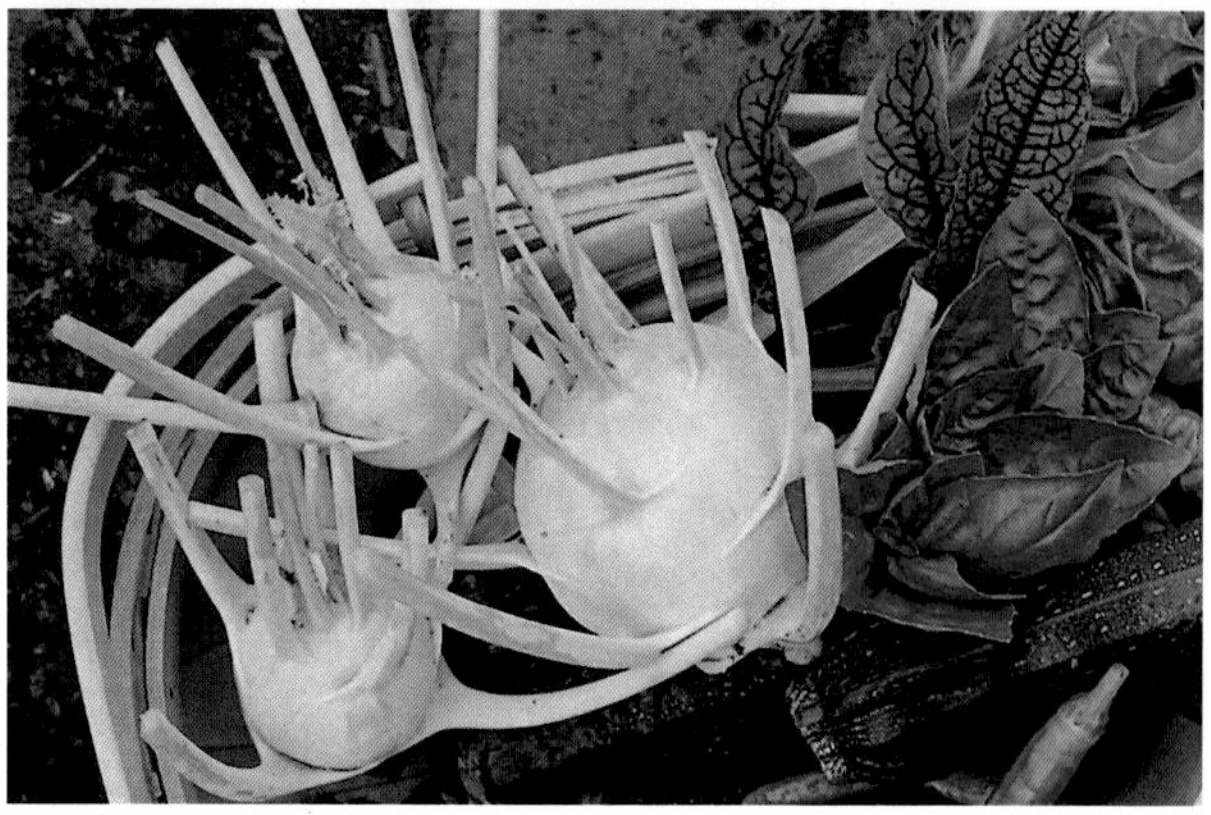

point
★冷涼な気候を好む。
★きちんと間引いて日当たりをよくする。
★収穫が遅れると割れたりするので、早めにとる。

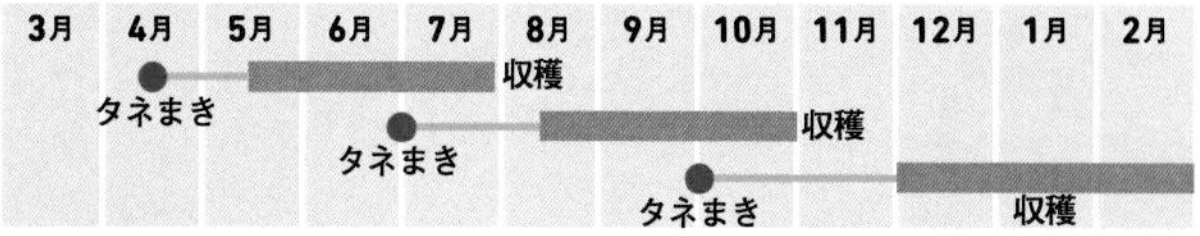


欧米の家庭菜園では人気の野菜のひとつで、健康野菜のケールから出現したといわれます。別名は球茎キャベツ。コールはキャベツ、ラビはカブの意味で、カブカンランとも呼ばれます。肥大した茎を生食すると、カブとキャベツをミックスした味がします。間引きや追肥以外、特に手もかからない、育てやすい野菜です。

緑白色種と赤紫色種があり、ヨーロッパ系の小型早生種と中国系の大型晩生種があります。ビタミン$B_1$、$B_2$、C、食物繊維が豊富で、カリウムが多く含まれます。

## ◆タネまき

畑に直接タネをまいて育てます。キャベツの仲間ですから冷涼な気候を好みますが、耐暑性もあります。3月から9月まで、いつでもまけます（暖地では6月から7月まきは不適）。毎月まいて、連続収穫するのも可能です。

春まきでは播種後70日、夏まきでは50日、秋まきでは80日くらいで収穫できます。

元肥を入れた畑に、株間20㎝で1カ所に4～5粒ずつまく（点まき）か、20㎝間隔にすじまきします。発芽したら順次間引き、本葉が4～5枚になるころまでに、点まきしたものは1カ所1本、すじまきしたものは20㎝間隔に間引きます。

畑の日当たりが悪かったり、間引きがふじゅうぶんで光が不足すると、株元が太らなくなります。

## ◆追肥と土寄せ

発芽がそろったころから、月2回ぐらいのペースで有機液肥を追肥として与えます。追肥のときには、同時に株元に土寄せをしておきます。

乾燥が激しいときは、切りわらや堆肥などでマルチングをするとともに、ときどき水やりをします。

## ◆収穫

茎の直径が5㎝くらいになったら、株元から切りとって収穫します。収穫が遅れるとすがはいったり、割れたりするので、早めに収穫しましょう。

1

畑にすじまきする。1カ所に4～5粒ずつ点まきしてもよい。

2

数日で発芽してくる。

3

発芽したら、葉がふれ合わない程度に間引く。点まきしたものは1カ所2～3本にする。

4

本葉4～5枚までに、株間20㎝ほどにする。間引き後は株元に土寄せしておく。

5

葉が大きくなるに従って、株元の葉のつけ根が少しずつふくらんでくる。乾燥するときは水やりをしておく。

6

茎の直径が5㎝くらいになったときが収穫の適期。皮をむいてサラダなどに。浅漬けにしてもおいしい。

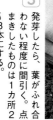

動脈硬化や大腸がんの予防効果も…

# ゴボウ

**キク科／シベリア～中国東北部原産**
**発芽適温：25～30度**
**生育適温：20～25度（地温20～27度）**

発芽したゴボウの苗。このころまでに株間15cmくらいに間引く。根がまっすぐ伸びている苗は葉も立っているが、根が枝分かれしているような苗は、葉も横に寝ていることが多いので、そのようなものを選んで間引く。間引き後には除草、中耕、土寄せもしておく。

point
★家庭菜園では小型の品種がおすすめ。
★土は深くまでよく耕しておく。
★光を好む種子なので、タネには土をかけすぎない。

4月 5月 6月 7月 8月 9月 10月 11月 12月 1月 2月
［サラダむすめ］、［てがるごぼう］などの場合
タネまき
収穫
タネまき
収穫


さわやかな香りのゴボウですが、野菜として食べられているのは日本だけ。本来の味と香りは皮の部分に多いので、きれいに洗い、皮をむかずに調理しましょう。

食物繊維が豊富で、銅、マグネシウム、鉄なども多く含まれる健康野菜です。疲労回復、整腸作用、動脈硬化予防、糖尿病予防などの効果があるといわれ、美肌にもよいとされます。昔から大腸がんの予防によいともいわれています。

家庭菜園では、タネまき後100日ほどで収穫できる超極早生種の「サラダむすめ」や「てがるごぼう」が育てやすいでしょう。

## ◆タネまき

春まきも秋まきもできますが、小型の品種は春まきで秋に収穫します。葉を食べる葉ゴボウは、秋まきで春に収穫します。

野菜の中では最も根が長いのが特徴です。土質によって品質が左右されるので、土づくりが大切です。あらかじめ苦土石灰と堆肥を入れて、深くまでよく耕した畑で育てましょう。pHは6.5～7.3が適します。

タネは明るい場所で一晩水につけ、吸水させてからまきます。1カ所に5粒ずつ、株間は12～15cmで点まきするか、すじまきにします。

## ◆間引き

根を食べる野菜（根菜）では、間引きは大切な作業です。1回目は本葉2～3枚のときに2～3本に、2回目は本葉3～4枚のころに1カ所1本にします。すじまきしたものは、本葉3～4枚のころまでに株間12～15cmに間引きます。

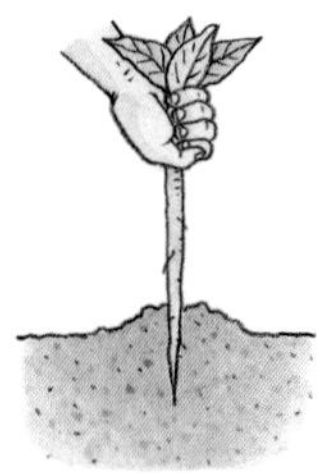

収穫適期になったら、葉柄を持ってまっすぐ引き抜く。

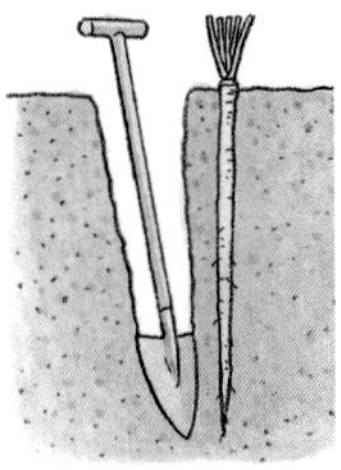

抜けないときは無理をせず、根を傷つけないよう注意してかたわらを深く掘って引き抜く。

## ◆追肥（4月にまいた小型種の場合）

6月中旬、7月上旬、7月下旬に有機液肥を与えます。追肥の後には、中耕して土寄せをしておきます。

## ◆分岐根を防ぐには

根がまっすぐに伸びない原因と対策には、次のようなものがあります。

①畑の土がかたい→深くまでよく耕す。土のかたまりは砕いておく。
②害虫の被害→タネまきの前に土壌を消毒する。
③未熟な堆肥を入れた→完熟した堆肥を使い、じゅうぶん耕して土とよく混ぜておく。
④地下水位が高い→高畝にする。わきに排水溝を掘って排水する。

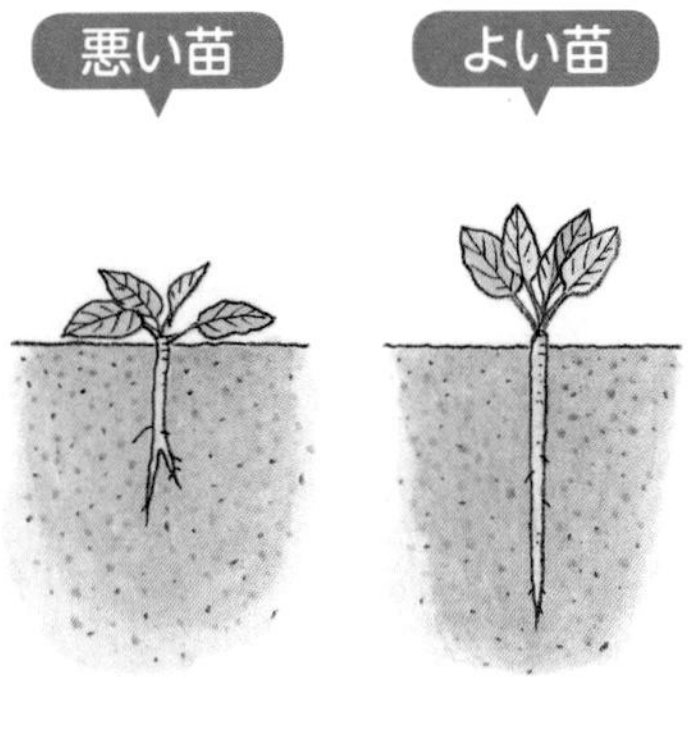

よい苗
悪い苗

根を傷つけないように注意してスコップを入れる。

育てやすくておいしい青菜の代表

# コマツナ

アブラナ科／東アジア原産
発芽適温：20～30度

point
★タネまきの3週間前に完熟堆肥を施す。
★間引きは早めに行う。
★液肥の追肥を忘れない。

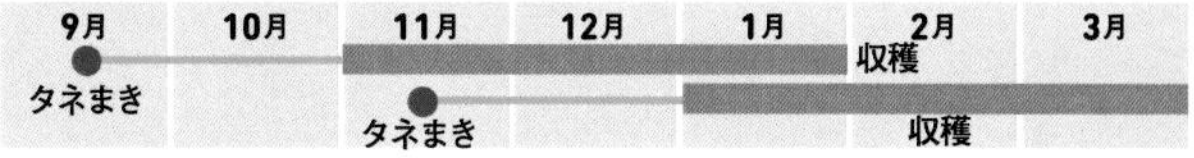
9月
10月
11月
12月
1月
2月
3月
タネまき
収穫
タネまき
収穫

古くから栽培されている野菜で、江戸時代に、現在の東京・小松川近辺が産地だったので、この名前がつけられたといわれています。

寒さには強く、積雪下でも濃い緑色を保ちます。

タンパク質、カルシウム、鉄、ビタミンA、$B_1$、$B_2$、Cを多く含む緑黄色野菜で、かぜ、動脈硬化、ストレスなどに効果があるとされます。東洋医学では浄血、利尿作用、便秘予防、消化剤として利用され、気管支炎には湿布用として使われることがあります。

## ◆タネまき

春まきもできますが、育てやすいのはやはり秋まき。9月から11月中旬までタネまきができ、3月まで収穫できます。狭い面積なら、全面に薄くばらまき、タネが隠れる程度に覆土して軽く押さえておきます。

広い面積で栽培する場合は、幅1.2mくらいの畝をつくり、3列にすじまきにすると管理が楽です。

コマツナの収量は土中に含まれる腐植質（堆肥類）の量で決まるといわれています。前作から、完熟した堆肥をじゅうぶんにすき込んである畑でつくるのが理想です。

## ◆間引き、土寄せ、追肥

本葉2枚のときに1回目の間引きをして、葉がふれ合わない程度にします。本葉4枚のときに2回目の間引き、本葉5～6枚のときに3回目の間引きを行い、株間を12cmにします。間引き後に土寄せをして、有機液肥を与えます。その後も、1週間おきに2回、液肥を与えます。

コマツナはタネまきの30日後くらいから急速に、しかも多量に肥料を吸収し始めるので、追肥を忘れないようにします。また、石灰欠乏症や微量要素欠乏症が出やすく、芯葉の生育が阻害されたり、奇形になったりするので、収穫10日前からはカルシウムの多い肥料を与えると効果的です。

## ◆収穫

秋まきしたものは、11月末から3月まで収穫できます。間引き菜も利用しましょう。寒さには強く、霜に当てたほうが甘みが出ておいしくなります。

1 堆肥などをじゅうぶんすき込んだ畑に、タネを薄くばらまく。

2 ふるいなどを使って、タネが見えなくなる程度に、薄く土をかける。

3 1週間ほどで発芽してくる。本葉が2枚になったころに、込み合わないように間引く。

4 間引きながら収穫し、株間12cmほどにする。

丈夫で育てやすいおすすめの野菜。必要に応じて、間引きながら収穫する。

たくさん食べて肥満を予防？

# サツマイモ

**ヒルガオ科／熱帯アメリカ原産**
**イモ肥大適温：20 ～ 30 度**

point
★地温が 15 度以上になってから苗を植える。
★植えつけは雨の前、曇りの日が最適。

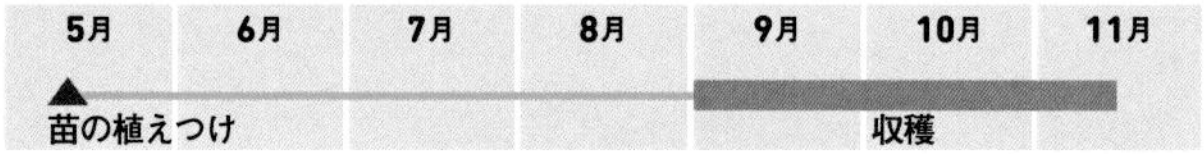


メキシコを中心とする熱帯アメリカ原産で、ヨーロッパにはコロンブスが伝えたといわれます。日本には沖縄を通って鹿児島に伝えられ「薩摩芋」と呼ばれるようになりました。

やせた場所でも元気に育ち、あまり手もかからない、初心者にも最適の野菜です。いも掘りと焼きいもは子どもにも大人気です。

ビタミンC、Eが多く、カルシウムは特に豊富です。食物繊維も多く、疲労回復、整腸作用、便秘、肥満予防、動脈硬化、高血圧、ストレス、かぜ予防、大腸がん予防などに効果が期待できます。

**◆苗の植えつけ**

5月に市販の苗を入手して植えつけます。西日のよく当たる、特に夏から秋にかけて日照の多い、pH6.0〜6.7の土壌を好みます。元肥をじゅうぶん入れ、高さ15cmほど盛り上げて苗を植えます。

熱帯性の高温作物で、イモの肥大の好適温度は20〜30度。地温15度では生長が止まり、10度で枯死します。地温が15度以上になって、霜の心配がなくなってから苗を植えましょう。いろいろな植え方がありますが、小苗の直立植えがおすすめです。

植えつけ後はじゅうぶんに水やりし、4〜5日間は新聞紙などを

大苗の場合

水平植え

改良水平植え

中苗の場合

船底植え

斜め植え

小苗の場合

釣り針植え

直立植え

苗の植え方

## サツマイモの育て方

1 市販のサツマイモの苗。5月の連休前になると出回る。葉が厚く、茎が太くて節の間が詰まっているものがよい。植えつけまでは水に挿しておく。

2 よく耕した畑に苗を置き、指先を茎に当てて苗を押し込む。

3 葉が地上に出るように植える。植えつけ後はまわりをしっかり押さえておく。

4 高温を好む野菜なので、ポリマルチをすると生育がよくなる。フィルムに切れ目を入れて苗を植える。

5 つるを持ち上げて途中から出ている根を引きちぎる「つる返し」を行う。つるから出る汁は服につくと落ちにくいので注意。

6 イモが太ってきたら、じゃまなつるを切りとり、スコップで掘り上げる。イモを傷つけないように注意。

かぶせて日よけをしておきます。

### ◆土寄せと追肥

植えつけ3週間後くらいの、まだつるが繁茂していないうちに、一度除草を兼ねて土寄せをしておきます。

肥料の吸収は定植後7週目から多くなり、18週まで続きます。特にカリの吸収が多いので、カリ分の多い肥料を与えましょう。

### ◆つる返し

気温が上がるにつれて、つるがぐんぐん伸びてきます。つるの途中からも根が出ますが、そうすると養分が分散されてよいイモができません。8月上旬に、つるを持ち上げて途中から出ている根を引きちぎります。これをつる返しと呼びます。

### ◆収穫

10月から11月に、試し掘りをしてイモの太りぐあいを確かめてから収穫します。じゃまなつるを切りとり、スコップでイモを傷つけないように注意しながら掘り上げます。

### ◆若芽どり

サツマイモの茎や葉はホウレンソウに比べてビタミンEは2.5倍、β-カロテンが2倍と栄養豊富です。ビタミンCはエンサイの5倍です。長さ10～15㎝の若芽を順次収穫して食べるのもおすすめです。おひたしや油いため、天ぷらなどにするとおいしく食べられます。

家庭菜園に植えたサトイモ。大きな葉は庭や菜園のアクセントになる。

ヌルヌルを大切に食べよう

# サトイモ

**サトイモ科／熱帯アジア原産**
**生育適温：25～30度（地温20～27度）**

point
★連作しない。
★西日の当たる暖かい場所に植える。
★まめに水やりして乾燥させない。

| 4月 | 5月 | 6月 | 7月 | 8月 | 9月 | 10月 | 11月 |
|---|---|---|---|---|---|---|---|
| ▲タネイモの植えつけ | | | | | | 収穫 | |

ポリネシアやミクロネシアなどで現在でも重要な作物とされているタロイモの仲間で、日本でも縄文時代から栽培されていたという説もある、古い作物です。

ヌルヌルの成分はガラクタンとムチンという多糖類で、脳細胞を活性化し、老化を防ぎます。

### ◆タネイモの植えつけ

4月にタネイモを植えつけます。高温性の作物ですから、植えつけは地温が16度以上になってからにしましょう。

耕土が深く有機質の多い乾燥しにくい場所を選びます。最適のpHは6.8～7.4です。日当たりのよい場所を好みますが、乾燥しにくい場所を選ぶことも大切です。近くに水場があり、5月から6月と8月から9月には水やりができることも大切です。

寒冷地では、地温を上げるため黒色のポリマルチを全面に敷くとよいでしょう。生産初期に地温が高くないと収量が少なくなります。

### ◆追肥と土寄せ

1回目は6月下旬から7月上旬、2回目は7月下旬、3回目は8月中旬に有機液肥を与えます。4回目は9月上旬にカルシウムの多い肥料を与え、その1週間後に液肥を葉面施肥します。

土寄せも大切な作業です。1回目と2回目の追肥の後に、株元に10㎝くらいずつ（合わせて20㎝）土を寄せます。株元から出てくる芽は2回目の土寄せのときに折って倒しておきます。

### ◆乾燥防止

サトイモは乾燥に弱い作物です。敷きわらと水やりで乾燥を防ぎましょう。5月から9月は、雨が少ないときは水やりをします。

### ◆収穫

初霜がおりるころ、天気のよい日を選んで掘り上げます。子イモをはずし、泥つきのまま風通しのよい場所で乾燥させます。

1 サトイモのタネイモ。40～60gくらいの、ふっくらとして芽が傷んでいないタネイモを選ぶ。

2 深さ7～8㎝の溝を掘り、タネイモを植える。株間は50㎝ほどとし、株と株との間に元肥を入れる。ポリマルチで地温を上げるとよい。

3 芽が出て葉が開いてきたら追肥を与える。乾きやすい畑では、株元に厚く敷きわらをして乾燥を防ぐとよい。

4 夏の状態。このころには直径50㎝以上の大きな葉にならないとイモはとれない。乾燥させないように水やりをすること。

料理を美しく豊かにする

# サラダナ

**キク科／地中海沿岸地方から中近東原産**
**発芽適温：16～20度　生育適温：15～20度**

point
★涼しいところで発芽させる。
★タネには土をかけない。
★浅植えにして病気を防ぐ。

| 3月 | 4月 | 5月 | 6月 | 7月 | 8月 | 9月 | 10月 | 11月 |
|---|---|---|---|---|---|---|---|---|
| ● タネまき | ▲ 苗の植えつけ | 収穫 | 収穫 | | | ● タネまき | ▲ 苗の植えつけ | 収穫 |

リーフレタスの仲間で、葉にバターのようなスベスベした感触があるのでバターヘッドとも呼ばれます。ビタミンA、$B_1$、C、E、食物繊維などが含まれ、疲労回復、老化防止などの効果があります。

25度以上になると生育は抑制され、病害が多くなるので、寒冷地以外では秋の栽培が適しています。

### ◆タネまきと育苗

畑に直接タネをまくよりも、ピートバンなどにまくほうが失敗がありません。じゅうぶん水を含ませたピートバンにタネを薄くまき、軽く押さえて密着させます。好光性の種子ですから、覆土はしません。

発芽してきたら込んでいる部分を間引いて、株間3cmぐらいにします。本葉が2枚ぐらいになったころから、1週間に1回の割合で、薄い液肥を与えます。

### ◆定植

本葉が4～5枚になった苗を、株間15cm程度に植えつけます。2列以上植える場合は、列と列の間は30cmにします。深植えにすると病気が出やすくなるので、浅めに植えます。

苗が根づいたら、1週間に1回、液肥を与えて育てます。生育期に水分や肥料分が不足すると、葉が小さくなってしまいます。

### ◆収穫

葉が15枚以上になったら、株ごと切りとって収穫します。生育の最低気温は5度で、霜に当たると葉が傷むので、それまでに収穫するか、ビニールトンネルや不織布などをかけて寒さから守ります。

収穫適期のサラダナ。葉が15枚以上になったら、必要に応じて株ごと収穫する。霜に当たると傷むので、寒い時期はビニールトンネルをかける。

水耕栽培のサラダナ。ざるに人工じゃりなどを入れて、培養液につけて育てる。

お肉の相性バッチリ

# サンチュ

**キク科／地中海沿岸地方から中近東原産**
**発芽適温：16～20度　生育適温：15～20度**

point
★涼しいところで発芽させる。
★タネには土をかけない。
★浅植えにして病気を防ぐ。

| 3月 | 4月 | 5月 | 6月 | 7月 | 8月 | 9月 | 10月 | 11月 |
|---|---|---|---|---|---|---|---|---|
| ● タネまき | ▲ 苗の植えつけ | 収穫 | 収穫 | | | ● タネまき | ▲ 苗の植えつけ | 収穫 |

中国から韓国をへて伝来したリーフレタスの一種で、パオ、チマサンチュ、焼き肉を包んで食べるので焼き肉レタスともいわれます。葉を1枚ずつかきとって収穫するので、カキチシャとも呼ばれます。青葉種と赤葉種があります。

日本では、古く平安時代から栽培されていたといわれる野菜ですが、結球レタスやリーフレタスに押されて、一時期あまり見かけなくなりました。近年、焼き肉の人気上昇につれて復活した野菜です。

少しずつ、長い間収穫できる家庭菜園向きの野菜です。鉢植えで育てるのもおすすめです。

### ◆育て方

育て方はサラダナと同じです。春か秋にタネをまいて育苗し、畑に植えます。25度以上になると生育は抑制され、病害の発生が多くなるので、寒冷地以外では秋の栽培が適しています。寒さが厳しくなる前に収穫しましょう。霜に当たると葉が傷むので、ビニールトンネルや不織布などをかけて寒さから守ります。

### 鉢での育て方

1 幅15cmほどにすじまきする。光が当たらないと発芽しない「好光性種子」なので、土はかけず、手で軽く押さえて、新聞紙をかけておく。

2 発芽したら新聞紙をとり、葉がふれ合わない程度に順次間引きしていく。株間に化成肥料などを与えるとよい。

3 ある程度大きくなったら、間引きながら利用していく。葉が15枚以上になったら、下葉からかきとって収穫する。

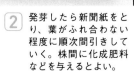

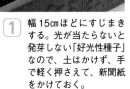

鍋物にも最適のハクサイの仲間

## サントウサイ

アブラナ科／中国北部原産
発芽適温：20～25度　生育適温：18～21度

point
★春まきでも栽培可能。
★冬は寒さから葉を守る。
★ばらまきして間引き菜も利用する。

| 8月 | 9月 | 10月 | 11月 | 12月 | 1月 |
|---|---|---|---|---|---|
| | タネまき | | 収穫 | 収穫 | |

中国・山東半島から北京周辺で育てられていた野菜で、つくり方はハクサイ（128ページ）と同様ですが、栽培期間も短く、栽培も楽。ハクサイはしっかり結球させるには、タネまきの時期や追肥など、けっこう難しいのですが、その点、サントウサイは結球させる必要がないので初心者にはおすすめです。

新あずま山東菜
半結球型のサントウサイ（山東菜）で、中心部が鮮やかな鮮黄色に着色する。漬け物にも最適で、間引き菜も利用できる、家庭菜園に最適の野菜。〈タキイ〉

### ◆タネまき

暑さには弱いので、秋まきで冬に収穫するのがつくりやすく、おすすめですが、栽培期間が短く、タネまき後2～3カ月で収穫できるので、春まきも可能です。

畑に直接タネをまきます。畝全体にタネをばらまき、間引き菜を利用しながら育てるのがおすすめ。最終的な株間は30～50㎝とします。

### ◆収穫

ある程度生長したら、必要に応じて収穫します。中央の葉が黄色くなってきたころが収穫の適期です。

寒さには強いのですが、霜がおりるようになると葉が傷むので、ベタがけシートで覆っておくか、ハクサイのように外葉を縛っておくとよいでしょう。

間引き菜も、汁の実などに利用できる。

畑にタネをばらまき、またはすじまきにして、間引き菜を利用しながら育てる。最終株間は30～50㎝ほどとする。

さやの形がおもしろい

## シカクマメ

マメ科／マダガスカル原産
生育適温：30度

point
★じゅうぶんに暖かくなってからタネをまく。
★しっかりした支柱を立てる。
★早めに収穫する。

| 4月 | 5月 | 6月 | 7月 | 8月 |
|---|---|---|---|---|
| | タネまき | 収穫 | 収穫 | 収穫 |

原産地はマダガスカルですが、東南アジア地域一帯の熱帯から亜熱帯地方では広く栽培されている作物です。沖縄ではウリズンと呼ばれ、若いさやを煮物やいため物などに利用します。

マメ科の作物の中でも栄養価が高く、成熟した種子は高タンパク、高脂肪です。若い葉や芽先も食べられ、葉や茎は家畜の飼料としての利用も期待されています。地下にはイモができて、デンプンをとることもできます。

さやに4列のひれがあり、切ると断面が四角形になることから「四角豆」と呼ばれる。インゲンと同様に、若いさやを食べる。

### ◆タネまき

インゲン（62ページ）と同様の方法で育てます。タネまきは5月の連休以降で、じゅうぶん暖かくなってからにします。株間は30㎝ほどとし、1カ所に3粒ずつまいて2～3㎝土をかけます。

発芽したら1カ所1本に間引き、支柱を立ててつるを絡ませます。フェンスぎわなどにまいておくと、支柱を立てる手間が省けます。

発芽までには時間がかかることがありますが、芽出し後の生長は速く、気温が上がるにつれてぐんぐん生長します。生長のよいものは、つるの先のやわらかい部分を摘みとって、ゆでたり、いためたりして食べるのもおすすめです。

### ◆収穫

さやは20～30㎝にもなりますが、15㎝くらいになったら収穫したほうが、やわらかくておいしく食べられます。いため物や煮物に利用します。

とり遅れたものは、完熟させてマメとして利用することもできます。

シカクマメの花。赤や青の花を咲かせるものもある。

和風香辛野菜の王様
# シソ

**シソ科／ヒマラヤ、中国中南部原産**
**発芽適温：25～30度　生育適温：25度**

point
★高温を好む。
★タネをとっておいて、翌年まく。
★庭の隅にでもあると便利。

| 4月 | 5月 | 6月 | 7月 | 8月 | 9月 | 10月 | 11月 |
| --- | --- | --- | --- | --- | --- | --- | --- |
| タネまき | | | | 収穫 | | | |

4月に鉢や畑にタネをまきます。一度まけば手がかからず、長い間利用できます。

発芽したばかりの芽を切りとった芽ジソ、葉を使う葉ジソ（大葉）、花を使う花ジソ、花後の花穂を使う穂ジソ、実を使う実ジソと、生育に応じて、いろいろと利用できる、日本を代表するハーブです。

葉が緑の青ジソと、濃紫紅色の赤ジソがあり、赤ジソは梅干しや紅ショウガの色づけにも使われます。

青ジソ

赤ジソ
花や実も薬味として利用される。青ジソは白い花が咲く。

**◆芽ジソのつくり方**
プランターなどに川砂にピートモスを少量混ぜた用土を浅く入れ、5㎜間隔になるくらいにタネをまいて軽く押さえておきます。覆土はしません。静かに水やりし、新聞紙などをかけて乾燥させないようにしておきましょう。発芽して、本葉が出始めたころに地ぎわから切りとって、刺し身のつま物などに利用します。

**◆葉ジソ**
鉢に野菜用の培養土を入れてタネをまき、本葉が4枚になるころまでに、株間が10～15㎝になるように間引きます。本葉が8枚になったころに芽先を摘んで側枝を出させましょう。夏場は乾燥防止のために、株元に腐葉土などを敷いておきます。

肥料は10日に1回、有機液肥を与えます。

**◆花ジソ、穂ジソ、実ジソ**
日が短くなると開花するので、必要に応じて摘みとり、花ジソ、穂ジソとして利用します。実ジソは実が半分ほど充実したら穂からがく片といっしょにしごきとり、塩漬けやつくだ煮にして保存します。

冬には株が枯れますが、実をとって春にまけば、よく発芽します。

沖縄特産の健康野菜
# シマニンジン

**セリ科／アフガニスタン原産**
**発芽適温：15～25度**

point
★春にまいて秋に収穫。
★タネは多めにまく。
★株間は10㎝ほどとする。

| 5月 | 6月 | 7月 | 8月 | 9月 | 10月 | 11月 | 12月 |
| --- | --- | --- | --- | --- | --- | --- | --- |
| | | タネまき | | | 収穫 | | |

沖縄で栽培されている黄色のニンジンです。沖縄では「チデークニ」と呼ばれます。ニンジンは東洋系と西洋系に分けられますが、普通のニンジンは西洋系、シマニンジンは東洋系の在来種で、京都の金時ニンジンに近いとされています。

長さは30～40㎝、太さ3㎝ほどと、細長いのが特徴です。古くは、東北地方から九州まで、広く栽培されていたということでしたが、現在では沖縄にしか残っていないようです。味は甘く風味が豊かで、煮物やいため物にするとおいしく食べられます。

育て方は普通のニンジンとほぼ同じ。暑さに強いのが特徴です。

**◆タネまき**
タネまきの適期は晩春から夏にかけてで、15㎝間隔にまき溝をつけてすじまきにします。ニンジンは発芽しにくいので、タネは多めにまいておきます。タネまき後は5㎜ほど土をかけて、軽く押さえておきます。

**◆間引き**
発芽したら順次間引き、最終株間は10㎝ほどとします。間引いた葉はサラダやスープなどに利用するとおいしく食べられます。

間引き後に、株のわきに有機質肥料などをばらまき、軽く耕しておきます。太った根が地上に出てきたら、土寄せして埋めておきます。

**◆収穫**
タネまき後100日くらいが収穫の目安です。適宜引き抜いて利用します。

間引きながら育て、株間10㎝ほどとする。

シマニンジン
沖縄在来の珍しい黄ニンジンで、普通のニンジンより細長いのが特徴。

イモ掘りは子どもにも大人気。家庭菜園でぜひ育てたい野菜のひとつ。

塩分のとりすぎによる血圧上昇を防ぐ

# ジャガイモ

**ナス科／中南米原産**
**生育適温：15～22度**

**point**

- ★タネイモを入手して植えつけ。植えつけ適期は3月。
- ★植えつけ時期が早いので、準備が遅れないようにする。
- ★連作を嫌うので、3～4年はナス科の植物をつくったことがない場所を選ぶ。
- ★1カ所1～2本に芽かきする。

| 3月 | 4月 | 5月 | 6月 | 7月 | 8月 | 9月 | 10月 | 11月 | 12月 |
|---|---|---|---|---|---|---|---|---|---|
| ▲タネイモの植えつけ | | 収穫 | [春作] | | [秋作] | ▲タネイモの植えつけ | | | 収穫 |

ビタミン$B_1$、C、カリウム、ナイアシンが多く、塩分を体外に運び出す作用があります。血流を安定させ、高血圧、かぜ、疲労回復、健胃、整腸、便秘などにもよいとされます。東洋医学では、やけどにすりおろした汁を塗るなど、外用にも用いられていました。

### ◆タネイモの準備

3月中旬に市販のタネイモを入手します。食用として売られているものや、自分で育てたイモなどは、芽が出なかったり、ウイルスが入っていたりして、満足に収穫できません。

タネイモは1片が30～40gになるように、縦に2つか4つに切り分けます。それぞれに2芽以上がつくように切りましょう。切り口には、腐敗防止のために、草木灰か石灰をつけておきます。

植えつけ、芽かき以外はほとんど手のかからない野菜で、秋植え、冬どりの栽培もできます。

### ◆畑の準備と植えつけ

連作を嫌うので、3～4年はナス科の野菜をつくったことのない畑を選びます。有機質肥料を好むので、前年の秋に堆肥をじゅうぶんにすき込んでおくのがよいでしょう。

深さ30cmくらいの溝を掘り、元肥をじゅうぶんに入れ、土を戻し、深さ15cmほどのところに切り口を下にしてタネイモを植えます。株間は50cm、隣の畝との間隔は100cmくらいとします。

### ◆芽かき

ひとつのタネイモから多くの芽が出てきますが、元気なものを2～3本残し、ほかはかきとります。不用意に引き抜くとタネイモごと抜けてしまうので、残す芽の株元をしっかり押さえ、折りとるようにします。

## タネイモの植え方

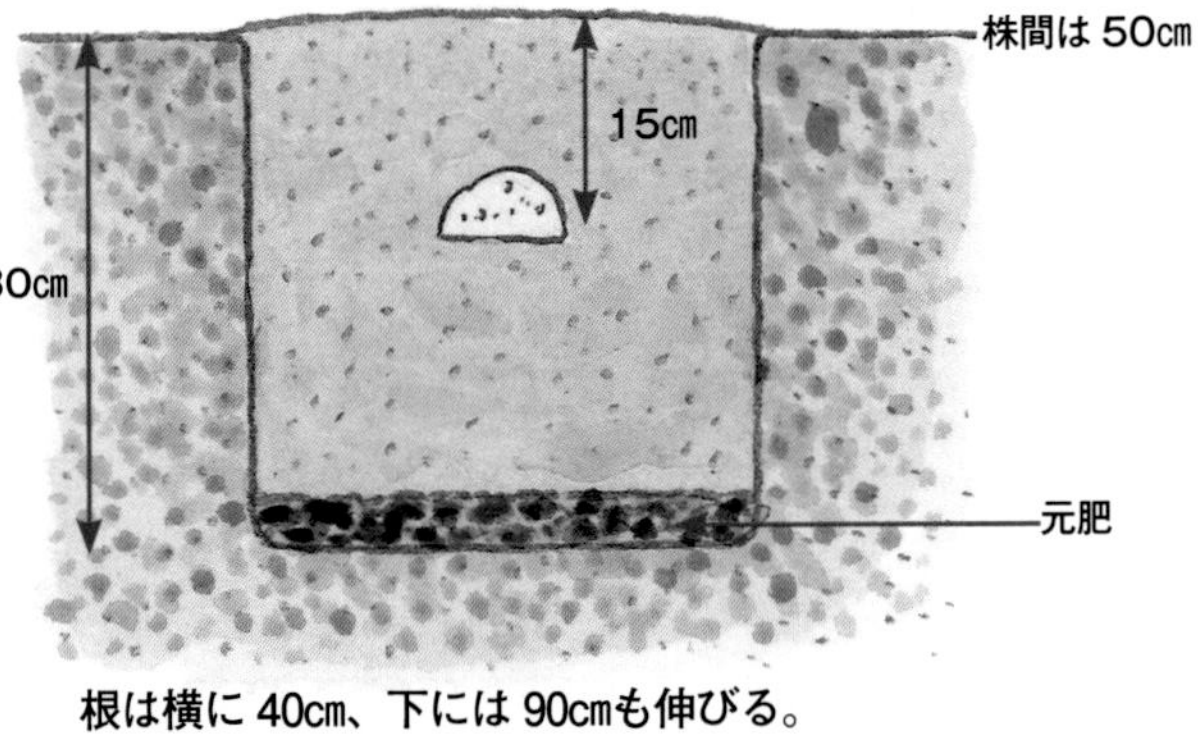


根は横に40cm、下には90cmも伸びる。
元肥は30cmくらいの深さのところに施す。

## ジャガイモの育て方

1 タネイモと、腐敗防止用の草木灰などを用意する。

2 タネイモはそれぞれに芽がつくように、縦に2つか4つに切る。

3 切り口に、腐敗防止用の草木灰をつける。

4 深さ30cmくらいの溝を掘り、元肥をじゅうぶんに入れ、半分ほど土を戻しておく。

5 切り口を下にしてタネイモを置く。間隔は50cmくらい。

6 芽が出てきたところ。植えつけ後1カ月くらい。

7 多くの芽が出てくるので、元気な芽2～3本を残して間引く。残す芽の株元をしっかり押さえて横に引っ張る。

8 追肥を与え、土寄せをしながら苗を育てる。花が咲き始めるころから肥料の吸収が盛んになるので、追肥を忘れない。

9 5月中旬ごろからが収穫の適期。試し掘りをしてみて、イモが育っているようなら株ごと引き抜く。イモが小さいときはまた土をかけておく。

### ◆追肥と土寄せ

肥料の吸収が旺盛になるのは、花が咲き始めるころから地下でイモができ始めるころで、このときにじゅうぶんに肥料を吸わせるように追肥を与えましょう。1回目は芽が出てきたころ、2回目は草丈が15cmくらいになったころで、有機質肥料の液肥を与えます。3回目はつぼみが出始めたころに同様の液肥を、4回目は花が咲き始めたころにカルシウムの多い肥料を与えます。

2回目の追肥と3回目の追肥のときには、株元に土をかけます。それ以後も株元を見て、イモが外に出ているようなら土をかけておきます。

### ◆収穫

5月中旬から6月中旬が収穫の適期。株元を少し掘ってイモの大きさを確認しましょう。じゅうぶん大きくなっていたら、天気のよい日に、株ごと引き抜いて収穫します。

鍋物、天ぷらで香りを楽しむ

# シュンギク

**キク科／地中海沿岸地方原産**
**発芽適温：20度　生育適温：20度**

きくまろ〈サカタ〉

**point**
★乾燥に注意する。
★水もちのよい畑で育てる。
★春まきすると、すぐにとう立ちする。

鍋物には欠かせない香りの高い野菜です。珍しいキク科の野菜で、キクナとも呼ばれます。タネまきから1～2カ月で収穫できる手軽な野菜です。

春まきもできますが初心者は秋まきがおすすめ。冬の鍋物に重宝します。春まきするとすぐにとう立ちするので、それを花菜として利用するのもよいでしょう。β-カロテン、ビタミンC、E、カルシウムを含みます。整腸効果があり、肌荒れにもよいとされます。

### ◆タネまき

苦土石灰と元肥を入れた畑に高さ15㎝ほどの畝をつくり、30㎝間隔にすじまきか、全体にばらまきします。タネとタネが重ならない程度にまきましょう。まき終えたら、タネが隠れる程度に覆土し、軽く押さえて、その上から静かに水やりします。乾燥防止に、切りわらをかけておくのもおすすめ。

### ◆間引きと追肥

多くのタネが発芽してきたら、葉がふれ合わない程度に間引きます。本葉が2～3枚出たころに7～8㎝間隔に、本葉5～6枚のころに15㎝間隔に間引きます。間引き後に軽く中耕して土寄せし、有機液肥を与えておきます。

### ◆収穫

根元から株ごと切りとる「根切り型」の収穫と、芽先を摘みとる「摘芯型」の収穫方法があり、それぞれに適した品種があります。

「根切り型」の品種はある程度大きくなったら株ごと収穫します。

「摘芯型」の品種は本葉が10枚以上になったら、下葉3～4枚を残して先を摘みとり収穫します。その後、わき芽が出てくるので、同様に芽先を摘みとって収穫します。花が咲くまでは、必要に応じて何回でも収穫できるので、家庭菜園には重宝します。

## シュンギクの育て方

1 タネは30㎝間隔にすじまきするか、全体に薄くばらまきする。

2 タネまき後はふるいを使って薄く土をかけ、手で軽く押さえておく。

3 発芽してきたら、葉が重なり合わない程度に間引く。

4 葉が5～6枚になるころまでに、込んだ部分を間引いて株間15㎝ほどにする。

5 間引き菜もおいしく食べられる。

6 「摘芯型」の品種では、株間が15㎝になったら、下葉3～4枚を残して先を摘みとる。わき芽が出てきたら同様に収穫する。

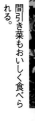

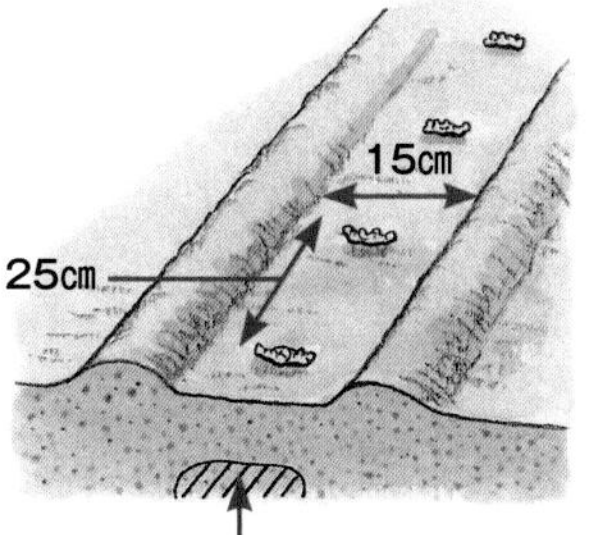


元肥として化成肥料と堆肥を入れ、畑の土をかぶせてからタネショウガを植える。

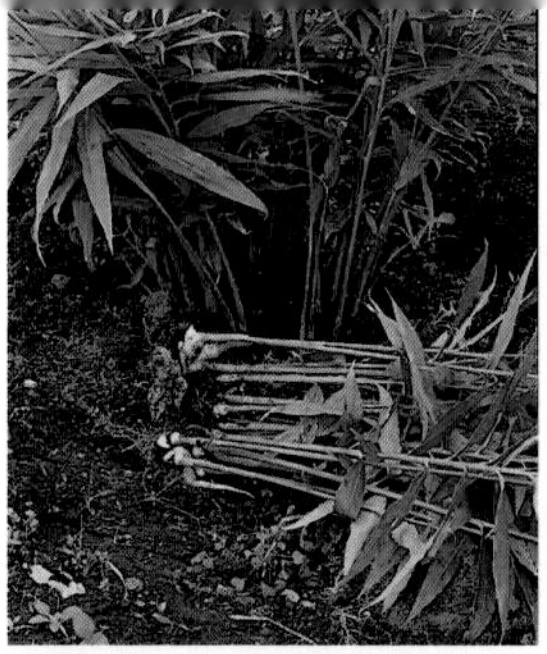

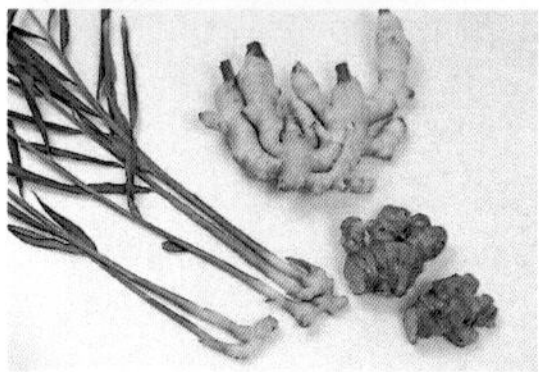

8月から9月に掘り上げたみずみずしい新ショウガ。家庭菜園ならではの味覚。

上：新ショウガ。右：ヒネショウガ。左：葉ショウガ。

有史以前より医薬香辛料として利用された

# ショウガ

**ショウガ科／熱帯アジア原産**
**生育適温：25度以上**

point
- ★3～4年ショウガをつくっていない畑に植える。
- ★暖かいところで芽出ししてから植える。
- ★10度以下になると腐敗するので、その前に収穫する。

| 4月 | 5月 | 6月 | 7月 | 8月 | 9月 | 10月 | 11月 |
|---|---|---|---|---|---|---|---|
| ●芽出し | ▲根茎の植えつけ | | 葉ショウガ収穫 | | 根ショウガ収穫 | 根ショウガ収穫 | 根ショウガ収穫 |

肉や魚のにおい消し、すりおろして薬味として利用するほか、生食や甘酢漬け、紅ショウガなど、いろいろ利用されています。

ショウガの辛み成分のジンゲロンやショウガオールには殺菌力があり、高血圧、脂質異常症、冷え性、かぜ、食中毒予防、吐きけ、乗り物酔いによいとされています。漢方ではヒネショウガを乾燥したものを「乾姜」と呼び、生のものより薬効が強いとされています。

夏に葉ショウガ、秋に根ショウガを収穫できます。

### ◆芽出しと植えつけ

25度以上の高温と多湿を好み、乾燥と低温には弱い熱帯原産の野菜です。3月から4月に市販のタネショウガを入手してプランターなどに植えつけ、暖かい場所で芽出しをします。大きなタネショウガは1個60～70g、3芽くらいつくように手で割り分けます。

5月に入って、最低気温が15度以上になったころが植えつけ適期です。このころまでに芽が7～8㎝くらいに伸びているのが理想です。乾燥しにくい畑に元肥をじゅうぶん入れ、芽先が少し出るくらい（深さ5㎝ほど）に植えつけます。株間は25㎝ほどとしますが、葉ショウガを多く収穫する場合は、より狭くても大丈夫です。追肥と土寄せをしながら、乾燥させないように育てましょう。

### ◆収穫

夏にはやわらかい茎の基部を食べる葉ショウガ、秋には新しくできた根茎を食べる新ショウガが収穫できます。植えつけたタネショウガも、ヒネショウガとして薬味などに利用できます。夏から霜がおりるまで、随時収穫できますが、10度以下になると腐るので、霜がおりる前にはすべて収穫するようにします。

食用ホオズキ
この中にオレンジ色の実が入っている。

かわいらしくて甘くておいしい

# 食用ホオズキ

**ナス科／アジア、アメリカ、ヨーロッパ原産**
**生育適温：10～20度**

point
- ★霜の心配がなくなってから苗を植える。
- ★鉢植えにも最適。
- ★肥料を与えすぎない。

| 3月 | 4月 | 5月 | 6月 | 7月 | 8月 | 9月 | 10月 | 11月 |
|---|---|---|---|---|---|---|---|---|
| | ▲苗の植えつけ | | 収穫 | 収穫 | 収穫 | 収穫 | | |

真っ赤な実がかわいい、ほおずき市でも有名なホオズキですが、これは食用のホオズキ。フランスをはじめ、ヨーロッパでは普通に青果市場に並んでいるようですが、日本で見かけるようになったのは最近のことです。さわやかな甘さとフルーティーな酸味との絶妙なバランスで、生で食べるほか、ジャムにしてもおいしく食べられます。

### ◆苗の植えつけ

春に、霜の心配がなくなったころに苗を植えつけます。高さは1mほどですから、鉢植えでも育てられます。植えつけ後は支柱を立てて、茎が倒れないようにしておきます。

### ◆施肥

花が咲いて実がつきだしたら追肥しますが、肥料が多すぎると実つきが悪くなるので注意します。

### ◆収穫

盛夏を迎えるころから次々と実をつけ始め、秋遅くまで収穫を続けることができます。完熟すると袋（がく）の色が茶色に変わってきて、実のオレンジ色が鮮やかになるころが収穫時期です。

真夏の太陽と思い出がいっぱい

# スイカ

**ウリ科／南アフリカ原産**
**生育適温：昼 25 ～ 28 度、夜 18 ～ 25 度**

point
★収穫期は高温、乾燥、多日照にする。
★親づると、子づる３本を伸ばす。
★人工授粉をする。

夏には欠かせない野菜（フルーツ）です。主な栄養素はカリウムとシトルリンで、強力な利尿作用があります。そのほか、ビタミンA、C、カルシウムが主なもので、高血圧、肝臓病のむくみ、動脈硬化、二日酔い、膀胱炎などに効果があるとされています。

多くの品種がありますが、関東で育成された品種は関東で、関西で育成された品種は関西で栽培しないと、成績がよくないようです。

**◆苗の植えつけ**

春に市販の苗を入手して植えつけます。

畑には元肥をじゅうぶんに入れ、高さ15cmほど盛り上げてその上に苗を植えます。根は横に180cm、深さは100cmくらいに伸びるので、株間は150cmくらいにします。植え終わったら敷きわらをします。

高温性の野菜なので、寒さを防ぐためにホットキャップをかけておきます。地温が上がるように、ビニールなどでマルチングをして植えるのもおすすめです。幅150cmの畝をつくり、幅180cmの黒いポリエチレンなどのフィルムでぴったりと覆います。左右のすそは土に埋めておきます。そのフィルムに、100cm間隔で×形の切り込みを入れ、苗を植えます。

**◆つるの伸ばし方**

大玉の品種は親づる1本と子づる3本を、左右に2本ずつ伸ばします。親づるには8節目あたり、子づるには14節目あたりに第1果がつきますが、それは摘みとり、その5～10節先につく第2果を大きく育てて収穫します。1本のつるに1果を育て、それ以外の実は摘みとります。実のついた節から出る孫づるは早めに摘みとります。

小玉の品種はつるを6本伸ばし、それぞれに2果、計12個の実を収穫します。

**◆追肥**

1回目は実がピンポン玉くらいになったとき、2回目はその1週間後くらいに有機液肥を与えます。3回目は実が5～6cmになったときと、その1週間後にも、追肥します。施肥はつるの先端あたりに施すのが基本です。

**◆玉直しと収穫**

実が15～20cmほどになってきたら、まっすぐに置き直します。近くの巻きひげが枯れてきたら収穫の目安。軽くたたいて濁った音がしたら熟している証拠ですから、収穫します。切りとってから2～3日追熟させると甘みが増しておいしくなります。

**つるの伸ばし方**

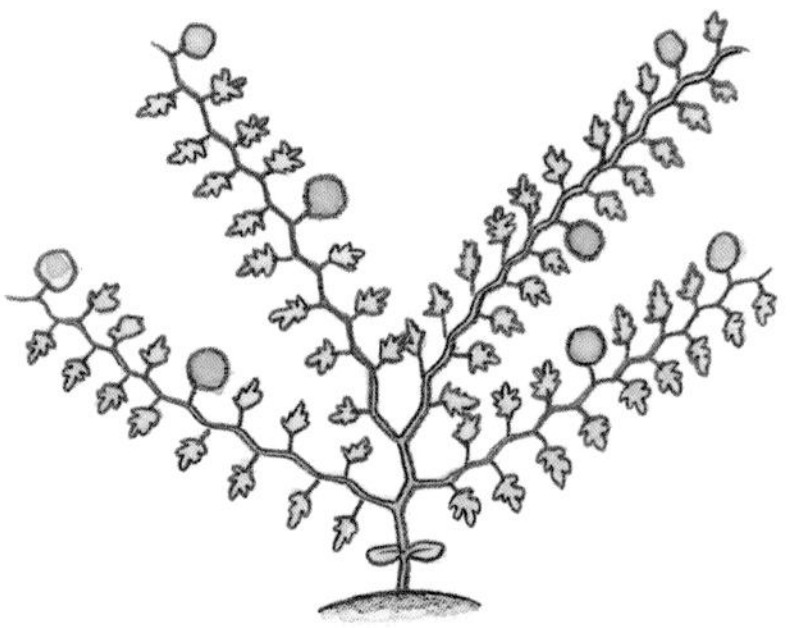

親づると、子づる３本を左右に伸ばす。

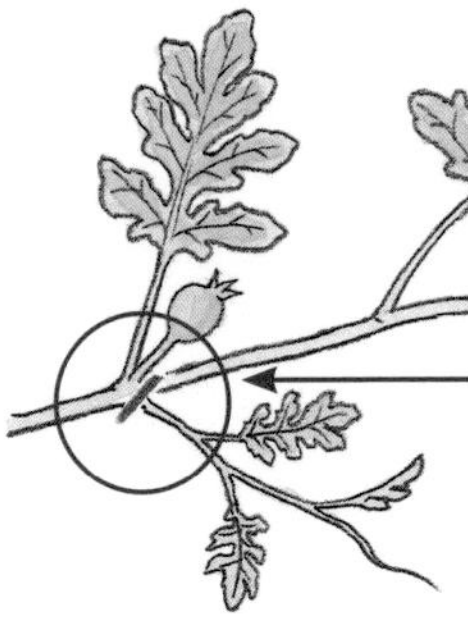

雌花の節から出るつるは早めにとり除く。

## スイカの育て方

1 日当たりがよく暖かい畑に、苗を植える。畑にはじゅうぶん元肥を入れておく。土のpHは5.5～6.8がよい。

2 植えつけ後は敷きわらをする。高温性の野菜なので、植えつけ後しばらくはホットキャップをかぶせて保温する。つるが伸び始めたらキャップをはずす。

3 大玉種は3～4本、小玉種は5～6本くらいのつるを伸ばす。つるが伸びるに従って敷きわらをして、実が直接、土にふれないようにする。

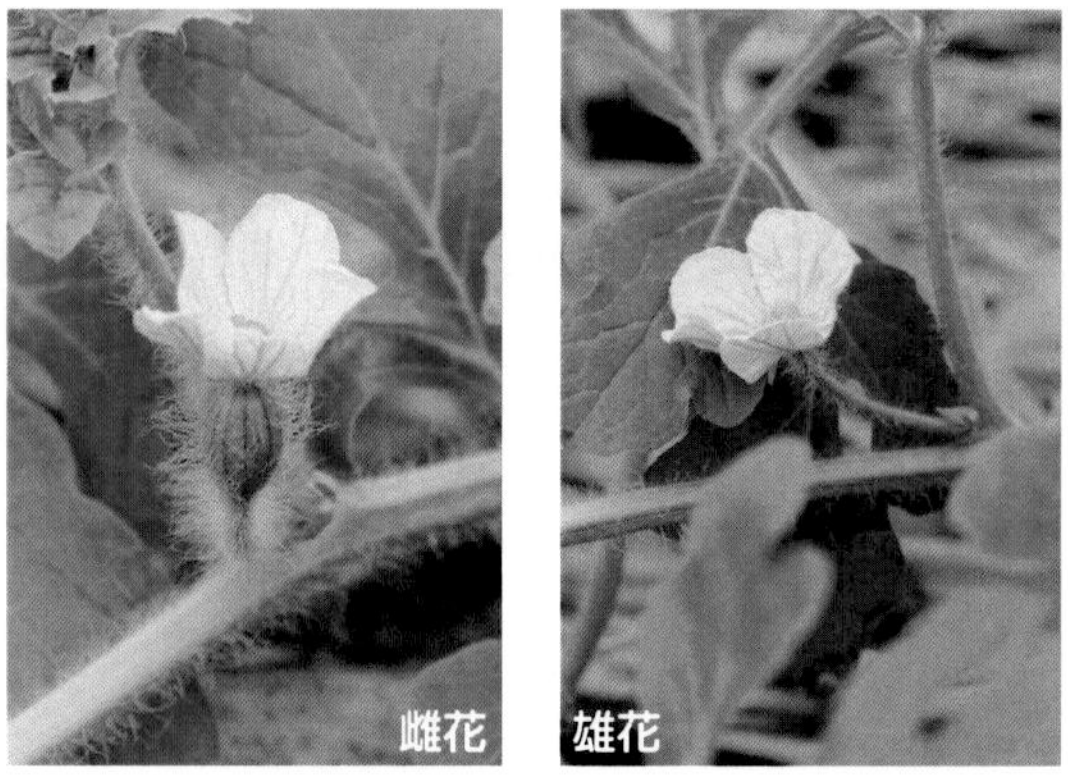


4 人工授粉すると結実しやすくなる。受粉した日付を記録しておくと収穫の目安になる。

5 やがて雌しべの基部がふくらんでくる。実がピンポン玉くらいになったときが追肥の目安。

6 地面に接している部分は色づきが悪いので、実が15～20㎝ほどになってきたら、まっすぐに置き直す。近くの巻きひげが枯れてきたら収穫の目安。

## 苗の植え方

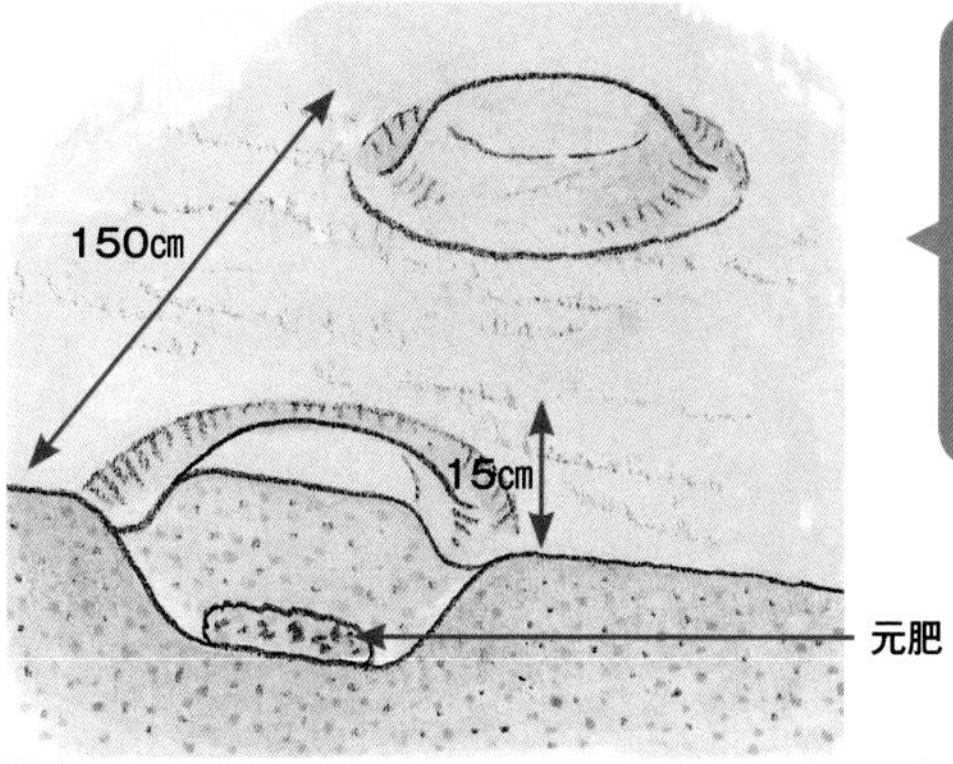


元肥をじゅうぶんに入れ、15cmほど盛り上げておく。

株元が地面より少し高くなるように、浅めに植える。

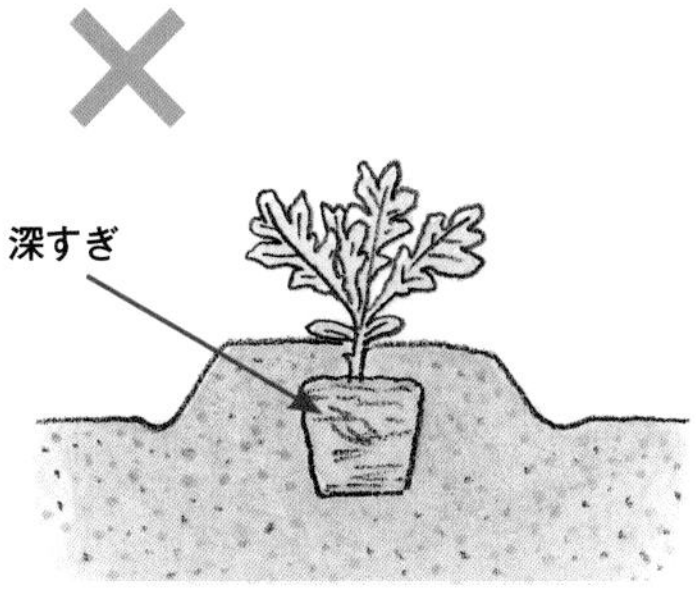

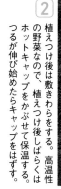

あくの少ない品種の「ブライトライト」。
葉柄や葉脈が、赤や黄色、白、オレンジ色などに染まるカラフルな品種。

家庭菜園を彩るカラフルな野菜

# スイスチャード

**アカザ科／地中海沿岸地方原産**
**生育適温：15～20度**

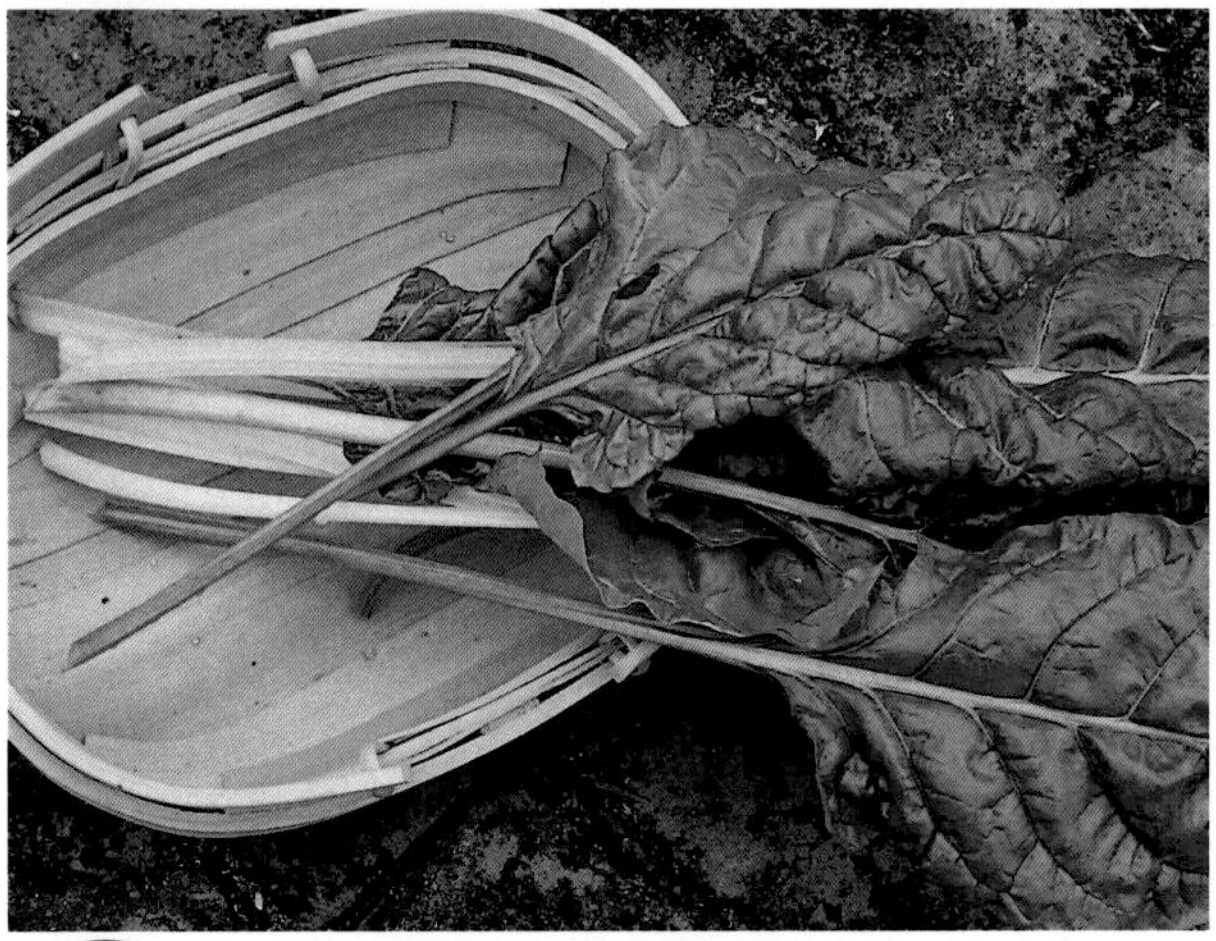

point
★タネまきから２～３カ月で収穫できる。
★外葉を順次かきとって収穫する。
★あくを抜いてから利用する。

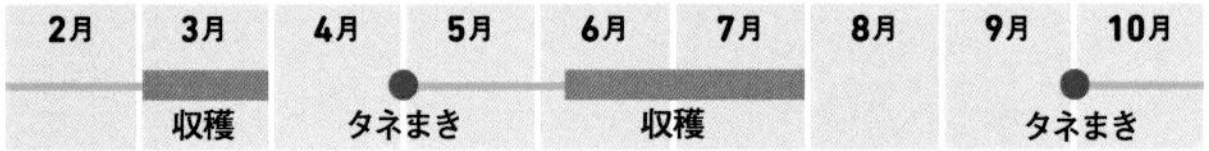


フダンソウの仲間で、セイヨウフダンソウとも呼ばれます。テンサイ（甜菜、砂糖大根）や食用ビート（テーブルビート）と同じ種ですが、こちらは葉を食べるように改良されました。赤、黄色、オレンジ色など、カラフルな色彩が魅力で、食卓に彩りを添えてくれます。

カルシウムやミネラル、ビタミンA、$B_1$を多く含みます。シュウ酸を含んでいるので、ゆがいて水にさらし、あく抜きをしてから料理に利用しますが、最近はあくの少ない品種（ブライトライトなど）もあり、そのままサラダなどにも利用できます。

### ◆タネまき

生育適温は15～20度ですが、暑さには強く、夏でもよく生育します。4月から5月にタネをまくと、ホウレンソウなどのほかの葉物野菜がとれない真夏に収穫でき、重宝します。

7月から8月にタネをまけば秋に、9月から10月にまけば翌春に収穫できます。ホウレンソウと同じアカザ科の野菜です。タネは一晩水に浸してからまくとよく発芽します。

苦土石灰と元肥をじゅうぶん入れた畑に、20㎝間隔のすじまきにし、タネの厚さの2～3倍土をかけて軽く押さえ、水やりをしておきます。

### ◆間引きと追肥

本葉1～2枚のときに5㎝間隔に、3～4枚のときに10㎝間隔に間引き、本葉5～6枚になるころまでに20㎝間隔にします。間引きをしたら軽く中耕、土寄せをし、有機液肥を与えます。

### ◆水やりとマルチング

真夏に育てるときは、乾燥防止のために株元に堆肥やピートモスを敷き、ときどき水やりします。

### ◆収穫

草丈が10～15㎝になったら、外葉から順に摘みとって収穫します。収穫後は液肥を与え、生育を促します。

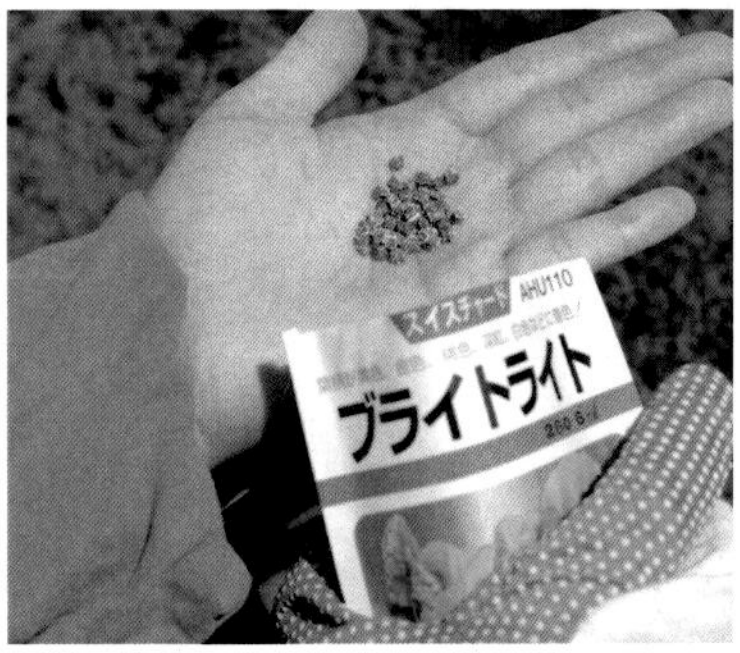


1 市販のタネは各色ミックスのものが多い。ホウレンソウの仲間で、タネを一晩水につけてからまくとよく発芽する。

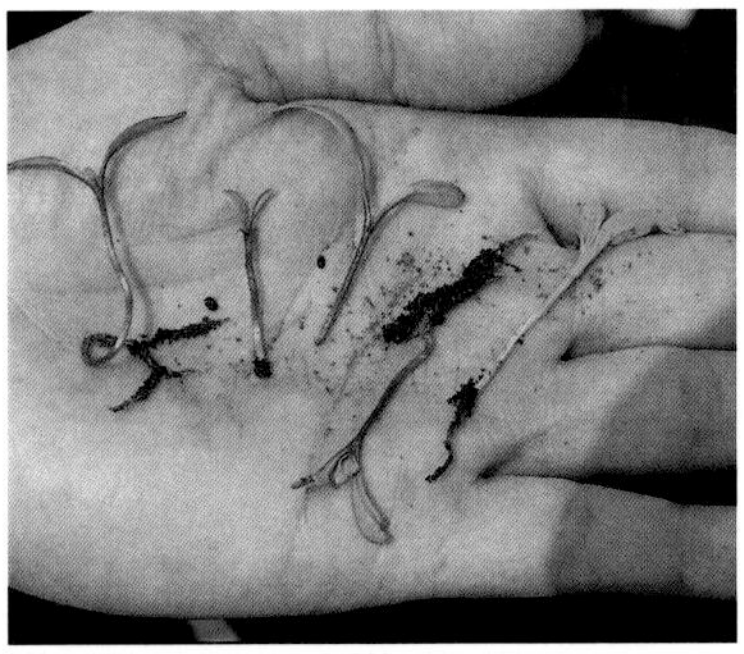

2 芽が出たら、込んでいる部分を間引く。小さな苗でも色がわかるので、各色が均等に残るように注意して間引く。

3 草丈が10～15㎝になったら、外葉から順に収穫する。

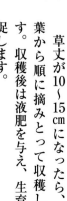

ハンダマ、キンジソウなどとも呼ばれるスイゼンジナ。葉裏が赤いのが特徴。

とろりとした南国の菜
# スイゼンジナ

**キク科／東南アジア原産**
**生育適温：18～25度**

point
★じゅうぶん暖かくなってから植える。
★冬は保温が必要。
★株分け、挿し芽でふやす。

| 4月 | 5月 | 6月 | 7月 | 8月 | 9月 | 10月 | 11月 |
|---|---|---|---|---|---|---|---|
| ▲苗の植えつけ | | | 収穫 | 収穫 | 収穫 | 収穫 | |

江戸時代にオランダから導入されたという野菜で、葉裏が赤いのが特徴。スイゼンジナ（水前寺菜）は熊本地方の呼び名で、沖縄ではハンダマ、金沢市付近ではキンジソウ（金時草）と呼ばれます。独特の香りがあり、煮ると粘りを生じます。汁の実、あえ物、三杯酢、スープ、いため物、あんかけ、おひたしなどに利用します。

### ◆苗の植えつけと収穫

4月から6月に市販の苗を入手して元肥を入れた畑に、株間40cmくらいに植えつけます。7月から10月に、15cmほどに伸びた若い茎葉（若芽）が5～6回収穫できます。収穫するたびに、有機液肥を追肥として与えておきましょう。

### ◆冬越し

多年草ですが、寒さに弱いので、関西以北では戸外では越冬できません。プランターなどに植えかえ、暖かい室内で越冬させます。暖地でも、冬は12度以下にしないようビニールトンネルで保温します。

### ◆株分けと挿し芽

タネができないので、株分けか挿し芽でふやします。

株分けは3月から4月で、株を掘り上げて株分けし、元肥を入れた畑に植え直します。

挿し芽は5月から6月、葉を7～8枚つけ芽先を切り、苗床に挿します。発根して茎が15～18cmに伸びたら、畑に30cm間隔に定植しましょう。

葉っぱに乾杯！　栄養価、香りともにダントツ
# スープセルリー

**セリ科／地中海沿岸地方原産**
**発芽適温：22～25度　生育適温：16～21度**

point
★タネをまいても土をかけない。
★暑さ、寒さには弱く、夏は23度以上、
　秋は15度以下になると生育しない。

| 5月 | 6月 | 7月 | 8月 | 9月 | 10月 | 11月 | 12月 |
|---|---|---|---|---|---|---|---|
| ●タネまき | | | 収穫 | ●タネまき | | 収穫 | |

家庭菜園でも育てやすい小型のセルリーで、ミニセルリーとも呼ばれます。大型のセルリーより香りが強く、料理の香りづけなどに使われます。中国原産のキンサイとよく似た野菜で、いずれも同じように栽培、利用できます。

栄養価が高く、疲労回復、動脈硬化予防、便秘、頭痛、二日酔いにも効果があるとされています。漢方では血圧を下げ、健胃、利尿、鎮静作用があるとされています。葉柄より葉身のほうが栄養価が高く、ビタミンAが30倍、Cは8倍多くなっています。

### ◆タネまき

春まきと秋まきができます。腐植質（有機質）の多い、排水性が良好な場所を選びます。根は横に60cm、深さ30cmほどまで伸びるので、苦土石灰と元肥を入れて深さ30cmほどまでよく耕し、高さ10cmほどのベッドをつくり、20cm間隔にすじまきにします。

セリ科の植物で、光が当たらないと発芽しにくい好光性種子ですから、覆土はごく薄くします。静かに水やりして乾かさないように注意して発芽を待ちます。

鉢やプランターにまく場合は、深さ20～30cmのものに、薄くばらまきします。

### ◆間引きと追肥

本葉が1～2枚のときに株間1.5cmに、本葉3～4枚になるまでに株間6cmに間引きます。密植ぎみのほうがやわらかく育っておいしいので、間引きすぎないようにします。

追肥は本葉が出始めたころから1週間に1回、有機液肥を与えます。

### ◆収穫

本葉が8～10枚になったら、外葉から順次摘みとります。

中国野菜のキンサイ。日当たりのよい場所で育てる。

世界の料理に使われるウリのようなカボチャ

# ズッキーニ

**ウリ科／北米西部～メキシコ北部原産（推定）**
**生育適温：17～22度**

**point**
- ★タネまき後はホットキャップで保温する。
- ★乾燥するときは水やりを。
- ★収穫は早めに。開花後5～10日が適期。

| 3月 | 4月 | 5月 | 6月 | 7月 | 8月 |
|---|---|---|---|---|---|
| | タネまき | 苗の植えつけ | 収穫 | 収穫 | |

キュウリのように見えますが、カボチャの仲間です。薄く切って肉類と油いためにしたり、鉄板焼き、天ぷら、漬け物、おひたし、煮物やあんかけなどがおすすめで、和洋中、どんな料理にも使えます。たくさん咲く雄花も、中国や熱帯地方では、おひたし、天ぷら、煮込み、花の中へひき肉を詰めて蒸すなど、いろいろな料理法で食べられています。

タネからでも育てられますが、市販の苗を入手して植えつけるのも手軽です。5月に植え、夏に若い実を収穫します。暑さに強く、つるが伸びないので小面積で栽培できます。

**◆タネまきと育苗**

4月上旬にタネをまきます。苦土石灰と元肥をじゅうぶん入れた畑に、株間80㎝で、1カ所4粒ずつまきます。タネをまいたら1～2㎝土をかけ、ホットキャップをかけて保温します。

芽が出たらキャップの上部に穴をあけて通風を図りましょう。本葉が3枚になるころまでに1カ所1本に間引き、キャップをはずし、乾燥防止に株元に腐葉土などを敷き詰め、乾くようなら水やりをします。

**◆苗の植えつけ**

苗は5月中旬から下旬に入手し、株間80㎝に植えつけます。植えつけ後は支柱を立てておきます。

**◆追肥**

開花後、果実が太り始めたら、カルシウムの多い肥料を与えます。葉が黄緑色になったときは有機液肥を与えます。

**◆収穫**

果実は節なり（それぞれの節につく）で、1株に10～20本もつき、開花後5～10日が収穫の適期になります。側枝の発生は少ないので、整枝の必要はありません。

## ズッキーニの育て方

1 苗の植えつけは5月中旬から下旬。畑には堆肥などをじゅうぶんすき込んでおくとよい。

2 株間は80㎝ほどとする。植えつけ後には短い支柱を立て、株が風で動かないようにする。

3 ズッキーニの雄花。さっとゆでておひたしにして食べられる。

4 ズッキーニの雌花。やがて花の下の子房がふくらんでくる。

5 実はハサミで切りとる。開花後5～10日が収穫の適期となるので、とり遅れないように注意する。

6 菜園に植えたズッキーニ。大きな葉が観葉植物のようで、庭に植えてもおもしろい。

室内で手軽に栽培できる発芽野菜
# スプラウト

**アブラナ科、マメ科、セリ科など、各種の野菜**
**発芽適温：15～25度　生育適温：15～25度**

point
★必ずスプラウト専用のタネを使う。
★乾燥させない。
★清潔な場所で育てる。

スプラウト（sprout）は英語で「萌芽」という意味。発芽したばかりの幼植物を食べるもので、カイワレダイコンがおなじみです。「もやし」もスプラウトの一種ですが、これは暗い場所で発芽させたもの。スプラウトは明るい場所で発芽させたものですが、欧米ではあまり区別されていないようです。いずれも、酵素の働きでタネの中の養分が吸収されやすい形に変わっている、栄養価の高い食物です。

最近注目されているのが、がんを抑制する作用があるとされるブロッコリースプラウトです。

## ◆育て方

育て方はいずれもほぼ同じです。タネの発芽適温はおおむね15度以上ですので、冬は暖房した室内、夏は冷房のあるところで栽培します。ベビーリーフや芽カブ、芽ネギなどは、生育に少し時間がかかり、日光も必要なので、戸外の直接雨の当たらない場所で栽培します。

栽培の用具は身近にあるものを利用しましょう。容器はざる、あきビン、あき缶、アルミ皿、プラスチックトレー、ワイングラスなど、なんでもかまいません。あとはペーパータオル、ティッシュペーパー、スポンジ、人工礫などを用意するだけです。

カブのスプラウト

ダイコンのスプラウト（カイワレダイコン）

ソバのスプラウト

## ブロッコリースプラウトの育て方

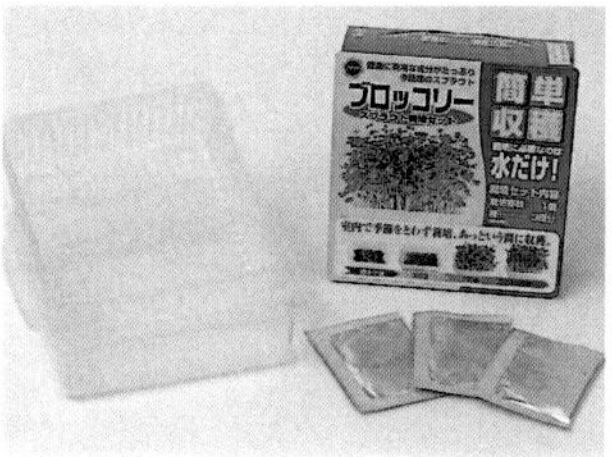

1 スプラウト用のブロッコリーのタネを用意する。普通のタネは量も少なく、高価で、薬品で処理されている場合もあるので、スプラウト栽培には不向き。タネと容器が入った栽培セットも市販されているので、これを使うと便利。

2 タネは2～3時間、ぬるま湯に浸して吸水させてからまく。このとき沈まないものは発芽しないのでとり除く。

3 清潔な容器の底にガーゼやペーパータオル、スポンジなどを敷き、水を含ませて、タネをまく。容器はどんなものでもかまわない。

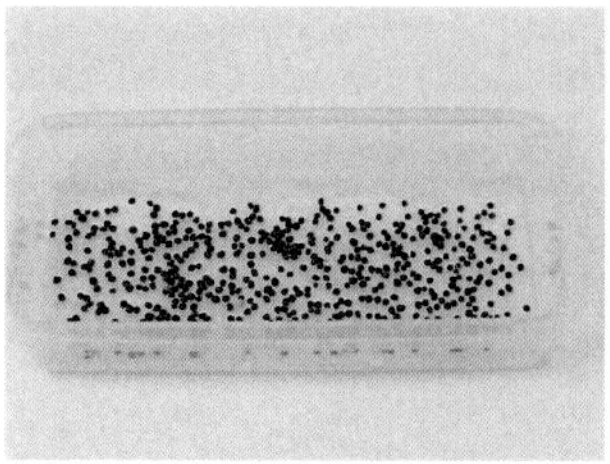

4 タネは重ならない程度にまく。

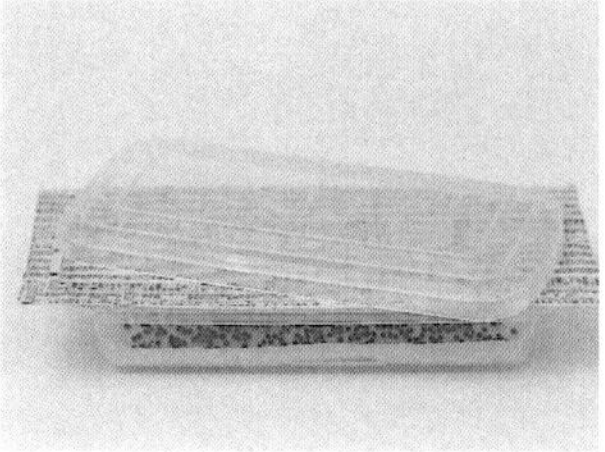

5 ほこりなどが入らないように、また乾燥しすぎないように新聞紙などをかけて発芽を待つ。発芽適温は20～25度なので、室内で管理。冬は日当たりのよい窓辺、夏は明るい日陰に置くとよい。ガーゼなどが乾きかけたら水を足す。

6 2～3日で発芽して、1週間ほどで食べごろになる。ガーゼなどにもぐり込んでいる根の部分を切りとりサラダやいため物に。栄養的には生で食べるのがおすすめ。

さわやかな香りと歯ざわりが魅力

# セルリー

**セリ科／ヨーロッパ原産**
**発芽適温：15～20度**

**point**
★育苗は涼しい場所でする。
★乾燥させない。
★肥料ぎれに注意。

| 5月 | 6月 | 7月 | 8月 | 9月 | 10月 | 11月 | 12月 |
|---|---|---|---|---|---|---|---|
| タネまき | | | | 苗の植えつけ | | 収穫 | 収穫 |

さわやかな香りと歯ざわりを生かして、サラダなどに使われるセルリーですが、スープや煮物、いため物などにしても、とてもおいしい香味野菜で、肉のくさみを消す効果もあります。以前は「セロリ」と呼ばれることが多かったのですが、最近の種苗カタログなどでは「セルリー」とされています。

5月にタネをまいて育苗し、9月に植えつけ、11月に収穫というのが一般的ですが、育苗に時間がかかるのと、暑さに弱く夏に枯れてしまうことも多いので、秋か春に苗を入手して植えるのがおすすめです。

最近の品種は育てやすくなりましたが、いずれにしても、少し気難しい野菜なので、ていねいに世話をすることが大切です。スープの香りづけなどに使うだけなら、小型のスープセルリー（99ページ）もおすすめです。

**◆苗の植えつけ**

有機質の多い、水はけのよい畑に、30㎝間隔に苗を植えます。幅60㎝ほどの畝をつくって、1列に植えるのがよいでしょう。乾燥を嫌うので、植えつけ後に根づくまでは、たびたび水やりをして乾かさないようにします。

植えつけ時期は春なら4月から5月、寒さにも弱いので、じゅうぶん暖かくなってから植えます。秋なら8月末から9月の涼しくなってからが適期です。

**◆水やりと施肥**

根づいてからも乾燥させないように注意して、雨が少ないときは水やりします。肥料ぎれにも注意が必要で、10日に1回ぐらい液肥を与えると効果的です。

乾燥や雨による泥はねを防ぐため、株元に敷きわらをしておくのがおすすめです。

**◆わき芽とり**

生育が旺盛になってくると、株元からわき芽が出てきます。そのままにしておくと養分が分散してしまうので、根元からかきとっておきます。かきとったわき芽も、スープなどに利用できます。

**◆収穫**

株が肥大してきて、葉につやが出てきたら収穫の適期です。株ごと抜きとって利用してもよいですし、少量あればよいときは、外葉から少しずつかきとって収穫することもできます。

サラダなどに利用するときは、収穫の2～3週間前から葉柄の部分を新聞紙などで巻いておくと、葉柄がやわらかくなり香りも増します。

## セルリーの育て方

1 春か秋に、苗を入手して畑に植える。鉢底に根が回っているものは、根を少しほぐしてから植える。

2 株間は30㎝ほどとする。植えつけ後はじゅうぶん水やりして、乾燥させないように注意する。

3 生長が盛んになったら、10日に1回液肥を与える。わき芽とりも忘れずに。

4 葉柄が太くなり、葉につやが出てきたら収穫の適期。株ごと引き抜くか、必要なだけ外葉からかきとる。

とれたて、ゆでたての味は最高！

# ソラマメ

マメ科／地中海沿岸地方原産
発芽適温：20度前後　生育適温：15～20度

ソラマメ

草丈が高くなる品種もあるので、株元に土寄せして倒れないようにする。

**point**
★連作しない。
★酸性土はしっかり中和する。
★タネまき後は鳥の食害に注意。

| 9月 | 10月 | 11月 | 12月 | 1月 | 2月 | 3月 | 4月 | 5月 | 6月 | 7月 | 8月 |
|---|---|---|---|---|---|---|---|---|---|---|---|
| | タネまき | | | | | | | 収穫 | 収穫 | | |
| | | | | | | | タネまき | | | 収穫 | |

さやが空に向かってつくところから、「空豆」と呼ばれるようになったといわれます。カイコのマユに似ているところから「蚕豆」とも書きます。

最近は11月ごろから8月くらいまで出回っていますが、旬は5月から6月で、完熟前の豆を塩ゆでにした味は格別です。タンパク質、鉄、ビタミン$B_1$、$B_2$、Cのほか、食物繊維も多く含まれた、栄養バランスのよい野菜です。

## ◆タネまき

秋（10月下旬から11月ごろ）にタネをまきます。冷涼な気候を好みますが、苗が大きくなってから厳しい寒さにあうと傷んでしまいます。寒冷地では、霜がおりる1週間くらい前を見計らってタネをまき、小苗で冬を越させるようにします。

連作できないので、3～4年マメ科の作物をつくっていない畑で育てます。酸性土を嫌うので、畑にはあらかじめ苦土石灰をまいて中和しておきます。

タネは30cmくらい間隔に1カ所に2粒ずつまきます。「おはぐろ」と呼ばれる黒い部分から根が出るので、その部分を下に向けて、深さ2～3cmまで差し込みます。タネまき後はしっかり水やりしましょう。

ほかのマメ科のタネと同様に、まいたタネを鳥に食べられてしまうことがあるので、タネまき後は防鳥ネットなどで覆っておくとよいでしょう。

## ◆冬の管理

冬の間の乾燥に弱いので、ときどき、暖かい日の日中を選んで水やりします。乾燥防止と防寒を兼ねて、敷きわらをしておくのもおすすめです。

## ◆追肥と土寄せ

春になって生長が盛んになってきたら、株元に化成肥料などをまいて軽く耕します。また、生育が進んで背が高くなってきたら、株元に土寄せしておきます。株元から出るわき芽はすべてかきとります。

## ◆収穫

4月から5月には白い花が咲き、やがてさやがふくらんできます。さやははじめは上を向いていますが、これが下を向き始めるころ、さやの背が黒くなってつやが出てきたころが収穫の適期です。未熟な豆を利用する野菜ですから、とり遅れないようにしましょう。とり遅れると、かたくなっておいしくなくなります。

### ソラマメの育て方

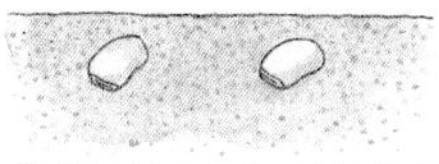

「おはぐろ」を下にしてタネをまく。あまり深く埋めないこと。

株が倒れやすいので、春になったらしっかり土寄せする。込んでいるようなら、細い枝を何本か切りとる。

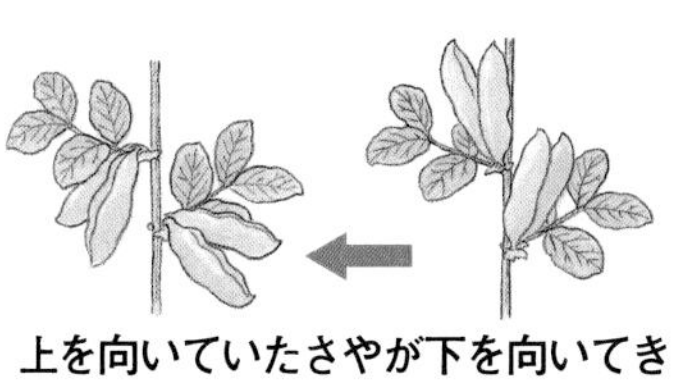

上を向いていたさやが下を向いてきたら収穫の適期。とり遅れるとかたくなる。

消化を助ける酵素もたっぷり入った健康野菜

# ダイコン

**アブラナ科／地中海沿岸地方原産**
**発芽適温：15～30度　生育適温：20度前後**

point
★冷涼な気候を好むので、真夏の栽培は避ける。
★小石などのない場所を、深くまでよく耕して育てる。
★その地方で普通に栽培されている地方品種が育てやすい。

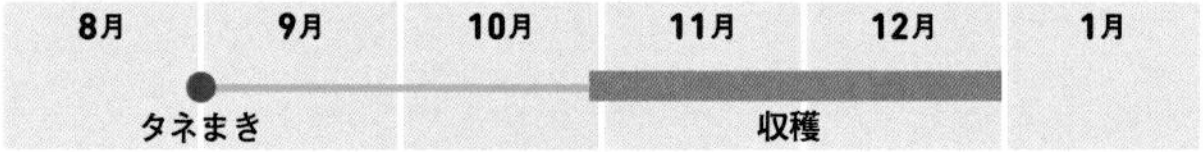

8月
9月
10月
11月
12月
1月
タネまき
収穫


消化を助けるジアスターゼ（アミラーゼ）という酵素が含まれ、消化促進、胃潰瘍、胃炎などに効果があります。根の部分（普通に食べる部分）にはビタミンA、C、E、カルシウムなどが含まれます。

葉の部分にも栄養分が多く、ビタミンA、C、カルシウム、鉄、食物繊維などが含まれ、整腸作用、便秘、せき、たん、かぜ、貧血、むくみ、二日酔いなどにもよいとされています。動脈硬化やがん予防効果も期待されているので、捨てずに利用しましょう。干してお風呂に入れれば（干葉湯・ひばゆ）冷え性に効果があります。

7月から8月の高温期は病害虫も多発するので栽培は困難です。栽培の適期は9月から11月で、12月から2月は生長が停止します。

## ◆タネまき

秋まき冬どり栽培が一般的ですが、春まき、夏まきもできます。畑に直接タネをまいて間引きながら育てます。排水性と保水性のよい乾燥しにくい畑で育てます。ダイコン十耕といわれるほどで、深くまで耕すことが大切です。

幅120㎝ほどの畝をつくって中央に元肥を入れ、その真上を避け、両側にタネをまきます。株間は35～40㎝とし、1カ所に5～6粒ずつ点まきします。

## ◆間引きと追肥、土寄せ

発芽したら少しずつ間引き、本葉が6～7枚になるまでに1カ所1本に間引きます。間引いた苗は葉ダイコンとして利用しましょう。

生長に従って、追肥、土寄せも行います。

## ◆コンパニオンプランツの利用

センチュウの被害が出ることがありますが、その防除法としてキク科のマリーゴールドを混植するのがおすすめです。神奈川県三浦地方では、これを緑肥源と考えて堆肥化し、畑に還元する方法がダイコンづくりに普及しました。

昔は、土壌微生物を使った地力維持法として、イネ科、アブラナ科、キク科、マメ科の根群を利用する方法が行われていました。

### 畑の準備とタネまき

浅くしか耕さなかった畑につくったダイコン。

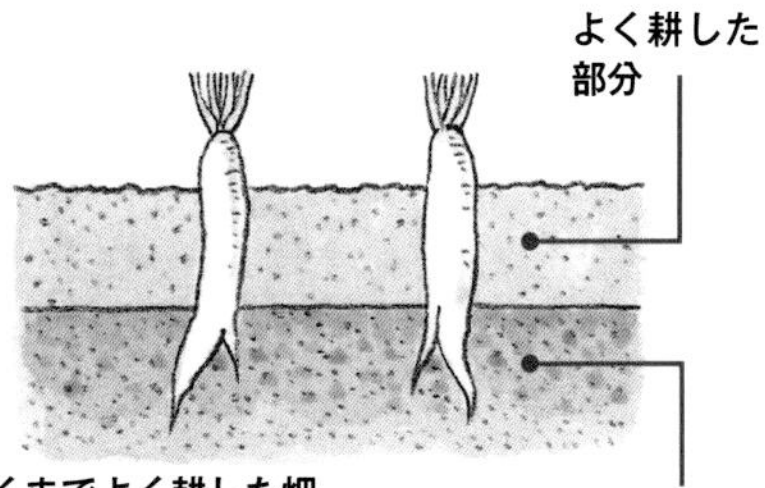

よく耕した部分
耕さなかった部分


深くまでよく耕した畑でつくらないと、又根になってしまう。

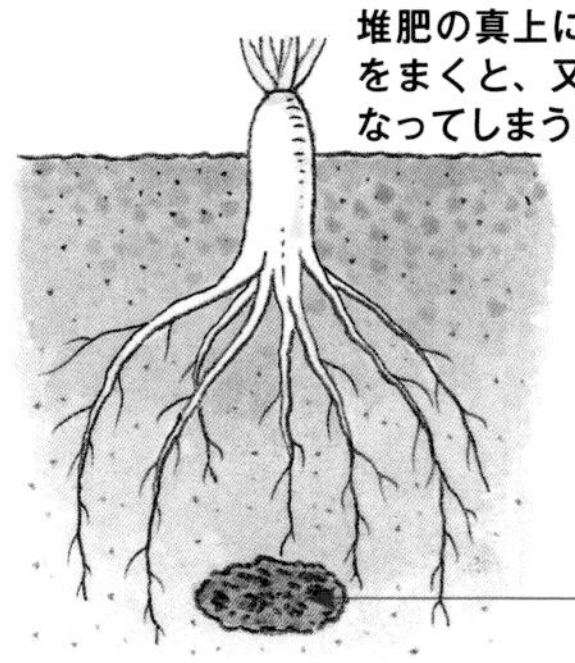

堆肥の真上にタネをまくと、又根になってしまう。
堆肥


幅120㎝ほどの畝をつくり、中央に元肥を入れ、その両側にタネをまく。

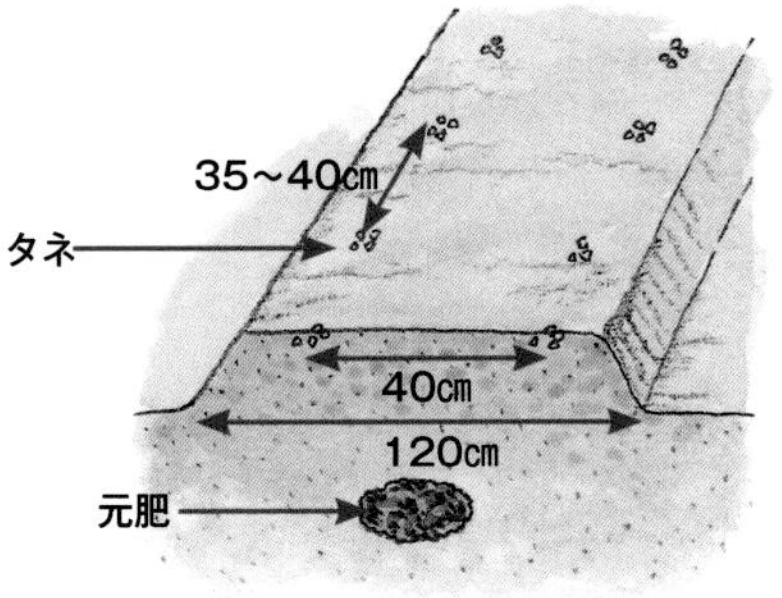

35～40㎝
タネ
40㎝
120㎝
元肥


根の伸び方（練馬ダイコンの場合）

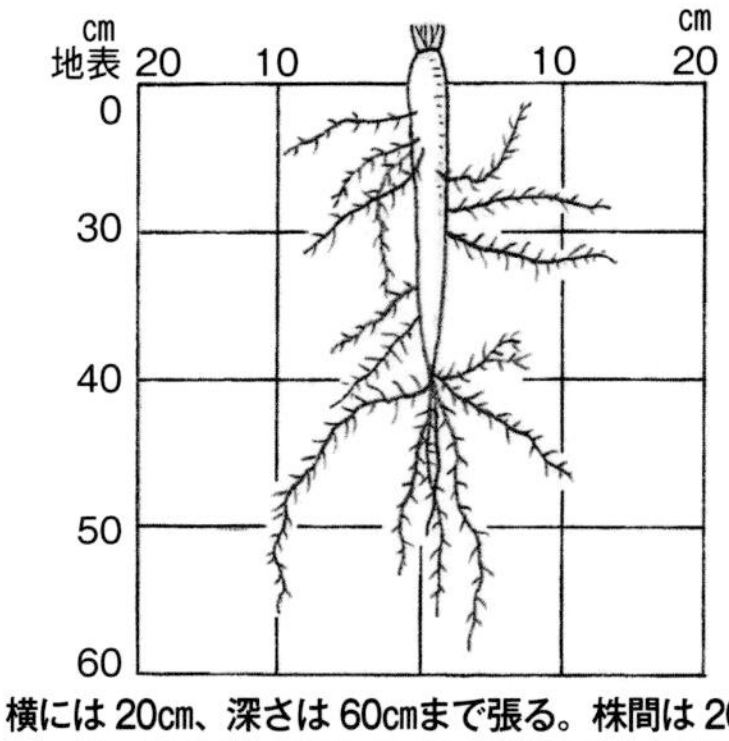

㎝
地表
20
10
10
20
0
30
30
40
50
60


横には20㎝、深さは60㎝まで張る。株間は20㎝でもよいが、深さ40㎝以上までよく耕しておくことが大切。

## ダイコンの育て方

1 ダイコンのタネ。最近は扱いやすいように被覆したコート種子が多い。

2 ペットボトルなどで浅い穴をあけ、タネをまく。隣の株との間は40㎝程度。

3 タネは1カ所5～6粒ずつまき、軽く覆土しておく。

4 適期なら3～4日で芽が出てくる。発芽してたら、1カ所4本に間引く。生育のよい、双葉がきれいなハート形のものを残す。この後、本葉2～3枚で1カ所2本にする。

5 本葉が6～7枚くらいになったら1カ所1本にする。間引いた葉は青菜として利用する。

6 間引き後は株間を軽く耕して株元に土寄せをしておく。追肥も忘れないこと。

7 春まき栽培では病害虫の被害を受けやすい。不織布などで覆って害虫の飛来を防ぐとよい。

8 根がじゅうぶん太ってきたら収穫適期。とり遅れるとすがはいったり、とう立ちしたりしてしまうので注意する。

### いろいろなダイコンの品種

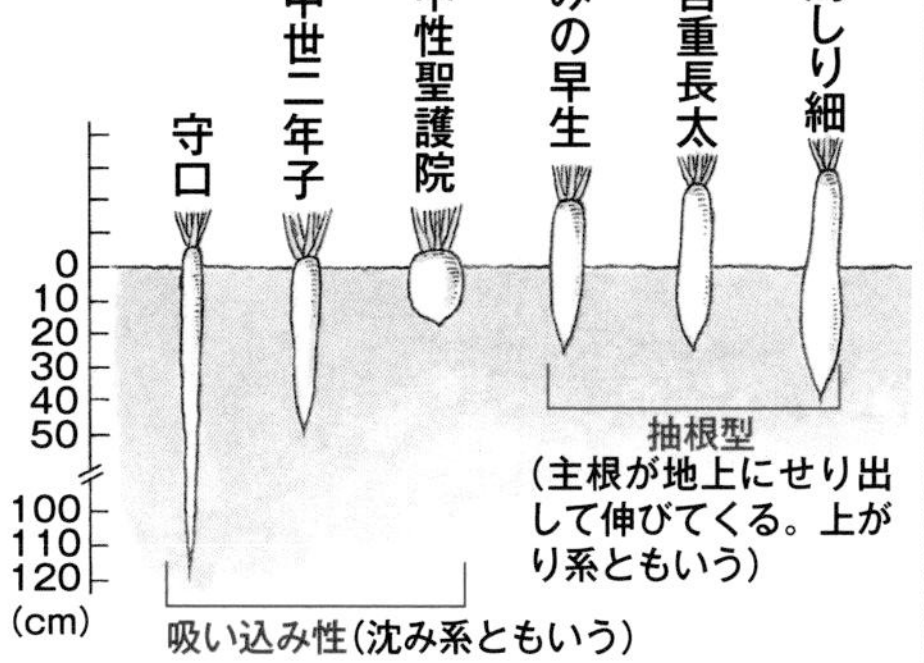
守口
中世二年子
中性聖護院
みの早生
宮重長太
練馬しり細
0
10
20
30
40
50
100
110
120
(cm)
抽根型
(主根が地上にせり出して伸びてくる。上がり系ともいう)
吸い込み性(沈み系ともいう)

### 双葉の形による整形の割合

双葉の形はできるダイコンの形に関係がある。整形ダイコンをつくるために、間引きのときには、丸形、角形、長形の順に間引き、できるだけ正ハート形のものを残すようにする。

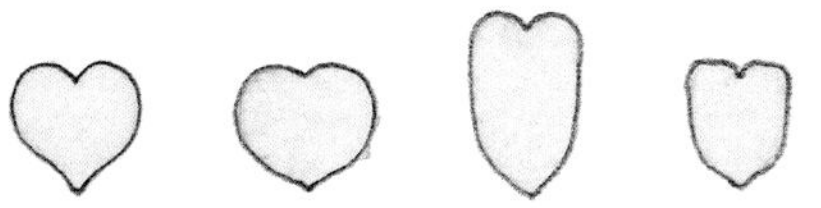

| 正ハート形 | 丸形 | 長形 | 角形 |
|---|---|---|---|
| 整形率 67% | 整形率 35% | 整形率 52% | 整形率 45% |

### 土寄せ

生長の初期には、根があまり露出しないよう、追肥のたびに中耕、土寄せを行う。

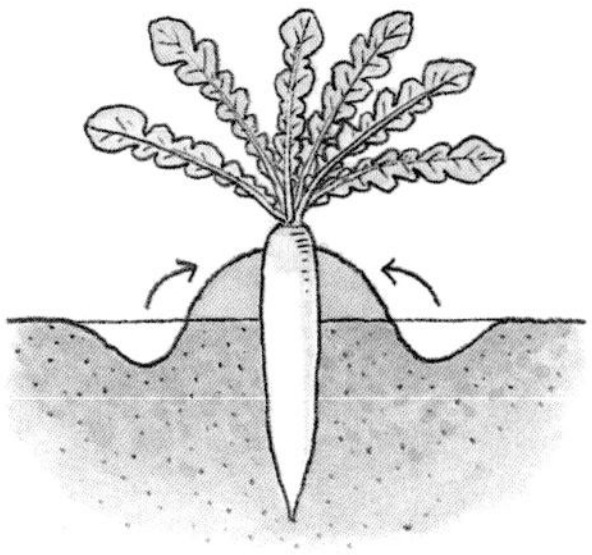

血栓をとかし、動脈硬化予防にも…

# タマネギ

ネギ科／中央アジア原産　発芽適温：20度前後
生育適温・葉の生育適温：15～23度
（10度以下では生育しない）
球の肥大適温：21～27度（球の肥大は日長に大きく左右
され、12時間以上の長日で始まる）

point
★タネは適期にまく。
★発芽するまで乾かさない。
★植える苗の大きさに注意する。

9月
10月
11月
12月
1月
2月
3月
4月
5月
6月
7月
タネまき
苗の植えつけ
収穫

和洋中、どんな料理にも使え、保存もできる便利な野菜がタマネギ。栽培期間は少し長いのですが、ぜひつくっておきたい野菜です。

ビタミン$B_1$、$B_2$、C、食物繊維などが多い健康野菜で、血液の固まりをとかしたり、血液中の脂質を減らしたりする効果があることがわかっています。動脈硬化や高血圧の予防、がん予防、不眠症、便秘、かぜ、精神疲労、疲労回復、健胃などによいとされています。

小さなミニタマネギはコンテナでも育てられます。9月に植えると、12月から2月に新鮮なタマネギが収穫できます。

### ◆タネまきと育苗

9月にタネをまいて育苗し、11月に定植します。収穫は翌春です。

発芽適温が20度くらいですから、関東では9月中旬以降にまきます。1㎡あたり2gのタネをまくのが標準です。

タネはあらかじめ一昼夜水につけて吸水（芽きり）してからまきます。しっかり覆土して軽く押さえ、タネが流れないように、静かに水やりします。乾燥防止に切りわらや新聞紙をかけておきます。発芽までは絶対に乾かさないように注意します。

発芽したら新聞紙をはずし、立枯病予防のために薬剤を散布しておきます。本葉2枚のときに密生部を間引いて6㎜間隔にし、本葉4～5枚のころに2回目の間引きをして2㎝間隔にします。2回目の間引きの後には、こまかい堆肥やピートモスをふるいで苗の間に6㎜くらいの厚さに入れます。

追肥は、1回目の間引き後、2回目の間引き後、それ以後2週間おきに、有機液肥を与えます。

### ◆苗の植えつけ

11月中旬ごろ、タネまきから2カ月ほどして、苗が6～10g（長さ20～25㎝、太さ6～7㎜）に生長したら掘り上げて、条間30㎝、株間12㎝程度に定植します。

大きくなりすぎた苗はとう立ちしやすいので、別に植えて葉タマネギとして利用します。小さい苗はそのまま育苗して2月に定植します。

なお、この時期には苗が市販もされていますから、それを入手して植えるのも手軽です。

### ◆マルチングと土入れ

12月上旬には、株間に堆肥やもみ殻、ピートモスなどを敷いて乾燥を防ぎます。関東地方など、冬に雨が少ない地域では、12月から2月にかけては水やりも必要です。また、1月上旬と3月から4月の2回ほど、目のあらいふるいで株元に土をふるい込んでやります。

#### ミニタマネギのコンテナ栽培

1 用土に10㎝間隔の溝をつけ、その溝にタネをまく（すじまき）。

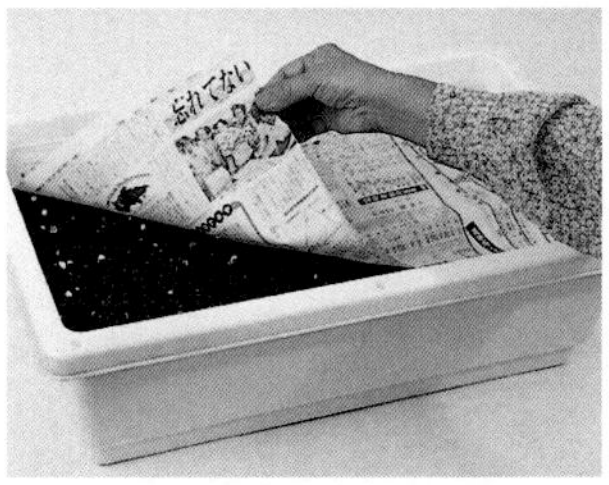

2 タネが隠れるくらい土をかけて軽く押さえ、新聞紙をかけて水やりする。発芽し始めたら、すぐに新聞紙をとり除く。

3 苗が生長するにつれて間引きし、最終的には株間2～5㎝にする（株間は品種によって異なるので、タネ袋などで確認する）。間引いた苗も食べられる。

4 茎が倒れてきたら収穫。赤タマネギは辛みが少ないので生食がおすすめ。

## 苗の植えつけ

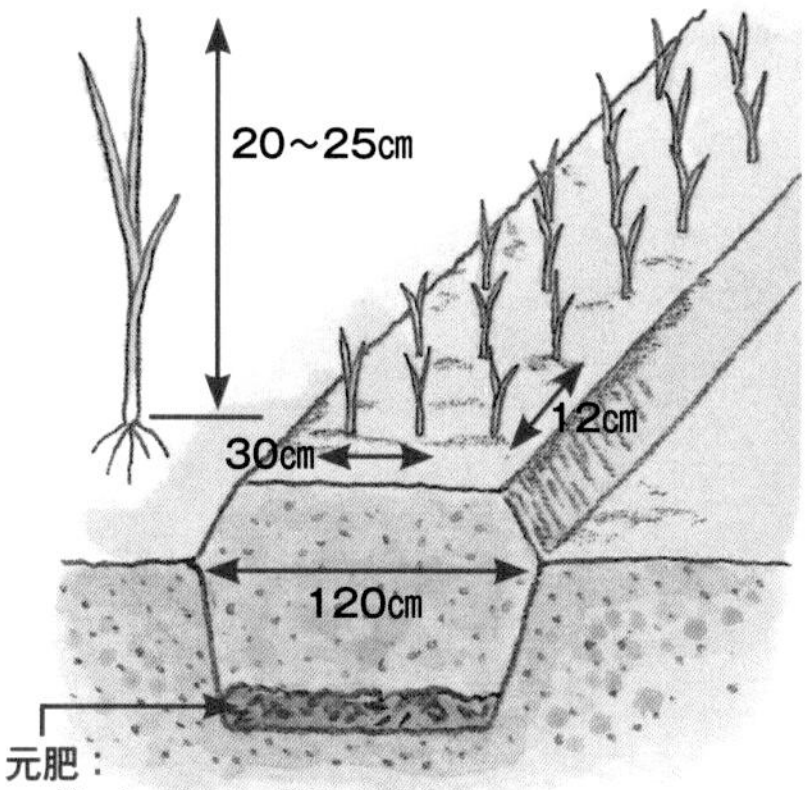
20〜25㎝
12㎝
30㎝
120㎝

元肥：
マグァンプK、堆肥、鶏ふん
を土によく混ぜる。

## オニオンセット栽培

手軽なのが市販の小球（ホームタマネギなど）を入手して植えるオニオンセット栽培。９月に植えると、12月から２月にタマネギが収穫できる。

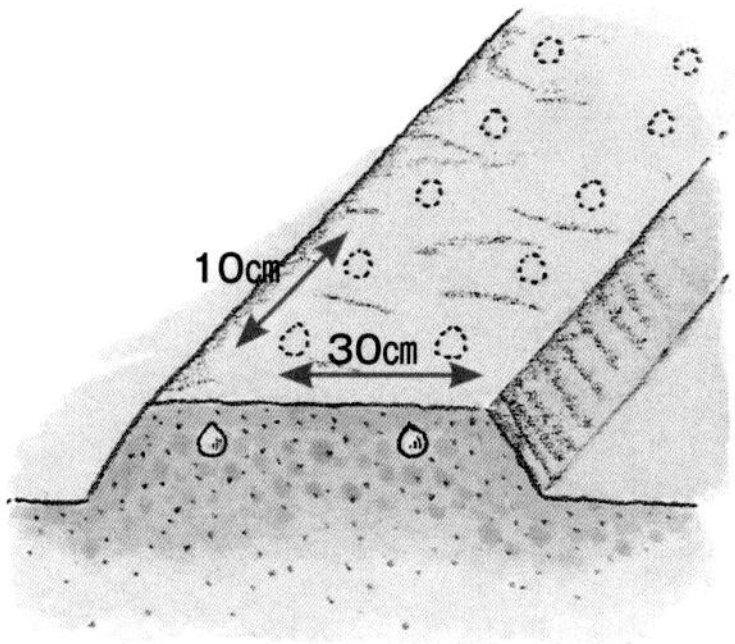
10㎝
30㎝

## 根の張り方

横に30㎝、深さは90㎝まで伸びる。

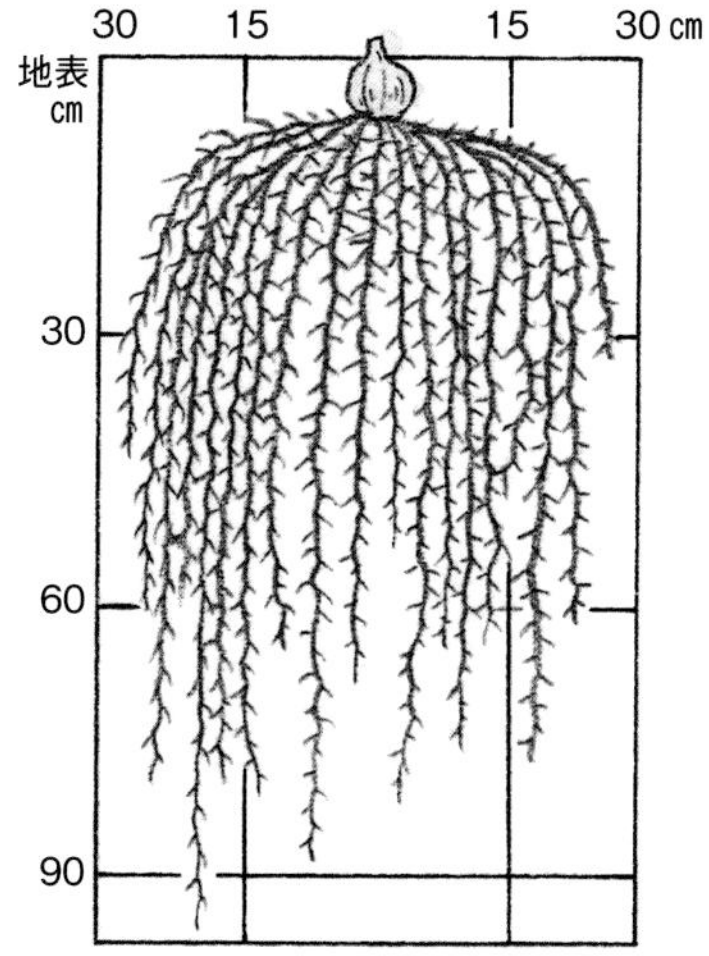
30
15
15
30㎝
地表
㎝
30
60
90

## タネまき

1

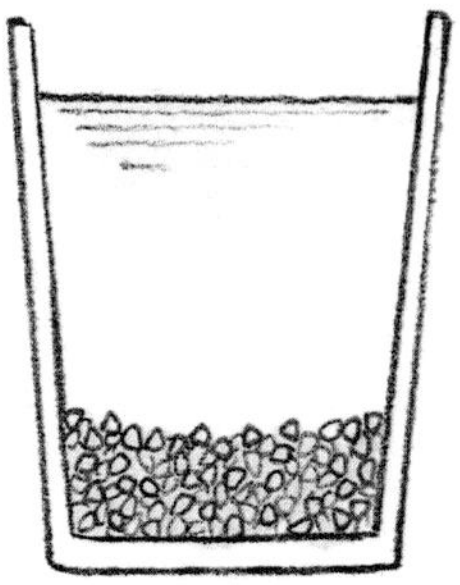

タネは一昼夜水につける。1㎡あたり2gのタネで500本ほどの苗ができる。

2

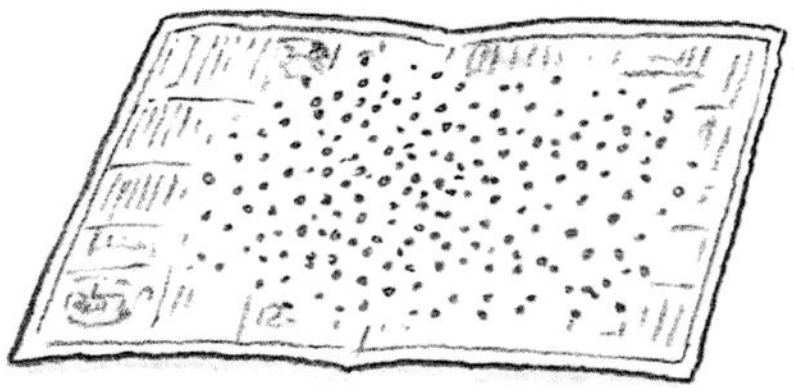

新聞紙などの上に広げて余分な水分をとり除く。

3

深さ30㎝ほどの溝を掘り、元肥を入れる。

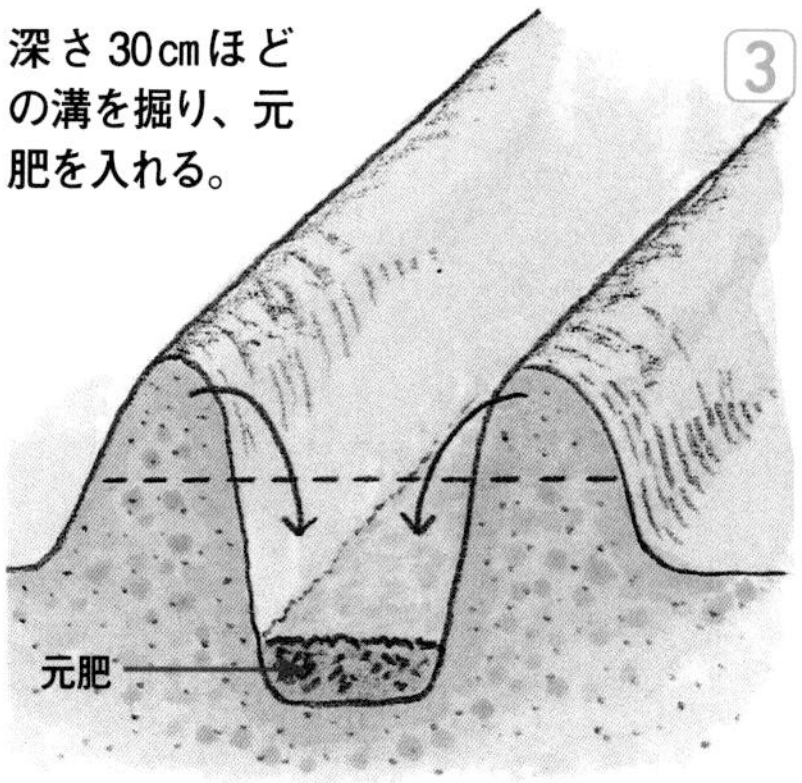
元肥

4

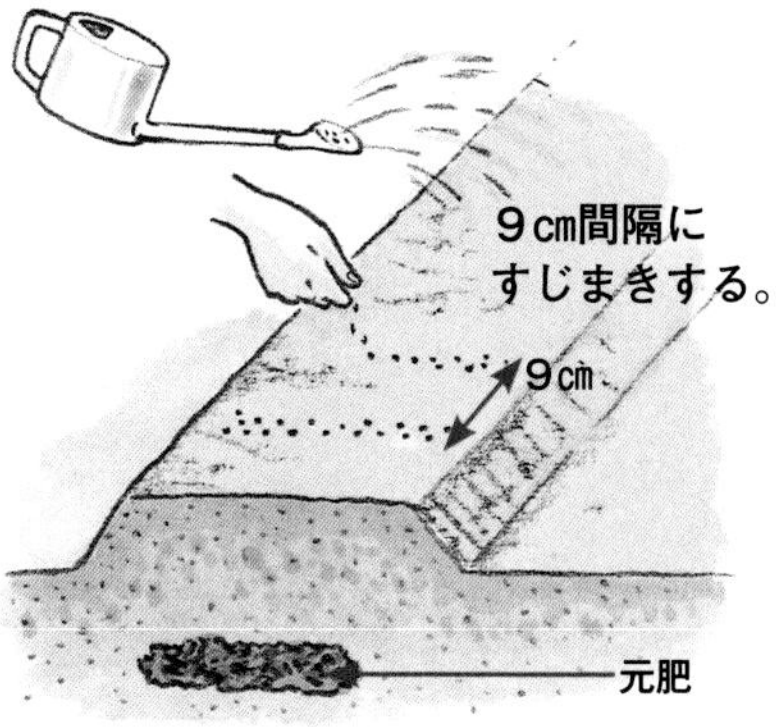
9㎝
元肥

9㎝間隔にすじまきする。

5

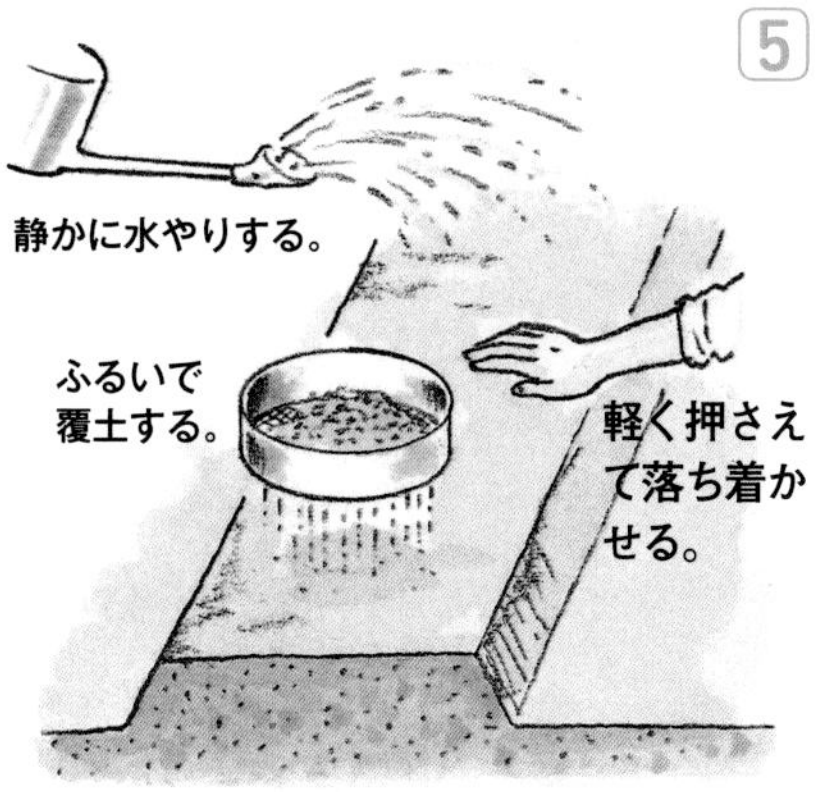

静かに水やりする。

ふるいで覆土する。

軽く押さえて落ち着かせる。

6

発芽までは乾燥させないようにする。

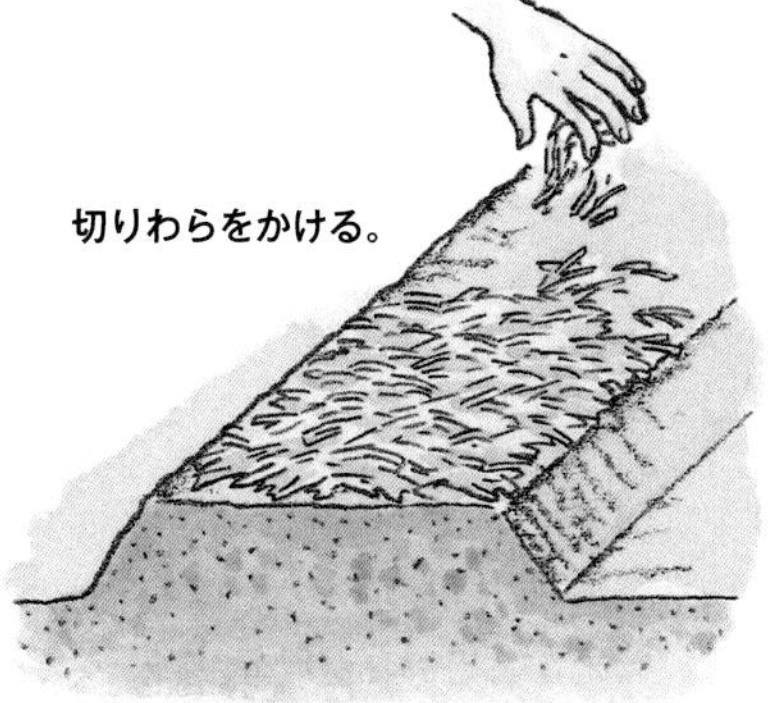

切りわらをかける。

7

ぬれた新聞紙をかぶせる。

8

２回目の間引き後に、ふるいでこまかい堆肥やピートモスを６㎜くらいの厚さに入れる。

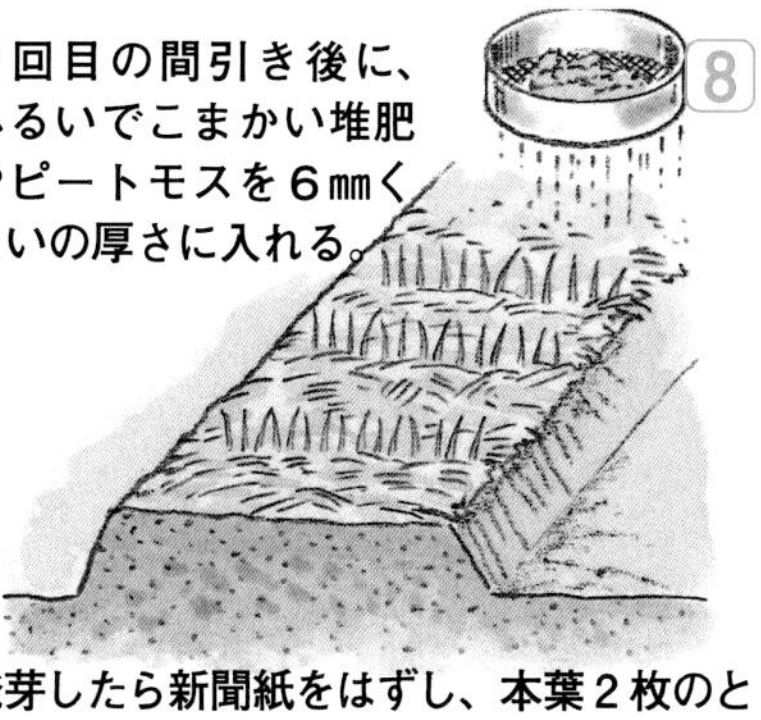

発芽したら新聞紙をはずし、本葉２枚のときに6㎜間隔に、４〜５枚のころに2㎝間隔に間引く。

ほろ苦い味の大人の野菜

# チコリ（トレビス）

**キク科／中央アジア原産**
**発芽適温：15～20度**

point
★冬は霜よけをする。
★肥料をじゅうぶん与える。
★コンテナ栽培もおすすめ。

| 1月 | 2月 | 3月 | 4月 | 5月 | 6月 | 7月 | 8月 | 9月 | 10月 | 11月 | 12月 |
|---|---|---|---|---|---|---|---|---|---|---|---|
| | | タネまき | 苗の植えつけ | | 収穫 | | タネまき | 苗の植えつけ | | 収穫 | |

半結球のレタスの仲間で、葉質は厚手でなめらか。少しほろ苦い味とぱりっとした歯ざわりが、サラダのアクセントになります。

## チコリ（トレビス）の育て方

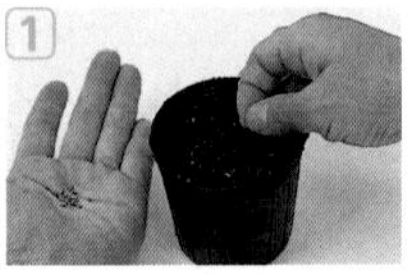
1 ビニールポットで育苗する。1鉢に3粒ずつタネをまく。タネをまいたら薄く土をかける（覆土）。1～2週間で発芽する。

2 本葉が出てきたら間引いて1本にする。タネまきから約1カ月後、本葉が5～6枚になったら定植の適期。

3 コンテナで育てたチコリ。葉が10枚以上になって中心部が結球してきたら収穫できる。

### ◆タネまき

タネは7月から8月にまくのが一般的。9月まきでも育てられますが、結球がややゆるくなります。2月から3月にまいて暖かい場所で育苗し、春に定植、夏前に収穫も可能。夏にまいたものは9月下旬までは寒冷紗などで遮光した風通しのよい涼しい場所に置きます。

### ◆間引きと追肥

発芽して本葉が出たころに1回、本葉3～4枚になったころに2回目の間引きをして、強そうなものを1本残します。追肥は、本葉が出るころから、週に1回、液肥を与えます。

### ◆定植とその後の管理

本葉5～6枚になったら、20cm間隔に植えつけます。市販の苗を入手して植えつけるのも手軽です。苗が根づいたら週に1回液肥を与えるか、月に2回、粒状の化成肥料を株元にばらまきます。結球し始めたら追肥は中止します。

### ◆保温

秋まきでは低温で葉が傷むので、11月下旬になったらビニールトンネルをかけるなどの防寒をします。

### ◆収穫

葉が10枚以上になったら、外葉からかきとって利用します。好みの大きさになったら株ごと収穫してもよいでしょう。

香味野菜

# チャービル

**セリ科／東ヨーロッパ～西アジア原産**
**生育適温：10～20度**

point
★夏の暑さと乾燥に弱い。
★発芽までに時間がかかるので注意。

| 3月 | 4月 | 5月 | 6月 | 7月 | 8月 | 9月 | 10月 | 11月 | 12月 | 1月 | 2月 |
|---|---|---|---|---|---|---|---|---|---|---|---|
| タネまき | | | 収穫 | 収穫 | 収穫 | 収穫 | 収穫 | 収穫 | 収穫 | 収穫 | 収穫 |

ふんわりとした繊細な葉の、パセリをマイルドにしたようなデリケートな香りがあるハーブです。上品な香りが特徴で、別名セルフィーユ。美食家のパセリとも呼ばれます。いつも近くにあると便利なので、鉢やコンテナで育てるのがおすすめ。春まきが一般的ですが、寒冷地では6月まきで8月から9月に収穫も可能です。市販の苗を入手して植えつけるのも手軽です。

チャービルのタネ。

### ◆タネまきと植えつけ

鉢やプランターなどにタネをばらまきし、間引きながら育てます。本葉が出るころから、1週間に1回液肥を与えましょう。

春まきが一般的ですが、秋まきもできます。冬の間は日だまりで育てましょう。低温には強く、最低5度あれば生育します。

4月から5月に市販の苗を入手して植えつけるのも手軽です。直径30cmほどの鉢に3～4株植えます。

### ◆収穫

早春にタネをまけば、初夏から冬まで、長い間収穫できます。株が大きくなったら、下葉から順次摘みとります。

高温乾燥には弱いので、夏場は日陰に置き、枯れた葉や病葉を摘みとって風通しをよくしてやります。幼苗が0度前後の低温に1カ月以上あうと花芽分化し、春になってからとう立ちします。

鉢植えのチャービル。少量あれば用が足りるので、鉢植えにして手近なところに置いておくとよい。

あくがなくておいしい中国の青菜

# チンゲンサイ、パクチョイ

**アブラナ科／中国中南部原産**
**生育適温：15～22度**

point
★連作を嫌う。
★腐植質の多い、乾燥しない場所を好む。
★微量要素欠乏症が出やすいので注意。

| 7月 | 8月 | 9月 | 10月 | 11月 | 12月 |
|---|---|---|---|---|---|
| | タネまき（8月下旬〜） | | 収穫（10月中旬〜11月中旬） | | |

## チンゲンサイの育て方

1 発芽したチンゲンサイの芽（すじまきしたもの）。

2 本葉が2枚くらい、4枚くらい、5～6枚になったころに間引きをして、株間12㎝ほどにする。

3 間引き後は、追肥、中耕、土寄せをしておく。

4 間引き菜もおいしく食べられる。

いずれも秋まきが育てやすく、タネまき後2カ月くらいで収穫できます。春まきもできますが、病害虫が多くなり、とう立ちの心配もあるので、おすすめできません。

中国では、日本のハクサイのように、大きくて結球するハクサイを大白菜と呼び、小さめで結球しないものを小白菜と呼んでいます。チンゲンサイとパクチョイは小白菜の仲間で、いろいろな種類がありますが、青軸系をチンゲンサイ（青梗菜、梗は柄や軸のこと）、白軸系をパクチョイ（白菜の広東語での読み方）と名称統一しました。

チンゲンサイはビタミンAがハクサイの9倍、ビタミン$B_1$、$B_2$は2倍、カルシウムが4倍、鉄も4倍含む、栄養野菜です。

育て方は両方ともほぼ同じで、ハクサイの育て方（128ページ）に準じます。

### ◆タネまき

連作を嫌うので、数年はアブラナ科の野菜をつくっていない場所で育てます。前作から完熟堆肥を多く施した、腐植質の多い乾燥しないところを好みます。苦土石灰と元肥をじゅうぶん施し、高さ10㎝くらいの畝をつくり、12～15㎝間隔に5～6粒ずつまくか、幅20㎝のすじまきにします。覆土は5㎜程度とし軽く押さえておきます。

### ◆間引きと追肥

発芽したら2～3回間引き、本葉5～6枚になるまでに、株まきしたものは1カ所1本に、すじまきしたものは株間12㎝とします。間引き後に追肥、土寄せをしておきます。間引き菜も、汁の実などに利用しましょう。

追肥は本葉が2枚のころに有機液肥を与え、本葉4枚のとき、本葉5～6枚のときにも同様の肥料を葉面散布します。生育中に微量要素欠乏症が出やすいので、追肥にはミネラルやアミノ酸、核酸の入ったものを使用するのがポイントです。

### ◆収穫

草丈が10～20㎝になったら収穫します。とり遅れるとかたくなります。寒さには強く、霜に1～2回当てるとおいしくなりますが、冬越しをさせる場合はビニールトンネルなどをかけておきます。

パクチョイ
チンゲンサイは軸が緑色をしているのに対し、パクチョイは軸が白いのが特徴。

タアサイ
葉が横に広がるチンゲンサイの仲間。

野性的な個性派野菜

# ツルムラサキ

**ツルムラサキ科／中国南部～東南アジア原産**
**生育適温：20～30度**

point
★日当たりのよいところで育てる。
★支柱を立てて誘引する。
★摘芯して草丈を低くする。

| 5月 | 6月 | 7月 | 8月 | 9月 | 10月 |
|---|---|---|---|---|---|
| タネまき | | 収穫 | 収穫 | 収穫 | |

熱帯地方では一般的な野菜で、インディアンホウレンソウとか、セイロンホウレンソウなどと呼ばれることもあります。沖縄ではジービンと呼ばれ、畑の隅などに野生化しているといいます。エンサイやヒユナと同様に、真夏に収穫できる野菜です。病害虫も少なく、無農薬栽培もできます。緑葉種と紫種があります。

観賞用にも利用される美しい野菜。やわらかい葉やつるを摘みとり、ゆがいておひたしやゴマあえなどに使う。

ホウレンソウに比べ、カルシウムは3.6倍、ビタミンAが1.2倍、Cは1.2倍多く含まれています。東洋医学では、胃潰瘍、肝臓病、がん予防などによいといわれます。果実の煎汁で洗顔すると、皮膚のつやがよくなるといわれます。

つるが伸びて生育するので、草丈が30㎝くらいになったら高さ1～2mの支柱を立てる。

### ◆タネまき

タネまきは4月から5月です。日当たりのよい場所に苦土石灰と元肥をじゅうぶん入れ、60㎝間隔に、1カ所に5～6粒ずつまきます。タネは一晩水につけて、よく吸水させてからまきます。タネまき後は7㎜くらい土をかけ、手で押さえて落ち着かせ、水やりをしておきます。

### ◆間引きと追肥

本葉2枚のころに1カ所3本に、本葉4枚のころに1本に間引きます。本葉3枚のころと本葉が5～6枚になったころ、その後は10日に1回の割合で追肥を与えます。

### ◆乾燥防止

真夏の乾燥する時期は株元にわらや堆肥を敷き、たびたび水やりすると元気に育ちます。

煮物やスープに活躍のウリの仲間

# トウガン

**ウリ科／熱帯アジア原産**
**発芽適温：25～30度**

point
★じゅうぶん暖かくなってから定植する。
★元肥は控えめに。
★摘芯して子づるを伸ばす。

| 5月 | 6月 | 7月 | 8月 | 9月 | 10月 | 11月 |
|---|---|---|---|---|---|---|
| タネまき | | 収穫 | 収穫 | 収穫 | | |

8月から10月が収穫の適期ですが、貯蔵性がよく、冬にも利用できるので「冬瓜」と呼ばれます。外見はカボチャのようですが、カボチャよりシロウリに近い野菜です。

水分が95％ほども含まれる、低カロリーのダイエット食材で、煮物、あんかけ、スープなどに利用されます。

### ◆タネまき

適期は4月ですが、発芽適温が高いので、ビニールポットなどにまいて、室内やビニールトンネルなど、暖かい場所で発芽させ、育苗します。

### ◆苗の植えつけ

5月中旬から6月上旬に苗を畑に植えます。生育初期に肥料が効きすぎると落果しやすくなるので、元肥は控えめにします。

市販の苗を入手して植えつけるのもよいでしょう。植えつけ後はビニールキャップなどで防寒します。

### ◆摘芯

親づるは4～5節で摘芯して、子づるを4本くらい伸ばします。つるが伸び始めたら敷きわらをするのがおすすめです。実が10㎝くらいになったら、化成肥料などを追肥します。

### ◆収穫

開花後40～50日くらいの、実の表面の白い毛が落ちたころが収穫の適期ですが、開花後25～30日の若い実をとって利用することもできます。

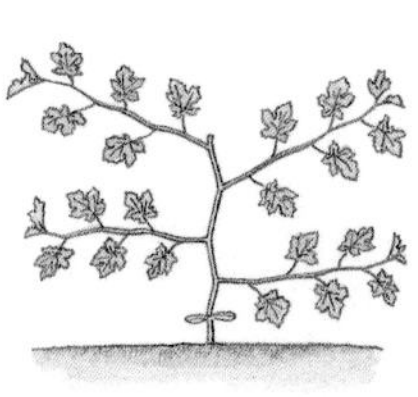
子づるを4本くらい伸ばす。

親づるは5節目くらいで摘芯する。

辛みが肥満防止に効果的！

# トウガラシ

**ナス科／熱帯アメリカ原産**
**生育適温：昼25～30度、夜20度**

point
★日当たりのよい、できるだけ秋遅くまで暖かい場所に植える。
★8月中旬までは肥料を効かせ、植物体をじゅうぶんに伸ばす。
★乾燥に弱いので、7～8月は水やりを多くする。

| 4月 | 5月 | 6月 | 7月 | 8月 | 9月 | 10月 | 11月 |
|---|---|---|---|---|---|---|---|
| | ▲苗の植えつけ | | 収穫 | 収穫 | 収穫 | 収穫 | |

## トウガラシの育て方

1 5月の連休明けくらいに、苗を植える。1～2株あればかなり収穫できるので、市販の苗を利用するのが便利。最近はいろいろな種類の苗が市販されている。

2 株間は50㎝ほどとする。

3 じゅうぶん水やりした後、堆肥などでマルチングして乾燥を防ぐ。ビニールマルチもおすすめ。

4 小さな支柱を立てて株が動かないようにする。

5 7月に入ると次々に実がなってくる。赤い実は庭の彩りとしても楽しい。

ピーマンやパプリカの仲間で、葉や果実に辛みのあるものがトウガラシです。日本ではスパイスとしての利用がメインですが、韓国や中国～東南アジアなどの市場には、実に多くの種類のトウガラシが多量に売られていて、野菜として利用されています。辛みの程度もいろいろですが、野菜として食べるには辛みの少ない品種が向いています。

辛みの成分はカプサイシンで、脂肪分解酵素を活性化し、肥満防止に効果があります。ピーマンに比べ、ビタミンA（β-カロテン）は19倍、$B_1$が4.7倍、$B_2$が12倍、Cは1.58倍、Eは13倍、マグネシウム4.2倍、マンガン2.1倍、ナイアシンが6.2倍も含まれる、栄養価の高い野菜です。

### ◆育て方

5月に苗を植えます。野菜として利用する場合は、実が緑色をしているうちに収穫しましょう。夏じゅう、次々と収穫できます。

8月中旬までは肥料を効かせて、株をじゅうぶんに大きくすることが大切です。追肥は有機液肥を1週間ごとに施し、8月中旬までに枝をいっぱいに茂らせます。

開花周期があって、6月下旬から7月上旬と8月は開花がまとまって多い時期、7月中旬から下旬と9月は開花が少ない時期です。開花の多い時期は摘花作業が必要で、多すぎる花はつぼみのうちに摘みとります。

8月下旬以後は、果実の肥大に重点をおくようになります。乾燥に弱いので7月から8月は水やりを多くすることも大切です。

### ◆葉トウガラシ

トウガラシの葉には、カルシウムが果実の11・7倍、マグネシウムが1.9倍、マンガンが1.6倍、葉酸が2.1倍も多いので、葉トウガラシとしての利用もおすすめです。葉がやわらかいうちに早めに摘みとり、天ぷらなどにして食べます。欧米では葉トウガラシの栽培がふえているといいます。日本でも、漬け物用として伏見辛、日光などの品種が利用されています。

タカノツメ
日本で最も多くつくられている辛み用トウガラシ。赤く熟したら株ごと収穫して、風通しのよい日陰で乾燥させるとよい。

タイトウガラシ
木立ちトウガラシの一種で、暖地では越冬して木質化する。

観賞用のオーナメンタルコーン。小型で、狭い場所でも育てられる。

焼きトウモロコシは郷愁の味

# トウモロコシ

**イネ科／中南米原産**
**発芽適温：25 ～ 30 度　生育適温：栄養生長 25 度以上**

**point**

★日当たりのよい場所で育てる。
★７月上旬～中旬に窒素肥料を追肥する。
★実をつけるのは、１株２本ずつとする。

| 4月 | 5月 | 6月 | 7月 | 8月 | 9月 |
|---|---|---|---|---|---|
| | タネまき | | | 収穫 | |

トウモロコシは、米、小麦とともに、三大穀物と呼ばれるほど重要な作物で、世界じゅうで広くつくられています。実の形とデンプンの性質によって、デントコーン、フリントコーン、ポップコーン、スイートコーン、ワキシーコーンの5つに分けられますが、日本で野菜としてつくられているのはスイートコーンです。

　タンパク質や糖質、ミネラルも豊富ですが、東洋医学では、実の先についている黄～赤褐色の毛（絹糸）を日干しにしたものを煎じて、急性腎炎や妊婦のむくみ、膀胱炎、胃痛に服用するとされます。実を煎じたものは、かぜにもよいとされます。

### ◆タネまき

　5月上旬にタネをまけば、それほど手がかからず、夏にはおいしいトウモロコシが収穫できます。ある程度の数をつくらないと、受粉がふじゅうぶんで「歯抜け」になりやすいのですが、市民農園など、まわりにトウモロコシをつくっているような環境なら少量でも大丈夫です。

　日当たりのよい暖かいところを選びます。吸肥力が旺盛なので、腐植質に富んだ肥沃な土壌（pH5.5～6.5）が向いています。高温性の作物で、発芽適温は25～30度ですから、寒冷地ではビニールマルチをするのがよいでしょう。

　根は横に70㎝、深さ60㎝にまで張るので、元肥は深いところに入れておきます。幅90㎝の畝をつくり、株間30㎝で2列にタネをまきます。列の間隔は50㎝とします。

### ◆追肥の与え方

　窒素は8月下旬まで吸収されます。特に雌花が分化する7月上旬から中旬には欠かせないので、追肥が必要です。リン酸は7月下旬ごろから収穫期まで吸収されます。カリは7月中旬から絹糸抽出期まで、マグネシウ

しあわせコーン®
甘みが特に強く濃厚で、コクがある極上の食味のバイカラー（２色）品種。安定した収量性で、糖度が落ちにくい。〈サカタ〉

## トウモロコシの育て方

1 1カ所に3～4粒ずつタネをまき、3～4㎝覆土する。株間は30㎝ほど。

2 草丈が10～15㎝になるまでに1カ所1本に間引く。

3 追肥、中耕、土寄せをしながら苗を育てる。乾燥を防ぐためには、株元にピートモスや堆肥などを敷いておくとよい。

4 茎の先に雄花が咲き、途中に雌花がつく。雌花は上から2つを残し、そのほかは小さいうちにかきとり、ヤングコーンとして利用する。

5 雌花の毛が出て21～25日後、ひげが茶色になってくるころが収穫の適期。

6 皮を少しむいてみて、先端の粒がふくらんでいたら収穫する。早朝に収穫したほうがおいしい。

ムは7月下旬から、カルシウムは8月上旬から必要になるので、カルシウム入りの肥料を追肥として施します。雌花のひげが出てくる時期からは、アミノ酸類、核酸入りの有機質肥料の液肥を施します。

具体的には、発芽がそろったころ、本葉5～7枚のころ、雄花の穂が出始めたころ、その1週間後の4回与えます。追肥後に土寄せをしておきます。

**みわくのコーン® ゴールドラッシュ**
低温期にもよく生長し、大型のトウモロコシが収穫できる品種。皮がやわらかく、甘くておいしい。〈サカタ〉

疲労を回復し、気持ちを落ち着かせる…

# トマト

ナス科／アンデスの高原原産
発芽適温：25～30度
生育適温：昼25～30度、夜15～18度

**point**
★連作を嫌うので、数年ナス科の野菜（トマト、ナス、ピーマンなど）をつくっていない場所で育てる。
★日当たりのよい場所で育てる。
★追肥を忘れない。

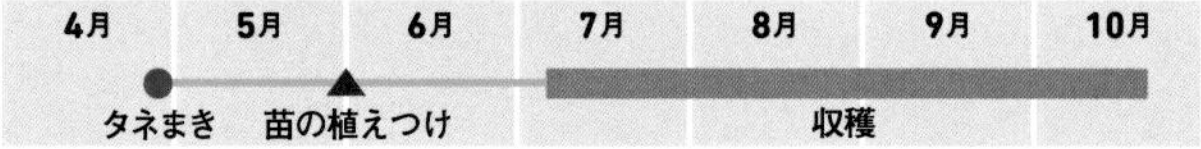
4月
5月
6月
7月
8月
9月
10月
タネまき
苗の植えつけ
収穫

「トマトが赤くなると医者が青くなる」といわれるほど栄養豊かな野菜です。ビタミンA、B6、C、ミネラルではカリウムが豊富で、高血圧、消化促進、整胃、便秘、かぜ、口内炎、精神安定、疲労回復などに効果があるといわれます。

### ◆苗の植えつけ

5月下旬に本葉6～7枚の市販の苗を入手して植えつけ、支柱を立てて動かないように固定します。

植えるのはできるだけ日当たりのよい場所に。日光が不足するとβ-カロテンやビタミンCが少なくなります。また、連作を嫌い、前の年にトマト、ナス、ピーマンなどのナス科の野菜をつくったところではうまく育ちません。2～3年ナス科の野菜をつくっていない場所に植えましょう。

おすすめは苗を徒長させて寝かせて植える方法。根量が多くなり、夏バテしないので遅くまで収穫できます。

品種にこだわる場合はタネを入手し、4月下旬にまきます。

### ◆わき芽摘み

実の大きなトマト（普通のトマト）は1本仕立てが普通ですが、中玉のトマトやミニトマトは2本仕立てや2花房摘芯5段仕立て（10果房どり）にすることもあります。いずれの仕立て方の場合も、不要なわき芽は早めに摘みとります。

### ◆マルチング

梅雨入り前に、株元にわらやピートモス、腐葉土、バークなどを敷いてマルチングをします。マルチングは梅雨時の泥はねや、夏の地温の上昇や土壌の乾燥を防ぐためで、ぜひ行ってください。夏以降の生育に大きな差が出てきます。ビニールなどで地面を覆って苗を植えるポリマルチも同様の効果があります。

### ◆石灰水で尻腐病を防ぐ

トマトは石灰植物で、生育後期にカルシウムが不足すると尻腐病が出ます。この時期に与えるカルシウムは、消石灰ではだめで、石灰水（水溶性の有機キレート石灰、カルプラス、カルハードなど）を与えましょう。カルシウムを多く含んだ肥料（ベジタブルエードボールなど）も効果的です。

また、マグネシウム、マンガン、ホウ素などの欠乏症も出るので、微量要素やアミノ酸類などを多く含んだ有機質肥料を使うのがおすすめです。

**根の張り方**

●定植後60日目のトマトの根群の分布状況
（ウィーバー・ブルナー）

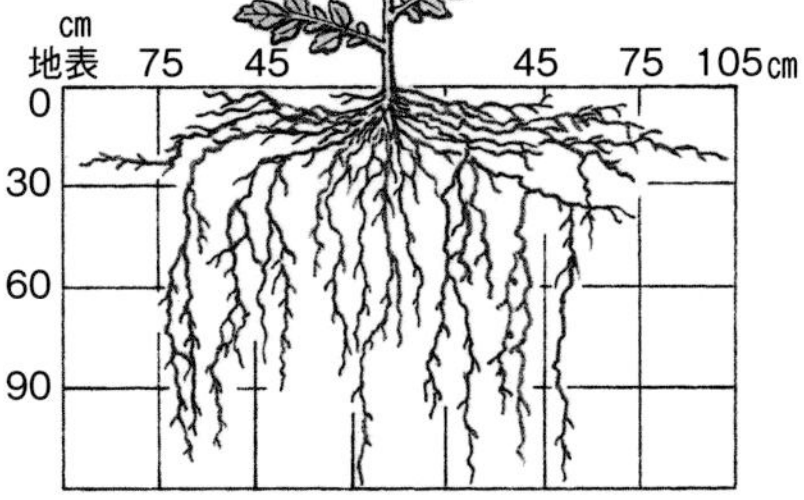
cm
地表
75
45
45
75
105㎝
0
30
60
90

**苗の植え方**

タネまきの場合と同様に元肥を入れ、有機液肥をじゅうぶん施してから本葉6～7枚の苗を植える。

徒長した苗はサツマイモの苗を植えるように寝かせて植えるとよい。根量が多くなり、夏バテせずに遅くまで収穫できる。

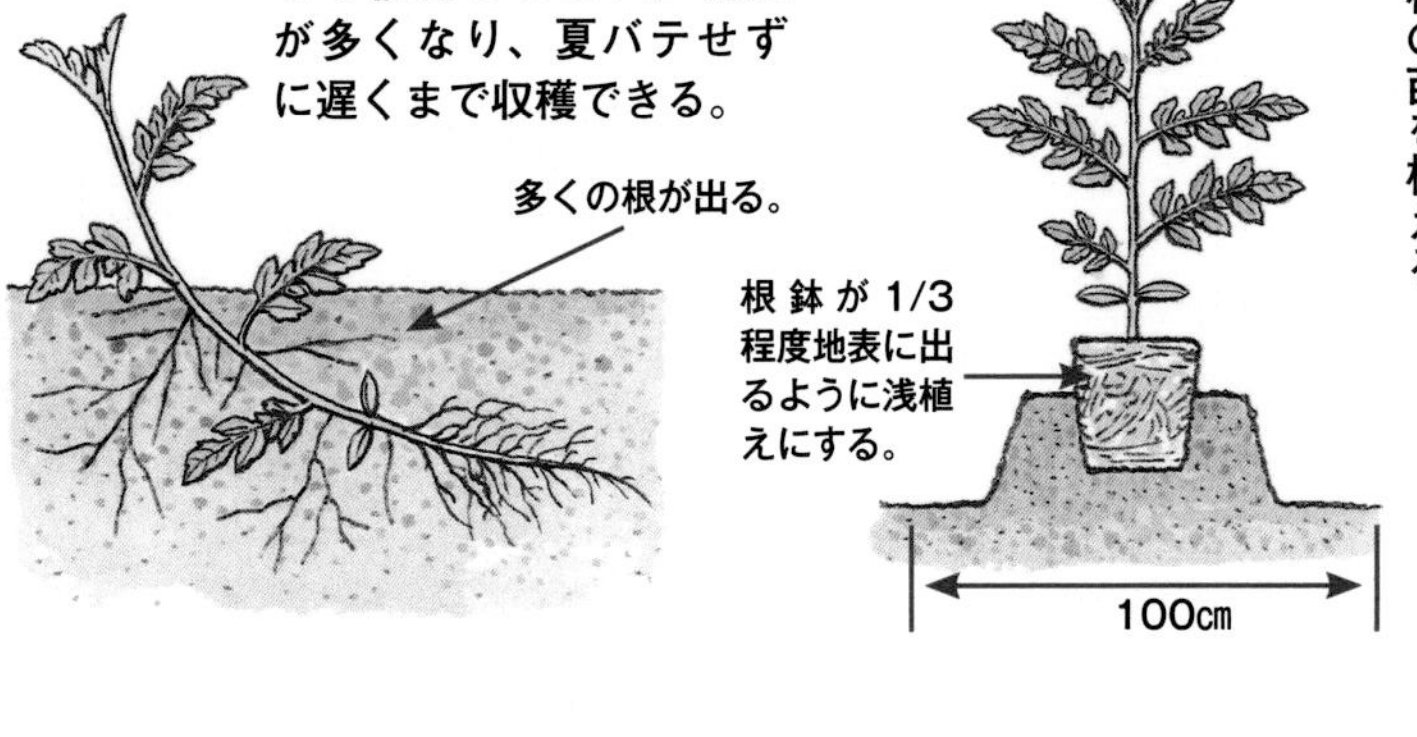
多くの根が出る。
根鉢が1/3程度地表に出るように浅植えにする。
100㎝

## トマトの育て方

1 トマトの苗。右のように、本葉が6～7枚ついたしっかりした苗を選ぶ。左のような徒長した苗は寝かせて植えつける。

2 トマトの花房はすべて同じ方向に出るので、最初の花房を確認してそれを外側に向けて植えると、後の作業がしやすくなる。

3 根鉢が1/3出るくらいの浅植えにし、高さ150㎝ほどの支柱を立てて固定する。

4 茎が伸びるのに従って順次支柱に結わえていく。ポリマルチを張ってから苗を植えると、地温が上昇して生育がよくなる。

5 梅雨入り前に敷きわら（腐葉土、ピートモスなども可）をして泥はねを防ぐ。梅雨明け後にはさらに厚くして、地温の上昇や乾燥を防ぐ。

6 たくさん栽培するときは、合掌式の支柱を立てるとよい。

7 1本仕立てにする場合はわき芽をすべて摘みとる。2本仕立てはわき芽を1本伸ばす(仕立て方は次ページ参照)。

8 やがて実が肥大してくる。次々に実がつくので、追肥を忘れずに与える。

9 実がじゅうぶん色づいてきたら、収穫する。

尻腐病のトマト。カルシウム不足が原因なので、石灰水を与える。

## ミニトマトの実のつき方

1 花が咲き始める。

2 基部のほうについた実がふくらみ始める。先には花が咲き続ける。

3 やがて実が色づいてくる。（黄色の品種）

## 夏の水やり

雨が降らないときは、株のかたわらに溝を掘り、そこに水を注ぎ入れると、ほかに流れ出ずに有効に水やりできる。

## いろいろな仕立て方

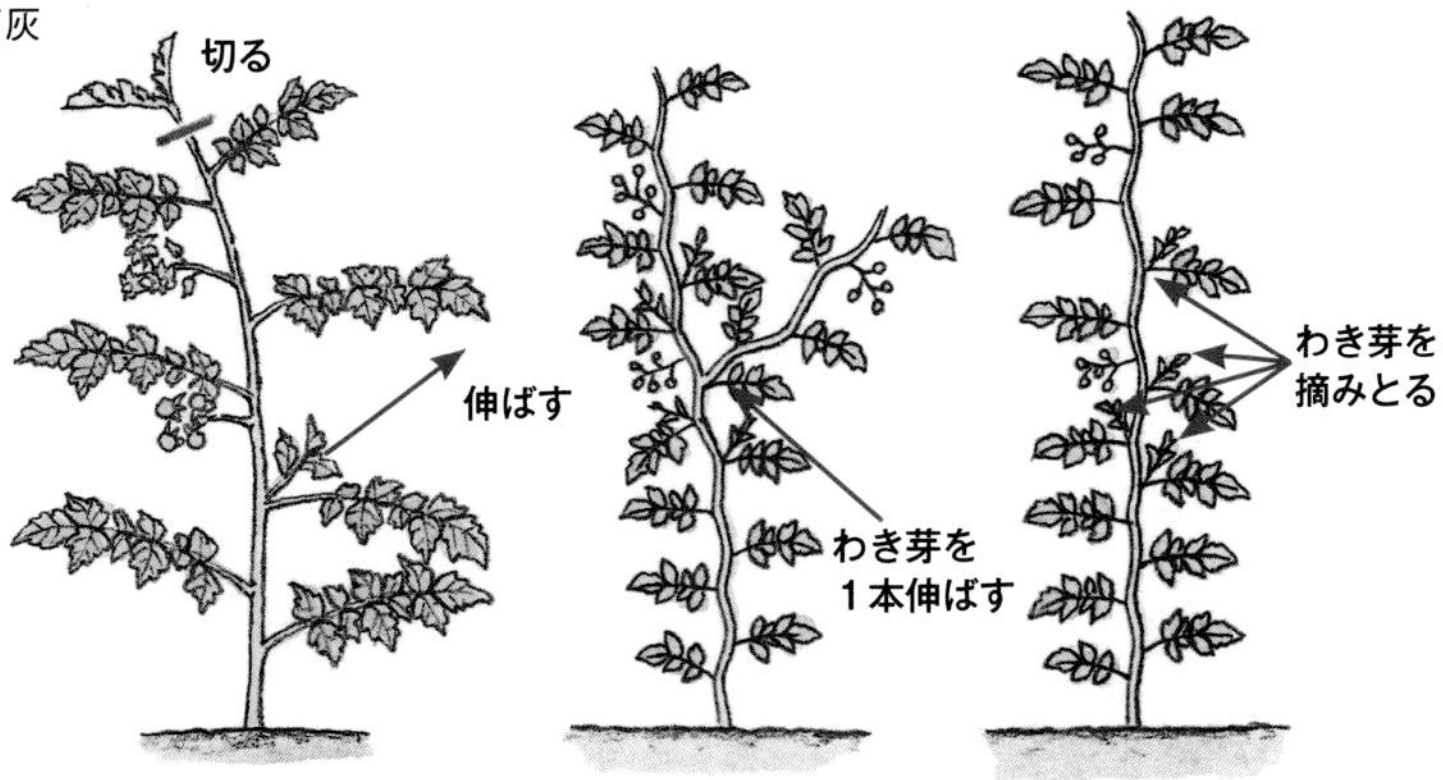


2花房摘芯5段仕立て（10果房どり）　2本仕立て　1本仕立て

第2花房の先の葉を2枚残して摘芯し、第1花房の下のわき芽を伸ばす。わき芽に花房がついたら同様に摘芯して、再びわき芽を伸ばす。これを5回繰り返す。

## ［追肥の与え方］

### ◆トマトの生育過程と養分吸収量

タネまきから50日くらいが栄養生長期、つぼみをつくるころが交代期、開花から収穫までを生殖生長期と呼ぶ。トマトは栄養生長と生殖生長が同時に進行するので、追肥中心の施肥を行う。

栄養生長期には、リン酸が根の張りをよくし、茎や葉を茂らせる窒素、木をつくるカリウムを吸収する。交代期にはカリウムの吸収が多くなり、カルシウムとマグネシウムも多くなる。生殖生長期には果実を生産するために、アミノ酸、核酸、ミネラル類を多く要求する。開花期にカルシウムが不足すると尻腐病が出るが、この時期に与えるカルシウムは消石灰ではだめで、石灰水を与える。

### ◆追肥の方法

| | |
|---|---|
| 1回目 | 第1花房の結実を見た後に、有機液肥（窒素、リン酸、カリ、マンガン、ホウ素入りのもの）を与える。 |
| 2回目 | 第2花房の結実を見た後に、1㎡あたり、硫安25g、過リン酸石灰35g、硫酸カリ37gを液肥で施す。 |
| 3回目 | 微量要素入りの有機液肥を1回目のときと同じ量を施す。 |
| 4回目 | 第1果房の実が着色してきたら、カルシウム補給剤（カルプラス、カルハードなど）を施す。 |
| 5回目以降 | 2～3果房を収穫した後に、有機液肥とカルシウムの多い肥料を20日おきに、収穫を終えるまで与える。 |

トマトやナスなどが実る夏の菜園。

ポリフェノールが豊富で夏バテにも効果！

# ナス

**ナス科／インド原産**
**発芽適温：15 ～ 30 度**
**生育適温：昼 23 ～ 28 度、夜 15 ～ 20 度**

**point**
★その地方で普通につくられている品種をつくる。
★連作を嫌うので、数年ナス科の野菜（トマト、ナス、ピーマンなど）をつくっていない場所で育てる。
★夏場にしっかり水やりする。乾燥させると収量が落ちる。

| 5月 | 6月 | 7月 | 8月 | 9月 | 10月 |
|---|---|---|---|---|---|
| ▲苗の植えつけ | 収穫 | 収穫 | 収穫 | 収穫 | 収穫 |

抗酸化作用、抗がん作用があるといわれるポリフェノールの一種・ナスニンを豊富に含みます。カリウム、食物繊維も多く、動脈硬化や高血圧、脳出血の予防、のぼせ、夏バテや老化防止にも効果があるといわれます。

東洋医学では、熱冷まし、利尿、口内炎によいとされ、へたを蒸し焼きにして梅干しとねったものは乳腺炎の痛みをやわらげるといいます。

ナスニンは皮に多いので、皮ごと料理するのがおすすめ。果実の紫色を出すには、強い光（紫外線）が必要です。

### ◆品種の選び方

世界じゅうで古くから栽培されている野菜です。日本だけでも各地に多くの品種がありますが、その地方でつくられているもの（苗が売られているもの）を育てるのが無難です。特殊な品種のタネや苗をとり寄せても、なかなかうまく育ちません。

### ◆苗の植えつけ

5月に市販の苗を入手して植えつけます。じょうずに育てれば、6月から10月まで、長い間収穫できます。夏に切り戻せば、秋ナスが収穫できます。

寒さに弱いので、最低気温が15度を下回らなくなってから植えましょう。普通の苗と接ぎ木苗があり、接ぎ木苗のほうが多少値段が高いのですが、丈夫で病気にもかかりにくく、おすすめです。植えつけ後は支柱を立てて苗が動かないようにし、敷きわらやマルチングをしておきます。

### ◆わき芽摘みで3本仕立てに

苗が伸び始めたら、主枝と、最初の花の下のわき芽2本を伸ばす3本仕立てにします。不要なわき芽は摘みとりましょう。

### ◆水やりと施肥を忘れない

ナスは特に水を必要とする野菜です。夏は収穫の最盛期ですが、乾燥すると実がならなくなってしまうので、雨の降らないときは2日に1回くらいはじゅうぶんに水をやりましょう。追肥も忘れないようにします。

### ◆収穫と切り戻し

残した3本の枝には次々と側枝が出て花が咲き、実がなります。摘芯をしながら収穫しましょう。

### ◆切り戻し剪定で秋ナスを収穫

8月に入ると、枝葉が込み合って生育が鈍ってきます。思い切って切り戻して、枝を更新しましょう。深く剪定すると30日ほど、浅い剪定でも20日くらいは収穫を休みますが、9月に入ると再び実がなり始めます。収穫を続けながら枝を更新させる方法もあります。

#### 根の張り方

●ナスの根系
種類によっても異なるが、かなり深いところまで伸びる。根は横に40cm以上も伸びる。

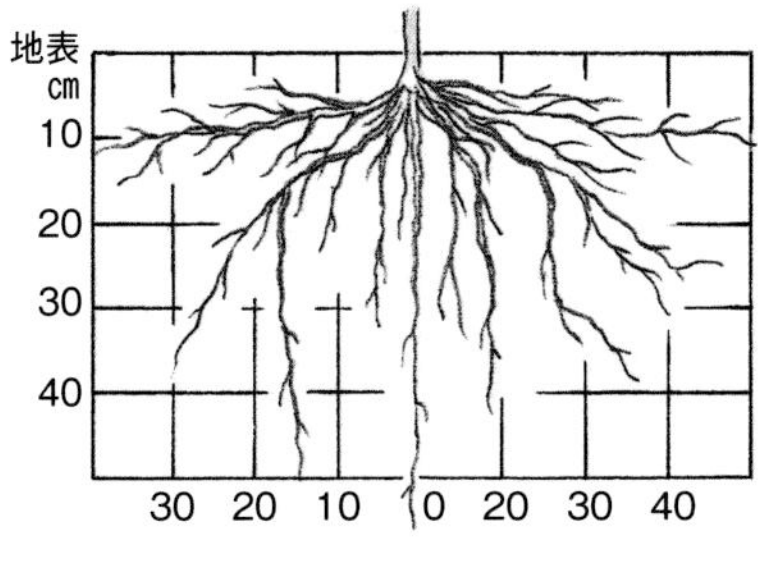

地表
cm
10
20
30
40
30 20 10 0 20 30 40


#### 元肥と苗の植えつけ

pH6.7～7.0の、耕土の深い、乾燥しない土壌がよい。株間は80cm以上、植え穴の深さは50cm以上とする。

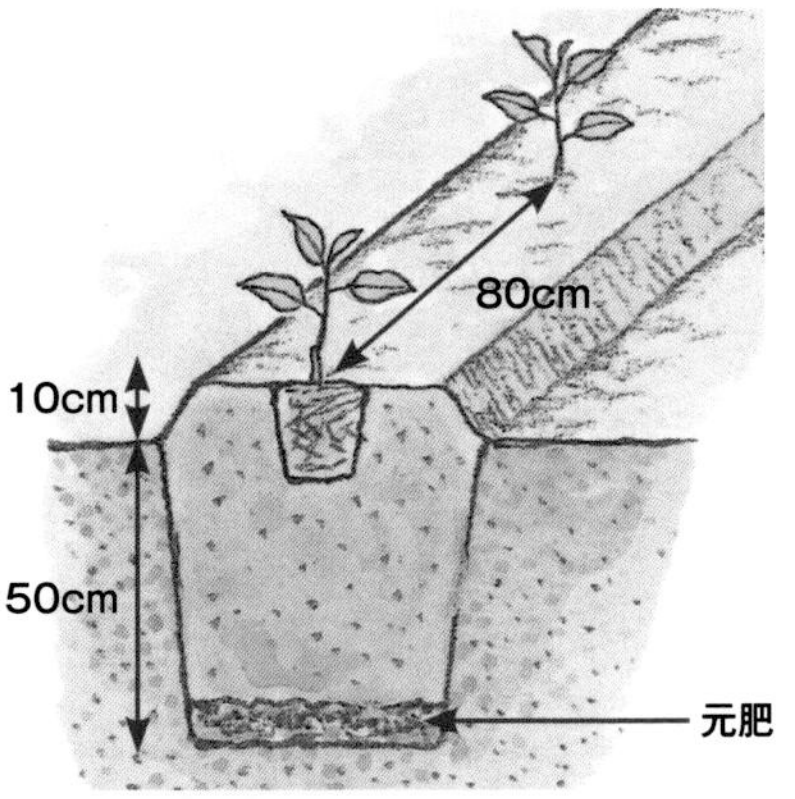

80cm
10cm
50cm
元肥

## ナスの育て方

1 ナスの苗。ナスは青枯病やいちょう病といった土壌病害（土から根を通して感染する病気）に弱いので、病気に強い台木に接ぎ木した「接ぎ木苗」を選ぶのがおすすめ。

2 元肥を入れた畑に植えつける。

3 植えつけ後は、仮支柱を立てて苗が動かないようにしておく。

4 主枝と、最初の花の下の側枝２本を伸ばす３本仕立てにする。余分なわき芽は摘みとる。

5 苗が大きくなったら、しっかりした支柱を立てて縛る。梅雨入りまでには敷きわらをしておくこと。次々と実がなってくるが、樹勢を伸ばすために、最初の実と２番目の実は小さいうちに摘みとる。本格的な収穫は第３果から。

6 ７月下旬になると枝が込んでくるので切り戻す。写真は強剪定で、１カ月後くらいから秋ナスが収穫できる。

## ナスの栄養診断

○ 栄養状態がよい場合

花

× 栄養状態が悪い場合

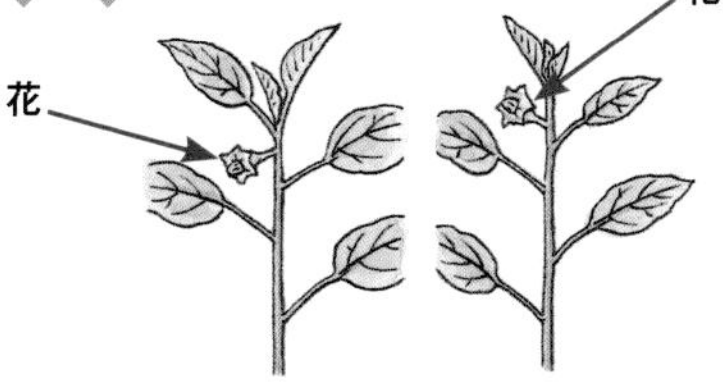
花
花

生長点近くに花が咲くときは栄養不足。また､栄養が悪いと短花柱花が多くなり、結実しなくなる。すぐ液肥を与える。

## 切り戻し剪定

（収穫を続けながら枝を更新する方法）

８月に全体を横に倒す（その時点でなっている実は大きくなるが、新しい枝は出にくくなる）。

株元から新しい芽が出て、１カ月後くらいから収穫できるようになる。

## 摘芯と収穫

摘芯

実が太りだしたら、先の葉１枚を残して摘芯する。

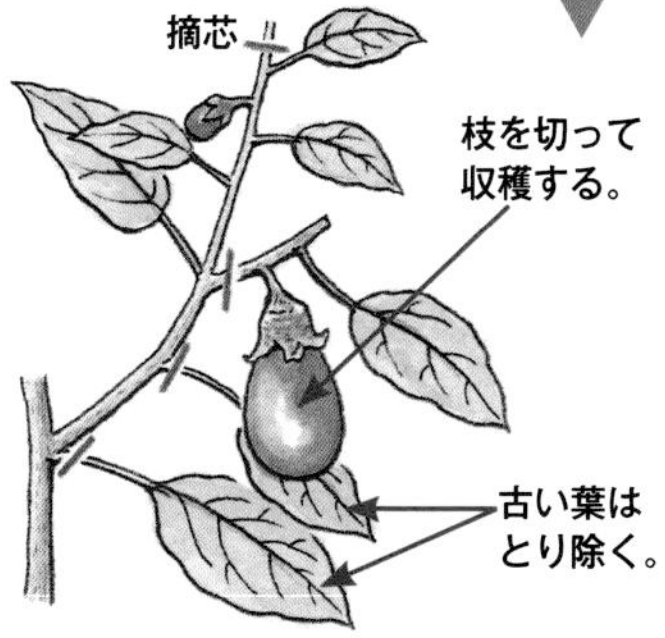
摘芯
枝を切って
収穫する。
古い葉は
とり除く。

収穫するころには下から新しい枝が伸びて実がつく。

南国ムードを楽しむ

# ナーベラー(ヘチマ)

**ウリ科／東南アジア原産**
**生育適温：25 ～ 30 度**

point
★高温多照の気候を好む。
★開花後 10 日ぐらいで収穫する。

| 4月 | 5月 | 6月 | 7月 | 8月 | 9月 |
|---|---|---|---|---|---|
| | タネまき | | | 収穫 | 収穫 |

観賞用や日よけ、また、ヘチマたわしなど、繊維を目的とした工芸材料用に栽培されることの多いヘチマですが、南九州から沖縄、台湾、中国にかけては、食用として栽培されています。開花後10日ぐらいの若い実の皮をむき、輪切りにし油みそでいためたり、みそ汁に入れたりして利用されます。

キュウリくらいの若い実だけでなく、花や葉も食べられる。

実だけでなく、葉や花も食べられます。実より葉のほうが高栄養で、おひたし、ごまあえ、卵とじなどにして食べられます。

### ◆タネまき

春から初夏にタネをまいて育てます。フェンスに這わせたり、棚づくりにするのがおすすめ。元肥をじゅうぶん入れた畑にタネを5粒ずつまいて土をかけ、ホットキャップをかけておきます。隣の株とは3m以上離します。

### ◆仕立て方

ゴーヤ（ニガウリ）と同様に、日よけを兼ねた棚づくりにするのがおすすめです（82ページの図参照）。つるが垂れないよう、ところどころひもを結んでおくとよいでしょう。

## ヘチマ水のとり方

茎を地上 100cm くらいで切り、先をビンの中に入れる。ヘチマ水は肌によく、せき止めにもよいとされる。

強壮、抗菌作用、香辛料として名高い

# ニンニク

**ネギ科／中央アジア原産**
**生育適温：5 ～ 15 度**

point
★密植して葉ニンニクとしても使用できる。
★ほかの野菜と混植すると病害虫予防になる。

| 9月 | 10月 | 11月 | 12月 | 1月 | 2月 | 3月 | 4月 | 5月 | 6月 |
|---|---|---|---|---|---|---|---|---|---|
| 種球の植えつけ | | | | | | | 収穫 | 収穫 | 収穫 |

古代エジプトのピラミッド建設に従事した労働者も食べていたといわれる、古くから利用されている健康野菜。地下の鱗茎を利用するのが一般的ですが、若い茎葉（葉ニンニク）や、とう立ちした茎（芽ニンニク、茎ニンニク）もおいしく食べられます。

アリシンを多く含み、ビタミン$B_1$の吸収を高めます。アリシンを熱したときにできるアホエンは血液をさらさらにする効果があり、また、血行をよくし、抗血栓作用があるスコルジンが含まれています。抗菌作用があり、疲労回復、強精強壮、冷え性防止などの効果があるとされています。

### ◆種球（鱗片）の植えつけ

秋に種球を植えつけ、翌年の春から初夏に収穫します。畑には、苦土石灰と元肥をじゅうぶんすき込んでおき、幅60cm、高さ10cmほどの畝をつくっておきます。

種球は全体を包んでいる外皮をはがし、1片ずつに分けます。それぞれの鱗片を包んでいる外皮ははがさないようにします。とがっているほうを上にして、深さ5cmほどに植えます。株間は15cmとします。

### ◆追肥と土寄せ

植えつけ後1週間ほどで芽が出て生長を始めます。暖地では、年内に一度、有機液肥を与えて土寄せしておきます。

雪の多い地方では、雪解け後と、4月中旬から下旬に、同様に追肥と土寄せをしておきます。

### ◆摘蕾

春になるととうが立ち、つぼみが出てくるので、手で摘みとります。

### ◆収穫

半分ほどの葉が黄色くなってきたころが収穫の適期です。畑から抜いて8～10球ずつ束ね、風通しのよいところにつるして乾燥させます。

病害虫にも強く、つくりやすいニンニク。下葉が枯れ始めてきたころが収穫の適期。

古くから利用されているスタミナ野菜

# ニラ

**ネギ科／東アジア原産**
**生育適温：20度前後**

point
★腐植質の多い排水良好な肥沃な土で育てる。
★追肥を多く与える。
★4～5年に一度、株分け、植えかえる。

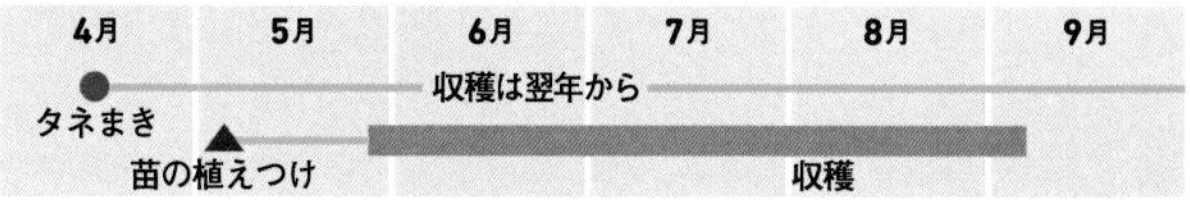
4月
5月
6月
7月
8月
9月
タネまき
収穫は翌年から
苗の植えつけ
収穫

ビタミンA、B群、Cが豊富な緑黄色野菜の代表で、スタミナ野菜として知られています。消化促進、かぜや冷え性、生理不順によく、がん予防にも効果があるといわれています。

生育適温は20度ほど。10度内外でも生育しますが、25度以上になると生育不良になります。夏には花芽が上がってくるので摘みとりますが、この花芽を食べるハナニラもあります。

1 市販のポット苗を植えつける。ひとつのポットに多くの苗が生えている場合は、3～4本ずつに分けて植える。

2 草丈が20cm以上になったら、地ぎわから4～5cm残して切りとり、収穫する。

## ◆苗の植えつけ

タネから育てることもできますが、市販の苗を入手して初夏に植えつけるのが手軽です。

腐植質の多い排水良好な肥沃な土壌（pH6.0～7.0）が適します。元肥をじゅうぶん入れた畑に、苗を3～4本ずつまとめて、深さ10cmほどに植えつけます。株間は20cmほどとりましょう。適期は初夏ですが、秋植えもできます。

## ◆収穫

初夏に植えた株は夏から、秋に植えた株も翌年の初夏くらいから収穫できるようになります。草丈が20cm以上に伸びたものを、地ぎわから4～5cm残して切りとります。朝のうちに収穫すると鮮度がよく、おいしく食べられます。収穫したら有機液肥を与え、後の生育を促します。

## ◆植えかえ

宿根性の野菜ですから、一度植えれば何年でも続けて収穫できますが、4～5年収穫したら、秋に掘り上げて株分けし、植え直して株を更新すると、生育がよくなります。

## ◆タネまきと育苗

春にタネをまいて育苗することもできます。畑に15cm間隔で深さ1cmほどのまき溝をつけ、タネをまいてごく薄く覆土し、水やりします。発芽したら1cm間隔に間引き、90日ほど育苗して20cmほどの苗を育てます。

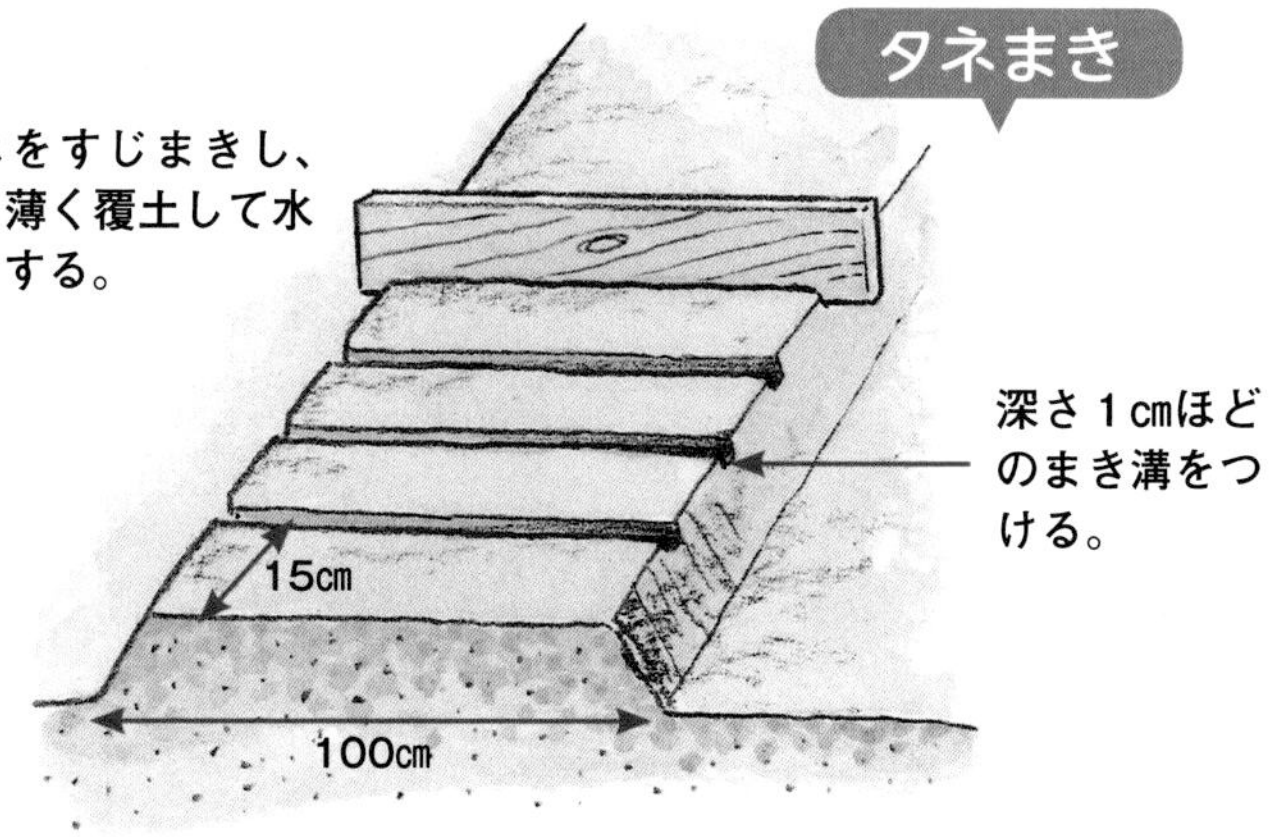
タネまき
タネをすじまきし、ごく薄く覆土して水やりする。
深さ1cmほどのまき溝をつける。
15cm
100cm

栄養豊富なスタミナ野菜。朝のうちに収穫すると鮮度がよく、おいしく食べられる。

ミニニンジンはコンテナでも育てられる。やわらかくてくせもないので、生食におすすめ。

高血圧やがん予防に効果！

# ニンジン

**セリ科／中央アジア原産　発芽適温：15～25度**
**生育適温、根の肥大適温：15～20度**

**point**
★タネにはあまり土をかけない。
★発芽までは土を乾燥させない。
★かたくならないうちに収穫する。

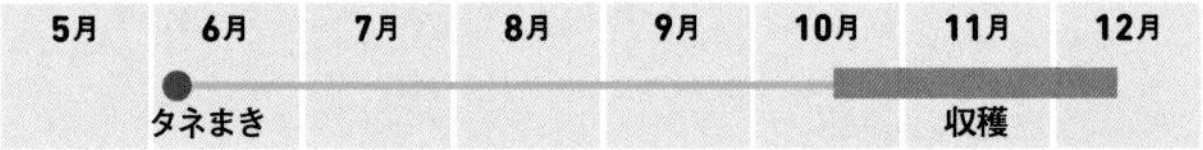

5月
6月
7月
8月
9月
10月
11月
12月
タネまき
収穫


体内でビタミンAに変わるβ-カロテン、カリウム、食物繊維などが豊富で、高血圧、下痢、便秘、胃病、かぜなどに効果があるとされます。美容にもよく、発がんを抑制する物質が含まれているといわれます。

## ◆タネまき

品種によってタネまきの適期はさまざまです。その品種に合った時期にまきましょう。三寸ニンジン、五寸ニンジンはタネまき後3～4カ月で収穫できます。

pH6.0～6.5の畑を好みます。根は横には60cm、深さは五寸ニンジンで60cm、長ニンジンでは150cmほどに伸びるので、深くまでよく耕しておきます。元肥はタネの真下にならないよう、左右にずらして入れておきます。

タネには毛のついたものと毛のないものがありますが、毛のついたものは手でもんで毛を落としてからまきましょう。好光性の種子なので、あまり土をかけないようにします。

ニンジンは発芽する力が弱いので、ハツカダイコンのタネと混ぜてまくのもおすすめです。ハツカダイコンはニンジンが大きく育つ前に収穫できます。

## ◆間引きと追肥

1回目は本葉が2枚になったときに3cm間隔に間引き、有機液肥を施します。2回目は本葉が4～5枚になったときに8～10cmに間引き、有機液肥を施します。3回目は本葉6～7枚になったときに株間15cmにして有機液肥を施し、その1週間後に液肥を葉面施肥します。4回目の追肥は収穫1カ月前で、カルシウムの多い肥料を施し、その3日後に液肥を葉面施肥します。

間引きのたびに中耕、土寄せをしますが、その後も、根が露出していたら土をかけて光が当たらないようにしておきます。

## ◆収穫

収穫が遅れるとかたくなります。葉が黄色くならないうちにとりましょう。タネまきの日付を記録しておき、収穫の目安にします。

Dr.カロテン5
とう立ちが遅いので、春まき栽培も可能。根部は内部まで鮮やかな濃紅色で、食味にすぐれる。
<タキイ>

タネのまき方

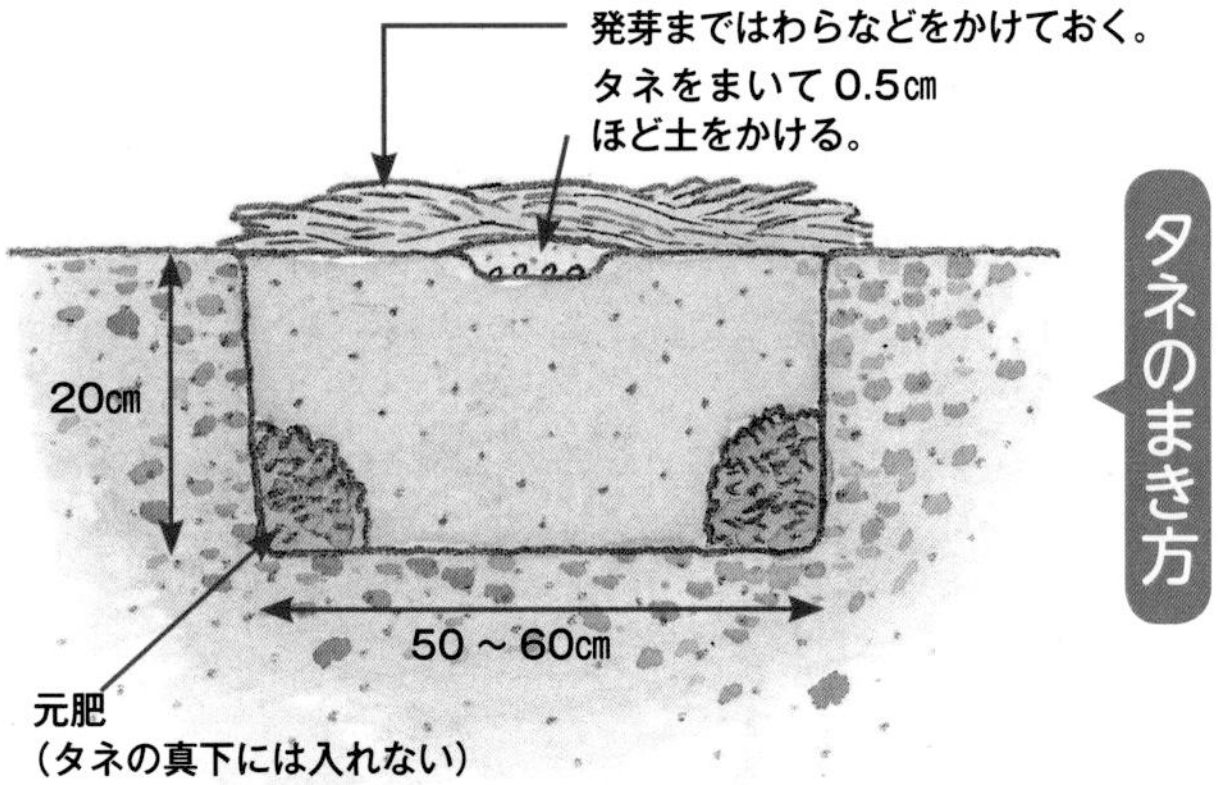

発芽まではわらなどをかけておく。
タネをまいて0.5cmほど土をかける。
20cm
50～60cm
元肥
（タネの真下には入れない）

## ニンジンの育て方

1 ニンジンのタネ。タネには毛のついたものと毛のないものがあるが、毛のついたものは手でもんで毛を落としてからまく。

2 畑には、15～20㎝間隔に、幅2～3㎝の浅いまき溝をつけ、タネをばらまく。半分ほどしか発芽しないのでタネは多めに。

3 好光性のタネなので土はかけない。指先でこすって土となじませる程度とする。

4 発芽までは乾燥させないことが大切。切りわらなどをかけて、じゅうぶん水やりしておく。

5 発芽までは1～2週間かかる。やがて細い双葉が出てくる。

6 こまかい切れ込みが入った本葉が2～3枚出るころまでに、ふれ合わない程度に間引く。

7 順次間引きながら育て、最終的には株間15㎝にする。間引き菜も捨てずに、葉ニンジンとしてサラダなどに利用したい。

8 収穫適期のニンジン。タネまきの日付とタネの袋に書いてある収穫までの日数を記録しておき、適期を逃さないように収穫する。葉が黄色くなる前に収穫しないと、かたくなったり、すがはいったりする。

体をあたため疲労回復に役立つ

# ネギ

ネギ科／中国～シベリア原産
発芽適温：15～25度　生育適温：15～20度

ネギには、葉の緑色の部分を食べる葉ネギと、主に土の中で白くなった部分を食べる根深ネギがあります。栽培期間が短くて育てやすい葉ネギのほうが家庭菜園向きで、タネをまいて60日内外で収穫する小ネギ型、地上部を刈りとって何回も収穫する刈りネギ型、苗を掘り上げて定植し、大きく育てる葉ネギ型などがあります。

冬の鍋物には欠かせない根深ネギも、栽培期間は長くなりますが、それほど難しいものではありません。

いずれも、ビタミンA、C、カルシウム、鉄などが豊富です。アリシンを含み、発汗作用があり体をあたためるので、かぜ、冷え性、食欲不振、健胃、夏バテ、疲労回復、眼精疲労によく、鎮静効果もあるといわれています。

**point**
- ★タネは多めにまく。
- ★タネまき後はしっかり覆土する。
- ★タネは水につけて芽出ししてからまくと確実。

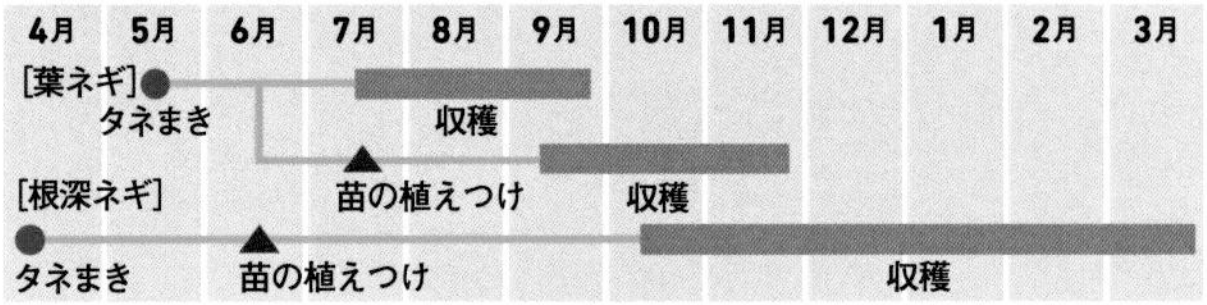
4月
5月
6月
7月
8月
9月
10月
11月
12月
1月
2月
3月
[葉ネギ]
タネまき
収穫
苗の植えつけ
収穫
[根深ネギ]
タネまき
苗の植えつけ
収穫

### ◆小ネギ型

タネまき後50～60日で13cm内外に伸びた小ネギを収穫し、薬味やサラダに利用するもので、一年じゅう栽培、収穫できます。

タネは1㎡あたり100gほどをばらまき、しっかり覆土して新聞紙をかけ、その上からじゅうぶん水やりします。芽が出るまでは毎日水やりし、発芽したら新聞紙をとり除きます。

芽が1.5cmくらいになったら、尿素を水にとかして全体にかけてやります。苗が2cmくらいになったら、目のこまかいふるいで株の間に土を振り入れます（土入れ）。2回目の追肥は3cmくらいのとき、3回目は5cmくらいのときに、同様に施肥します。苗が13cm内外になったら、必要な分だけ抜きとり収穫します。

### ◆刈りネギ型

タネは1㎡あたり60gほどを条間30cmにすじまきします。育て方は小ネギとほぼ同じですが、地ぎわから切りとって収穫します。収穫後に肥料を与えると、また芽が出てきて何回でも収穫できます。

**タネまき**

1 幅2cmほどの浅い溝をつくってすじまきする。隣の溝との間隔は15～20cmとする。小ネギなどは、畝全体にばらまいてもよい。

2 ネギは発芽率があまりよくないので、タネは隣のタネとふれ合うくらい、多めにまく。

3 光が当たると発芽しにくくなるので、しっかり土をかける。目のこまかいふるいを使うとよい。バーミキュライトやピートモスなどを使うのもよい。

4 土をかけたら新聞紙をかけ、静かに水やりしておく。その後もときどき新聞紙の上から水やりし、乾燥させないようする。

5 発芽したら新聞紙をとり除く。尿素など、窒素分の多い薄い液肥を与えておくとよい。

6 苗が大きくなったら、ふるいで1～2cmほど土をかけておく。追肥も与える。小ネギは葉が13cmくらいになったら、必要に応じて抜きとって利用する。

### ◆葉ネギ型

タネは1㎡あたり60gほどをばらまき、またはすじまきします。育て方は小ネギと同様です。

春まきしたものは7月上旬に、秋まきしたものは3月上旬に抜きとって、15cmほどの間隔に、1カ所2～3本ずつ植えつけます。このとき、抜きとった苗を畑に並べて12～20日間乾燥させてから植えると、よく株分かれするようになります。

なお、植えつけ適期になると乾燥させた苗が市販されるので、それを入手して植えつけるのもよいでしょう。

### ◆根深ネギ

3月から4月にタネをまいて苗をつくるか、市販の苗を入手して、6月から7月に菜園に植えつけます。日当たりのよい、耕土の深い火山灰土のような土質（pH6.0～7.4）で、前作から堆肥などをじゅうぶんに施した有機質の多い場所が理想です。耕土の浅いところには不適です。

植えつける場所には幅15cm、深さ15cm以上の溝を掘り、元肥を入れて苗を1本ずつ植えます。株間は3～4cm、畝と畝との間は100cmくらいとります。高く盛り土をするので、畝間は思い切って広くします。

### ◆土寄せ

根深ネギは、生長に伴って少しずつ土寄せをして育てます。葉が分かれている部分が土の上に数センチ出てきたら、その部分まで土寄せします。

追肥も忘れずに与えましょう。1回目の追肥は定植後7～10日目ごろ、2回目は定植後14～20日、3回目は約30日後、4回目は45～60日後に、液肥を与えます。

品種によって差がありますが、多くは気温が3度以下になると生育が停止します。春にはとう立ちしてネギぼうずができますから、その前に収穫しましょう。15度前後のときが、糖類や水溶性タンパク質が増加して甘みが出ます。できてしまったネギぼうずは早めに摘みとります。

#### 根深ネギの育て方

1 市販の苗、または育苗した苗を植えつける。自分で育苗した苗は、鉛筆くらいの太さのものを選んで植えるとよい。深さ15cmほどの溝を掘り、3～4cm間隔に苗を並べ、根が隠れるくらい土をかける。苗はできるだけまっすぐ立つようにする。

2 乾燥防止のために、切りわらや堆肥をかけておく。植えつけ後2週間目から、液肥の追肥を与え始める。

3 数回に分けて土寄せする。1回の土寄せは、葉の分岐点までとする。

4 3～4回目くらいからは、畝の間の土を掘り上げて株元に土をかける。

ネギの花がネギぼうず。ネギぼうずができると、かたくなって食べられなくなるので、その前に収穫する。でき始めたら早めに摘みとる。

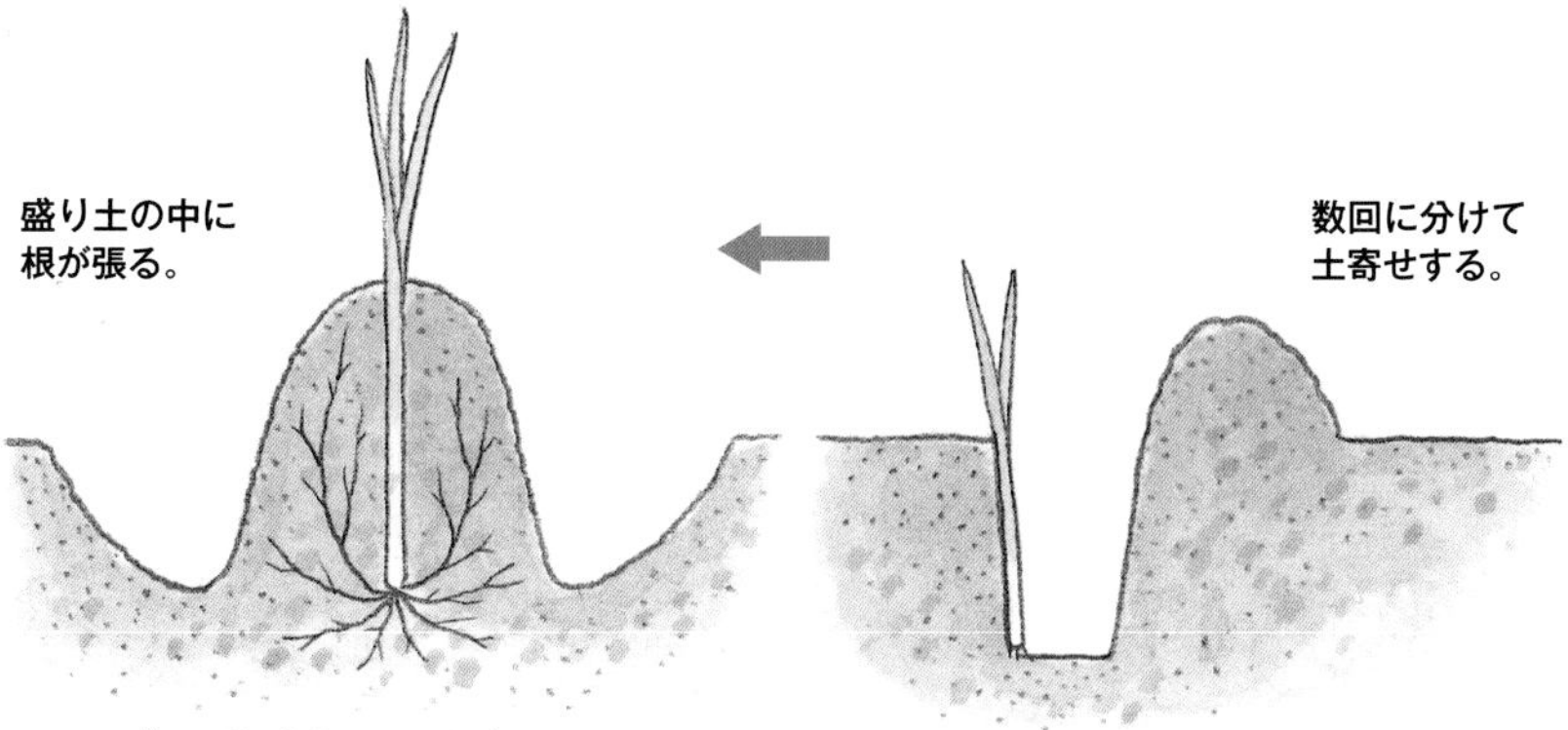
盛り土の中に
根が張る。
数回に分けて
土寄せする。

葉の分岐点まで土をかける。　深さ15cmほどの溝を掘って苗を植える。

さわやかな香りの薬草

# ハーブ類

point
レモンバーム、ボリジ、ジャーマンカモマイルなど。菜園の片隅に植えるほか、野菜の間に植えたり、鉢やコンテナに植え、身近なところに置いておくのもおすすめ。

ハーブには多くの種類があり、その香りや効能、使い方もさまざま。好みの種類を選んで植えましょう。一般に栽培されているものの多くは丈夫で、特に手入れをしなくても育つものが多いようです。別ページで紹介したバジルとミント以外の、よく利用されるハーブを紹介します。

**◆ラベンダー**
**シソ科／地中海沿岸地方原産**

リラックス効果のある心地よい香りで、ポプリや入浴剤などにも利用する代表的なハーブです。イングリッシュラベンダーやフレンチラベンダーなど、多くの種類があります。野菜の周囲に植えておくと害虫よけになり、ミツを求めてハチが集まるので、周囲の果樹などの受粉の助けにもなります。

暑さに弱いので、夏は刈り込んで風通しをよくしてやりましょう。

**◆タイム**
**シソ科／地中海沿岸地方原産**

日本にも自生するイブキジャコウソウの仲間で、肉料理など、さまざまな料理に利用できる重宝なハーブです。立ち性種と這い性種（クリーピングタイム）があり、這い性種はグラウンドカバーにも最適。通路わきなどに植えておくと、ふれるたびにさわやかな香りが立ちます。

キャベツと相性がよく、アブラナ科の野菜にモンシロチョウが卵を産みつけるのを防ぎます。花はハチを呼び寄せます。

**◆セージ**
**シソ科／地中海沿岸地方原産**

美しい花を咲かせるサルビアの仲間で、多くの品種があり、草花としても楽しまれています。料理用として利用しやすいのはコモンセージで、葉の縁に黄色の斑が入るゴールデンセージ、新葉が暗紫色に染まるパープルセージ、ピンクとクリーム色の斑が入るトリカラーセージなども人気です。肉料理のくさみ消しなどに欠かせないハーブです。

キャベツなどのアブラナ科の野菜の近くに植えると、モンシロチョウが近づくのを防ぎます。

クリーピングタイム

イングリッシュラベンダー

ゴールデンセージ

タイム

◆ローズマリー
**シソ科／地中海沿岸地方原産**

葉にさわやかな香りがあり、肉料理や魚料理などに利用されるほか、ポプリや入浴剤、せっけんなどにもよく使われます。葉は生のままでも使えますが、乾燥して保存することもできます。

茎が直立するタイプと、横に伸びる匍匐性タイプがあり、いずれも常緑で濃緑色の葉を密生し、冬から春には淡い青紫色の花を咲かせます。夏の暑さや乾燥にも強い育てやすいハーブで、日当たりのよい場所に植え、1年に一度は剪定して込みすぎるのを防いでやるとよいでしょう。

ローズマリー

ディル

◆キャットニップ
**シソ科／南ヨーロッパ～西アジア原産**

和名はイヌハッカで、ネコが好んで食べ、酔ったようになることからキャットニップと呼ばれます。ミントの香りのする葉はティーにするとおいしく、乾燥してスープなどの香りづけ、ポプリ、入浴剤などに利用します。

丈夫な多年草で、こぼれダネでもよくふえます。ネコが近づかないような工夫も必要です。

キャットニップ

◆カモマイル
**キク科／ヨーロッパ～中央アジア原産**

小ギクのようなかわいい花を咲かせるハーブです。白い花のローマンカモマイルやジャーマンカモマイルが人気で、いずれも花を浮かべたハーブティーとして利用するのがよく、さわやかな香りが楽しめます。黄色の花のダイヤーズカモマイルは染色に使われます。

こぼれダネからよく育ちます。「植物のお医者さん」の異名をもち、弱った植物の近くに植えると活力を回復させます。キャベツ、タマネギの生育を促進して、風味をよくする効果もあります。

ジャーマンカモマイル

ダイヤーズカモマイル

◆ディル
**セリ科／ヨーロッパ～インド原産**

草丈が100㎝ほどに生長し、黄色の花を咲かせるハーブで、ボーダー花壇などにもおすすめです。フェンネルとよく似ていますが、こちらのほうがやや小型です。

生の葉を魚料理やピクルスなどに利用します。乾燥した茎葉（ディルウィード）やタネ（ディルシード）はスパイスとして市販されていて、各種の料理に使われます。

鍋物や漬け物に欠かせない。高血圧、疲労回復に効果！

# ハクサイ

**アブラナ科／中国北部原産　発芽適温：5～30度**
**生育適温：18～21度　5度で生育停止。23度以上で生育が衰える**
**結球適温：15～16度**

point
**★タネまきの時期に注意する。**
**★生育初期に乾燥させない。**

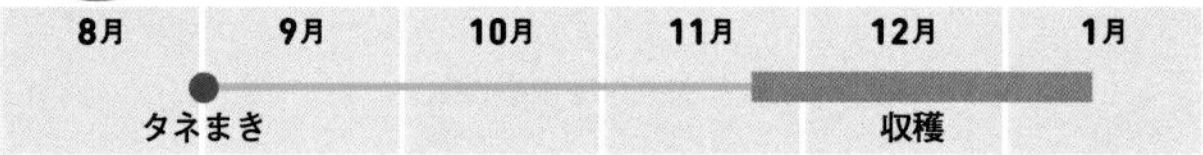

8月
9月
10月
11月
12月
1月
タネまき
収穫


カルシウム、カリウム、ビタミンCなどと、食物繊維が豊富で、かぜや疲労回復、便秘予防、整腸、利尿作用などがあり、高血圧の予防にもよいとされています。

### ◆タネまき

春まきも可能ですが、暑さに弱いので、秋まきで冬に収穫するのがつくりやすく、おすすめ。畑に直接タネをまき、間引きながら育てます。タネまきの適期は8月から9月。品種によって微妙に違ってくるので、タネの袋などをよく見て、適期をはずさないようにしましょう。タネまきが早いと、暑さで病害虫の被害を受けやすくなり、タネまきが遅れるとじゅうぶん生長する前に寒さが来て、結球しなくなったりします。土質はpH6.5～7.5がよく、酸性土では根瘤病、アルカリ性土では腐敗病の発生が多くなります。

過湿に弱いので、やや高めの畝をつくって、1カ所に15粒くらいずつタネをまきます。株間は60㎝以上とします。

双葉が開いたら8～9本に間引き、本葉3枚のころに5～6本、本葉5～6枚で2～3本にし、本葉10枚のころに、1カ所1本にします。

### ◆追肥

タネまきから収穫までは、普通種で110日くらいです。はじめのうちは葉が横に広がるだけですが、この葉が光合成をして養分をつくり、結球する葉を育てますので、大切にしましょう。やがて中央の葉が巻いてきます（結球する）。外葉が病害虫などで枯れてしまうと、しっかり結球しなくなります。

養分吸収が盛んになるのはタネまきから40～80日後くらいまでです。この間に追肥をしっかり与えないとよいハクサイにはなりません。結球が始まったら忘れずに追肥を与えましょう。

### ◆収穫

11月中旬くらいになり、中心部の葉がしっかり巻いてきたら収穫の適期です。外葉をまとめて縛っておけば、春まで順次収穫できます。

**元肥とタネのまき方**

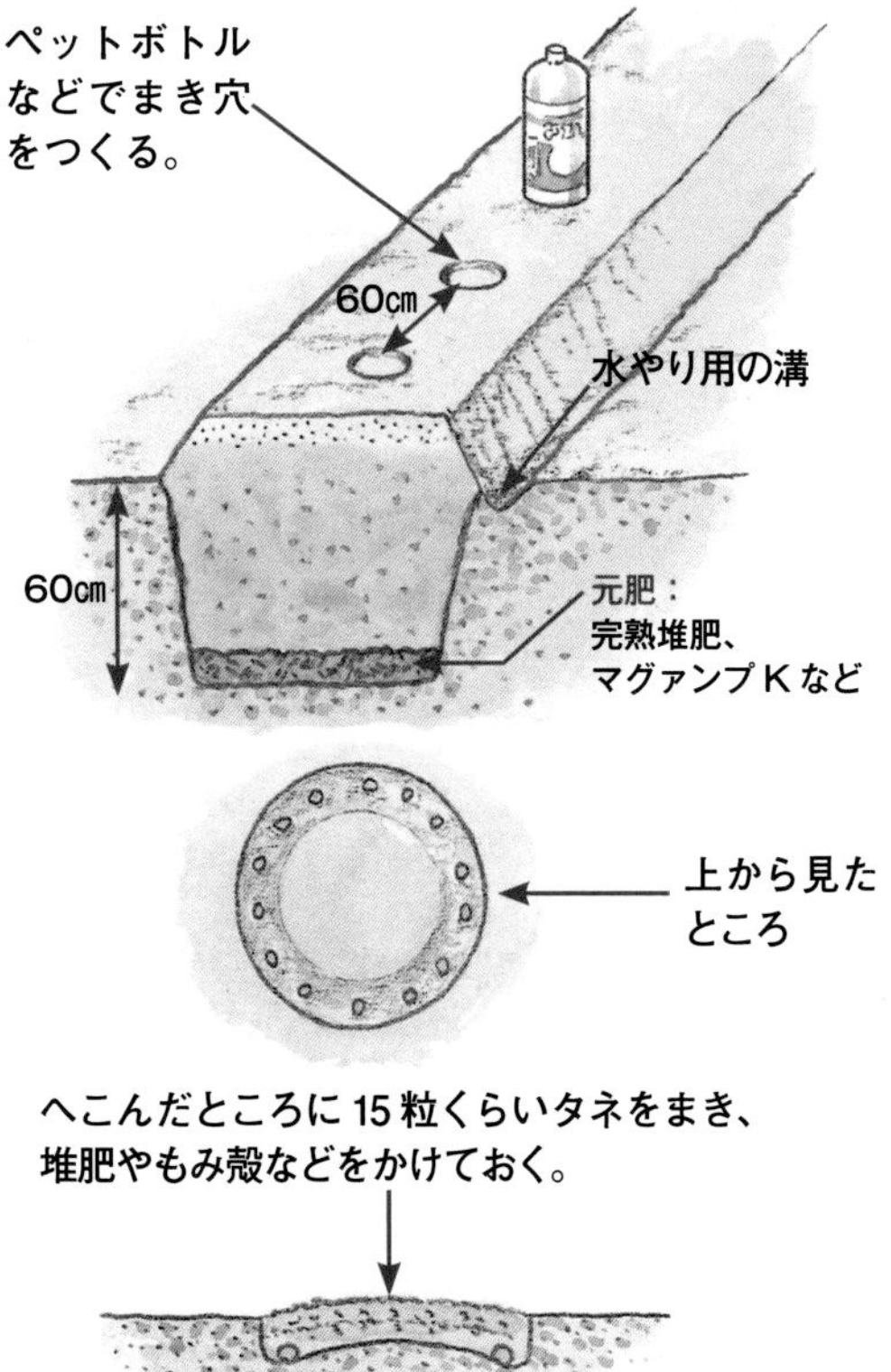

ペットボトルなどでまき穴をつくる。
60㎝
水やり用の溝
60㎝
元肥：
完熟堆肥、
マグァンプＫなど
上から見たところ
へこんだところに15粒くらいタネをまき、堆肥やもみ殻などをかけておく。


**根の張り方**

●収穫期の結球ハクサイの根系

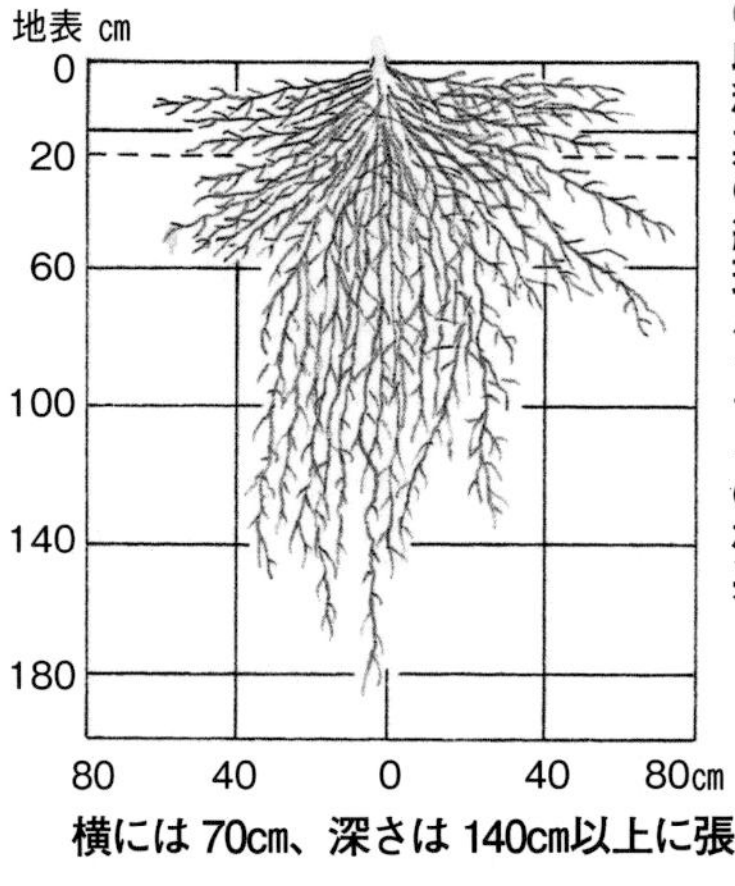

地表 ㎝
0
20
60
100
140
180
80
40
0
40
80㎝


横には70㎝、深さは140㎝以上に張る。

**オレンジクイン**
鮮やかなオレンジ色の中早生種。ハクサイ特有の青くささが少なく、歯切れのよい食感。<タキイ>

## ハクサイの育て方

1 タネを円形に15粒くらいまき、発芽して双葉が開いたら8～9本に間引く。

2 生長に従って間引き、本葉3枚のころに5～6本、本葉5～6枚で2～3本にする。

3 本葉10枚のころに、1カ所1本にする。

4 薬品を使いたくない場合は、不織布などのトンネルをかけると害虫の食害を避けることができる。

5 11月中旬くらいに、中心部の葉がしっかり巻いてきたら収穫の適期。

6 葉をまとめて結束しておくと、雪や霜の害を防ぐことができ、春まで随時収穫できる。

かたく結球した部分を、株元から切りとって収穫する。すぐに使わないときは、そのまま1日陰干しして、新聞紙などで包んで、凍らない程度の日陰の涼しいところに立てておく。

## [追肥の与え方]

**タネまきから収穫までは110日くらい。養分の吸収が盛んになるのは40日以後で、球充実期の80日目ごろまでの間に、しっかり肥料を効かせないとよいハクサイにはならない。**

| | |
|---|---|
| 1回目 | タネまきの15～20日後に、有機液肥を与える。 |
| 2回目 | 1回目の2週間後に、有機液肥を与える。 |
| 3回目 | 結球の兆候が見え始めたころに、過リン酸石灰の水溶液を与える。 |
| 4回目 | 結球しはじめたらカルシウムの多い肥料を与える。 |

料理を演出する、香り高い緑黄色野菜

# パセリ

**セリ科／地中海沿岸地方原産**
**生育適温：15～20度**

鉢植えで育てたイタリアンパセリ。広葉型のパセリで、平らな葉が特徴。ヨーロッパではこちらのほうが一般的で、香りが強く苦みも少ない。大きくなってきたら、下葉から順次切りとって利用する。

**point**
★夏の暑さと乾燥に弱い。
★発芽までに時間がかかるので注意する。

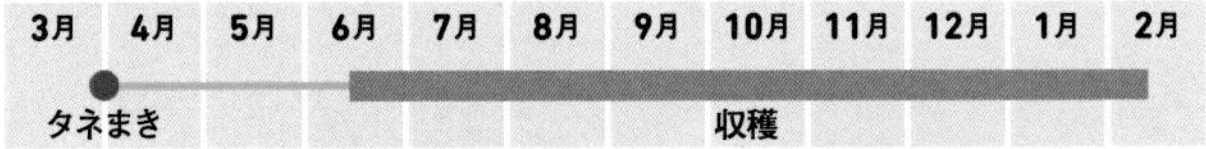


パセリはビタミンCがレモンの2倍以上、ビタミンAはニンジンと同じくらい含まれる緑黄色野菜です。芳香のもとはピネンとアピオールの2種類の精油成分で、発汗、利尿、保温などの効果があり、かぜの予防や冷え性にも有効だといわれ、貧血、食欲増進、骨粗しょう症にもよいとされます。たくさんとるには、パセリジュースがおすすめです。

日本ではちぢれた葉の品種（縮葉型）が一般的ですが、ヨーロッパで多く利用されているのは広葉型のイタリアンパセリで、同じように育てられます。

少量あれば用が足りる香味野菜ですから、鉢植えにして手近なところに置き、いつでもすぐに摘みとって利用できるようにしておくのがおすすめ。春まきが一般的ですが、秋まきもできます。寒冷地では、6月まきで9月から10月に収穫も可能です。市販の苗を入手して植えつけるのも手軽です。

### ◆タネまきと植えつけ

鉢やプランターなどにタネをまき、間引きながら育てます。間引いた後には、倒れないように土寄せしておきます。本葉が出るころから、1週間に1回液肥を与えましょう。

春まきが一般的ですが、秋まきもできます。冬の間は日だまりで育てましょう。低温には強く、最低5度あれば生育します。4月から5月に市販の苗を入手して植えつけるのも手軽です。直径30㎝ほどの鉢に3株くらい植えます。

### ◆収穫

早春にタネをまけば、初夏から冬まで、長い間収穫できます。株が大きくなったら、下葉から順次摘みとって収穫します。

高温乾燥には弱いので、夏場は日陰に置き、枯れた葉や病葉を摘みとって風通しをよくしてやります。

幼苗が0度前後の低温に1カ月以上あうと花芽分化し、春になってからとう立ちします。

## イタリアンパセリの育て方

1 タネを薄くばらまき、タネが隠れるくらい覆土する。直径20～30㎝の鉢が育てやすい。用土には元肥としてマグァンプKを入れておく。

2 発芽したら葉がふれ合わない程度に間引く。小さいので、ピンセットなどを使う。

3 間引いた後は、苗が倒れないように土を加える。これを「増し土」と呼ぶ。

4 1週間に1回ずつ液肥を与えながら育てる。

用途の広い料理用のハーブ
# バジル

**シソ科／熱帯アジア原産**
**発芽適温：25～30度**

point
- ★じゅうぶん暖かくなってからタネをまく。
- ★摘芯してわき芽を出させる。
- ★鉢は大きめのものを使う。

| | 4月 | 5月 | 6月 | 7月 | 8月 | 9月 | 10月 |
|---|---|---|---|---|---|---|---|
| タネまき | | ● | | | | | |
| 収穫 | | | ━ | ━ | ━ | ━ | |

パスタやトマト料理などのイタリアンには欠かせない、料理用のハーブです。バジルには多くの仲間がありますが、よく使われるのはスイートバジルで、「バジル」といえばこれをさすことが普通です。

スイートバジルは夏につやつやかな緑の葉を茂らせます。トマト料理やパスタのソース、バジルビネガーなどにも使えます。たくさんとれたときには、バジルペーストにして保存しておくこともできます。

スイートバジル
やわらかくて香り高い葉は、いろいろな料理に利用できる。

**◆タネまき**

寒さに弱く、霜に当たると葉が傷みます。タネまきはじゅうぶん暖かくなる5月に入ってからにします。株間を20cmくらいとり、1カ所に4～5粒のタネをまき、発芽後に間引いて1本にします。

4月下旬ぐらいになると、園芸店などに苗が出回りますので、それを入手して植えつけるのもよいでしょう。鉢植えでも育てられます。

**◆収穫**

乾燥が激しいときは水やりをします。追肥も必要で、液肥や化成肥料などを与えます。

気温が上がってくると、ぐんぐん大きくなってきます。芽先を摘みとって収穫していくと、わき芽が伸びてこんもりとした姿になります。

夏には花が咲いてきますが、花を咲かせると株が消耗するので、早めに摘みとるようにしましょう。

**◆切り戻し**

7月中旬くらいに、収穫を兼ねて株を半分くらいまで切り詰めておくと、新芽が伸びて再び収穫できます。

芽先の若葉を摘みとって収穫すると、わき芽が伸びてこんもりとした姿になる。

花茎の歯ざわりを楽しみ、一輪挿しで観賞
# ハナナ

**アブラナ科／ヨーロッパ原産**
**発芽適温：20～25度　生育適温：15～20度**

point
- ★有機質の多い畑で育てる。
- ★間引き菜も利用する。
- ★花が咲く前に収穫する。

| | 8月 | 9月 | 10月 | 11月 | 12月 | 1月 | 2月 | 3月 |
|---|---|---|---|---|---|---|---|---|
| タネまき | | ● | | | | | | |
| 収穫 | | | | | ━ | ━ | ━ | ━ |

春の花としておなじみのナノハナ（菜の花）で、ナバナ（菜花）とも呼ばれます。花を楽しむナノハナと同じものですが、野菜用としては、早めにつぼみができる早生種が多いようです。ナタネ油をとるためのナノハナとも、同じ仲間です。

なお、花やつぼみ、若い茎葉をいっしょに食べるアブラナ科の野菜は、すべてナバナとされていて、オータムポエム、菜心、紅菜苔、とう菜、茎立菜、仁井田菜、紫折菜、カイランなど、いろいろな種類があります。

つぼみのうちに切りとって収穫するが、1～2花咲いてから収穫すると彩りがよい。

秋華
年内に収穫できる早咲きの品種。切り花にしてもきれい。〈タキイ〉

**◆タネまき**

元肥を入れた畑に、1カ所4～5粒ずつタネをまきます。覆土は3mm、株間は20cmとします。

**◆間引き、土寄せ**

本葉2枚くらいのときに1カ所2～3本に間引き、本葉5～6枚までに1本にします。間引き後に株の間を軽く耕し（中耕）、株元に土を寄せておきます（土寄せ）。

**◆追肥**

間引き後に、有機液肥を与えます。

**◆収穫**

花が1～2輪開いたころが収穫適期。先から20cmくらいのところで切りとります。

鉢植えのハナナ。日当たりのよい場所に置く。

高血圧と整腸によいカラフル野菜

# ピーマン、パプリカ

**ナス科／中南米原産**
**発芽適温：30度　生育適温：昼25～30度、夜20度**

point
★5年間はナス科の野菜をつくっていない場所で育てる。
★苗はじゅうぶん暖かくなってから植える。
★夏の水やりで収量アップ！

5月
6月
7月
8月
9月
10月
苗の植えつけ
収穫


最近のピーマンは大型の実のパプリカが加わって、赤、オレンジ色、黄色と、カラフルになりました。パプリカも最初は緑色ですが、成熟するとカプサイシンという色素がふえて赤、橙、黄色となるのです。また、トマトピーマンといわれる、扁平果のピーマンもあります。

栄養素はナイアシン、ビタミンC（レモンの約2倍）、ビタミンE、P、食物繊維などが豊富です。ビタミンCは緑色のピーマンに比べ、黄色や赤のパプリカには2.5～3倍も含まれています。動脈硬化や高血圧、便秘、整腸、美肌、疲労回復、かぜ予防などに効くといわれています。

### ◆苗の植えつけ

最近は多くの種類の苗が市販されているので、5月下旬にこれを入手して植えつけるのが手軽です。日当たりのよい、有機質が多く乾燥しない土地が適しています。

連作を嫌うので、5年間はナス科の野菜をつくっていない場所で育てましょう。

寒さが苦手な夏野菜で、18度以下になると生育不良になるので、じゅうぶん暖かくなってから植えます。植えつけ後は、ビニールトンネルをかけて保温すると生育がよくなります。

苗が大きくなってきたらトンネルをはずし、梅雨時の泥はねや夏の乾燥、地温の上昇を避けるために、株元に敷きわらや腐葉土などのマルチングをします。

### ◆枝の伸ばし方と摘果

緑色の未熟果を収穫するピーマンは、特別な整枝をしなくても収穫できます。

大きな実を完熟させてから収穫するパプリカは草勢のバランスをとることが大切で、整枝法と摘果が重要になってきます。

### ◆水やりと施肥

トマトやキュウリなどと同様に、真夏の水やりは効果が大です。晴天が続くときは、畝に沿って掘った溝にバケツで水を流し込みます。

定期的な追肥も必要です。短花柱花が多くなって落花するのは水、肥料不足の証拠です。

### ◆収穫

ピーマンは開花後2～3週間で早めに収穫します。パプリカも緑色のものを収穫してもかまいませんが、じゅうぶん着色してからのほうが甘みも強くなり、栄養価も増します。

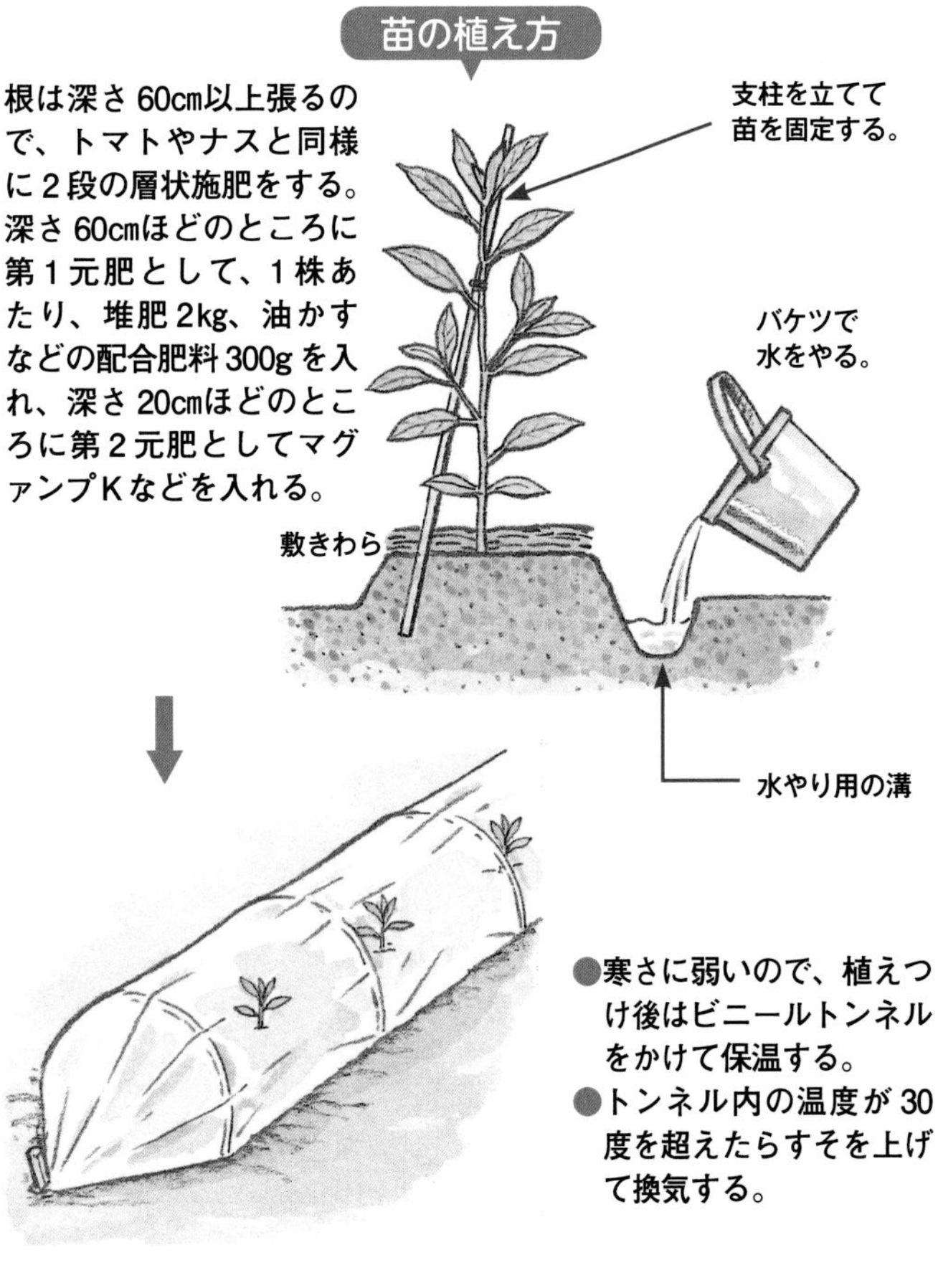

苗の植え方
根は深さ60cm以上張るので、トマトやナスと同様に2段の層状施肥をする。深さ60cmほどのところに第1元肥として、1株あたり、堆肥2kg、油かすなどの配合肥料300gを入れ、深さ20cmほどのところに第2元肥としてマグァンプKなどを入れる。
支柱を立てて苗を固定する。
バケツで水をやる。
敷きわら
水やり用の溝
●寒さに弱いので、植えつけ後はビニールトンネルをかけて保温する。
●トンネル内の温度が30度を超えたらすそを上げて換気する。

## ピーマンの育て方

1 ピーマンの苗。最近は多くの種類があるので、ラベルをしっかり確認して入手する。

2 日当たりのよい、5年以上ナス科の野菜をつくっていない場所に、深さ40㎝ほどの溝を掘り、元肥を入れてから苗を植える。

3 深植えにならないように注意して苗を植え、短い支柱を立てて苗が動かないように固定する。株間は50㎝ほど。ビニールトンネルをかけておくとよい。

4 苗が活着して生長を始めたらトンネルをはずす。すぐに実がなり始めるが、株を生長させるために最初の実は早めにとる。

5 苗が大きくなってきたら、支柱をしっかりしたものにとりかえる。株元に敷きわらやビニールでマルチングをするとよい。わき芽を伸ばして主枝4本仕立てにする。

6 次々と実がなってくるので、開花後2～3週間の実を早めに収穫する。

## [パプリカの育て方]

ピーマンは未熟果を収穫しますが、パプリカは完熟果を収穫するので、整枝や摘果で生育をコントロールしてやらなければなりません。この点はトマトの栽培に似ています。整枝法は「4本仕立て」が最適で、主枝を4本伸ばし、それぞれの主枝および側枝の1節目に着果させ、その先につく実(2番果、3番果)は摘みとります(緑色のうちに収穫して食べる)。

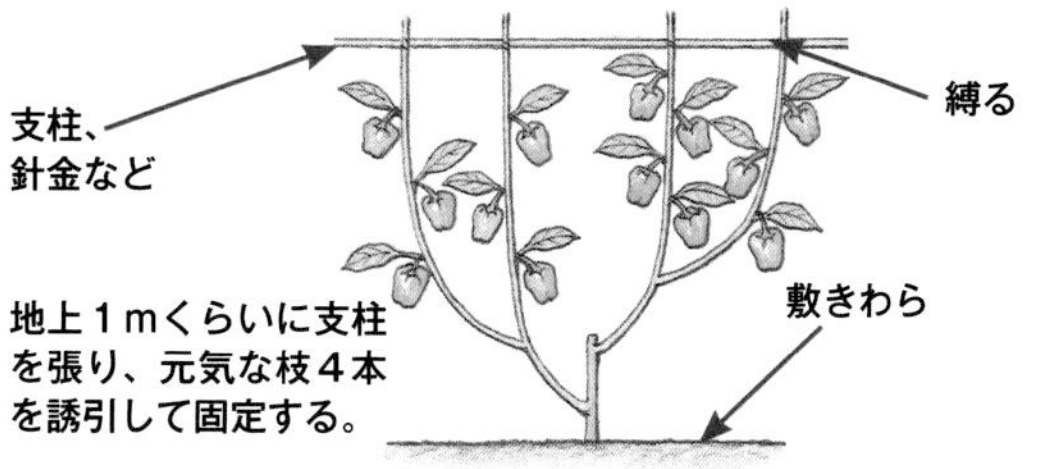
支柱、
針金など
縛る
敷きわら
地上1mくらいに支柱を張り、元気な枝4本を誘引して固定する。

●ほうっておいても自然に3～4本の枝が出るが、最初の茎を摘芯して子枝4本を伸ばすか、子枝2本、孫枝2本を伸ばして主枝4本とする。

●2番果、3番果は株に負担をかけるので、緑色のうちに摘みとって食べる。

セニョリータ®

開花後40～45日で収穫できる手のひらサイズのパプリカ。赤、黄色、オレンジ色の3色があり、甘みが強い。緑色の未熟果もおいしく食べられる。<サカタ>

鉢植えでも簡単に育てられる。タネをばらまきし、間引きながら育てる。

間引き菜を利用しながら育てる。ある程度大きくなったら、外葉や芽先を摘みとって利用する。

栄養たっぷり！　くせのない真夏の青菜

# ヒユナ

**ヒユ科／熱帯アジア原産**
**生育適温：23 〜 30 度**

point
★日当たりと水はけのよいところで育てる。
★草丈 20㎝くらいで摘芯してわき芽を伸ばす。

| 5月 | 6月 | 7月 | 8月 | 9月 | 10月 |
|---|---|---|---|---|---|
| タネまき | | | 収穫 | | |

中国では一般的な野菜で、日本でも江戸時代には広く栽培されていたといいます。ハゲイトウやアマランサスなどに近縁で、別名バイアム、ジャワホウレンソウとも呼ばれます。暑さと乾燥には強い夏場の野菜で、ホウレンソウの代替品として利用できます。暑さに強く酷暑にもよく耐えますが、15度以下では生育不良になります。夏から秋にかけてとう立ちします。

栄養価は高く、カルシウムがホウレンソウの7.7〜11・2倍、ビタミンAが3.6倍、ビタミンCも1.2倍多く含まれています。軽くゆがいて水にとり、かたく絞っておひたしやゴマあえ、いため物などにするとおいしく食べられます。

### ◆タネまきと間引き、追肥

初夏にタネをまいて夏に収穫します。畑には堆肥と元肥を入れておき、30cm間隔に1カ所5〜6粒ずつ株まきにして、軽く土をかけておきます。

発芽したら、本葉2枚のときに1カ所3本に間引き、本葉4枚のときに1カ所1本とします。

### ◆追肥

6月上旬と下旬に有機液肥を与え、その後、7月下旬、8月上旬、8月中旬に有機液肥を葉面散布します。

### ◆摘芯と収穫

草丈が20cmほどになったら芽先を摘みとり、側枝を出させます。側枝が伸びてきたら、必要に応じて側枝や芽先を摘みとって収穫します。夏の間、次々と収穫できます。

香りの高いおなじみの薬草

# フーチバー(ヨモギ)

**キク科／日本各地に自生**
**生育適温：20 〜 25 度**

point
★日当たりのよい場所に植える。
★プランター植えもおすすめ。

| 4月 | 5月 | 6月 | 7月 | 8月 | 9月 | 10月 |
|---|---|---|---|---|---|---|
| 苗の植えつけ | | | | 収穫 | | |

ひな祭りの草もちには欠かせない、おなじみの、香りのよい野草です。2月から3月に若芽が出始め、6月から7月ごろまで新芽が利用できます。

一般には草もちにするくらいですが、沖縄では、天ぷら、ジュース、お茶（5月から6月に刈りとった葉を3分間蒸し、日陰で乾燥させて缶に詰めて貯蔵する）などに利用されてきました。茎葉を束ねて風呂に入れ、入浴剤としても利用できます。

どこにでもある野草ですが、都会では自生地が少なくなってきたので、庭の隅にでも植えておくとよいでしょう。

### ◆苗の植えつけ

春先に苗を植えつけます。苗は4月から5月上旬に、河原などで採集します。上部の茎葉を切り落とし、根を切らないように注意して掘りとり、ぬらした新聞紙に包んでビニール袋に入れて持ち帰ります。

日当たりと排水良好な場所を選んで植えます。株間は30cmほどとします。畑には腐葉土や完熟堆肥を全面に散布して、よくすき込んでおきます。有機液肥を20〜30日に1回、追肥として与えます。

### ◆プランター植え

根が広く張るので、大きめのプランターに植えます。植えつけ時期は3月から5月、または9月から10月。畑土3に対し腐葉土1の割合で混合した培養土で、20cm間隔に植えます。植えつけ後3〜4日は直射日光を避け、風通しのよいところに置きましょう。夏は根元にじゅうぶんに水やりし、1カ月に1回の割合で有機液肥を施します。3年に一度、株分けして植えかえます。

各地に自生している多年草。春に葉を出し、秋に小さな花を咲かせて地上部が枯れる。葉にはたくさんの毛が生えている。

デザートとして楽しめる育てやすいメロン

# プリンスメロン

**ウリ科／中央アジア、中近東原産**
**発芽適温：25～30度**

プリンスメロン
<サカタ>

point
★強光と長い日照時間を好む。
★実をつけるのは1株6～8個とする。
★高温性の野菜なので、寒さには注意する。

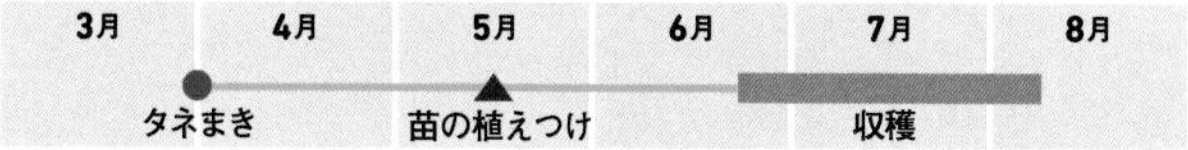


メロンにはたくさんの系統・品種があり、実の表面に、自然に網目模様が出てくるネットメロンと、網目の出ないプリンスメロンやマクワウリの仲間に分けられます。

ネットメロンは高級フルーツの代表とされていて、中でも、ムスク（麝香）の香りのあるものはマスクメロン（ムスクメロン）と呼ばれます。

マクワウリはオリエンタルメロンとも呼ばれる小型のメロンの仲間で、日本でも古くから育てられてきました。縄文時代の遺跡から種子が発見されているといわれます。ネットメロンほど甘くはありませんが、育てやすいのが長所です。

プリンスメロンはシャランテというメロンとマクワウリの交配によって生まれたもので、メロンのおいしさとマクワウリの育てやすさを併せ持っています。ネットメロンが主に温室で栽培され「温室メロン」と呼ばれるのに対し、露地でも育てられるため「露地メロン」とも呼ばれます。ネットメロンは育てるのがたいへんなので、家庭菜園ではプリンスメロンがおすすめです。

ビタミンA、C、カリウムが多く、利尿作用、かぜ、せき、精神安定、美肌、強肝、疲労回復、眼精疲労などによいとされます。

**◆苗の植えつけ**

4月から5月に市販の苗を入手して植えつけます。畑にタネを直まきして育てることもできます。

根が浅いので、植えつけ2週間前に元肥をまいてよく耕しておき、株間90cmほどで苗を植えつけます。深植えは禁物です。土壌のpHは6.0～6.8を好みます。植えつけ後にはじゅうぶん水やりし、防寒のためにホットキャップをかけておきます。

**◆枝の伸ばし方**

本葉5～6枚で親づるを摘芯し、子づるを3本伸ばします。子づるも本葉15～20枚で摘芯し、孫づるに実をつけます。実をつけるのは1株6～8個とし、余分な実は早めに摘みとります。

**◆果実の管理**

メロン栽培が難しいというのは、着果期と果実の肥大完了期の水分や肥料の管理が難しいからです。着果期には、養分要求量を的確に把握して施肥管理を行います。果実の肥大期には数回水やりして養分の吸収を促進しましょう。おおむね、開花後40～50日で果実が成熟します。

## プリンスメロンやマクワウリの仲間の育て方

1 霜の心配がなくなってから苗を植え、ホットキャップをかけておく。

2 つるが伸び始めたらキャップをはずし、敷きわらをする。

3 親づるは本葉5～6枚で、子づるも本葉15～20枚で摘芯し、孫づるに実をつける。

メロンの雄花

メロンの雌花
花弁の下がふくらんでいる。

4 人工授粉をすると着果が確実になる。雄花の花弁をとり除き、雄しべの先の花粉を雌花の雌しべの先につけてやる。

5 実の大きい品種は1株に5～6個、小さな品種は7～8個実をつける。適切な数の実がついたら、余分な実は摘みとる。

花蕾が緑色のものがブロッコリー、白いものがカリフラワー。

ストレス解消や美容にもよい栄養野菜

# ブロッコリー、カリフラワー

アブラナ科／地中海東部沿岸地方原産
発芽適温：20～25度
生育適温：20度内外（ある程度太くなった茎が低温にあうと花芽ができる）

**point**
★生育初期の害虫の食害に注意する。
★育苗は涼しい場所で。
★ブロッコリーは側花蕾も収穫する。

| 7月 | 8月 | 9月 | 10月 | 11月 | 12月 | 1月 | 2月 | 3月 |
|---|---|---|---|---|---|---|---|---|
| タネまき | 苗の植えつけ | | | 収穫 | | | | |

いずれもキャベツの仲間ですが、発達した花蕾とその柄の部分（花柄）を収穫して食べます。栄養が豊富で、ブロッコリーはビタミンCがレモンの3.5倍、ビタミンA、$B_2$、食物繊維を多く含みます。芯の部分には花蕾の2倍のビタミンCがあるといわれます。美容、ストレス、高血圧や動脈硬化、整腸、便秘によいとされ、がん予防の効果も期待されています。栽培法は両方ともほぼ同じです。

### ◆タネまきと育苗

6月から7月にタネをまいて育苗します。育苗方法はキャベツ（76ページ）とほぼ同じです。畑に直まきしてもよいのですが、暑い時期の育苗になるので、ポットにまいて涼しい日陰で育てたほうが失敗が少なくなります。秋には苗が市販されるので、それを入手するのも手軽です。

### ◆苗の植えつけと追肥

8月下旬から9月初めに、本葉5～6枚になった苗を定植します。有機質に富んだ土（pH6.0～7.0）が適しています。株間は50cmほどとします。

害虫の食害を避けるためには、苗の植えつけ時から、不織布で全体を覆います。

1週間ほどして苗が根づいたら追肥を与え始め、以後は10～15日

ピクセル
生育が早く育てやすいブロッコリー。収穫目安はタネまき後約95日。〈サカタ〉

**苗の植え方**

苦土石灰を1㎡あたり100gまいて深くまでよく耕し、30cm以上掘り下げて元肥を入れ、高さ10cmほどの畝をつくる。

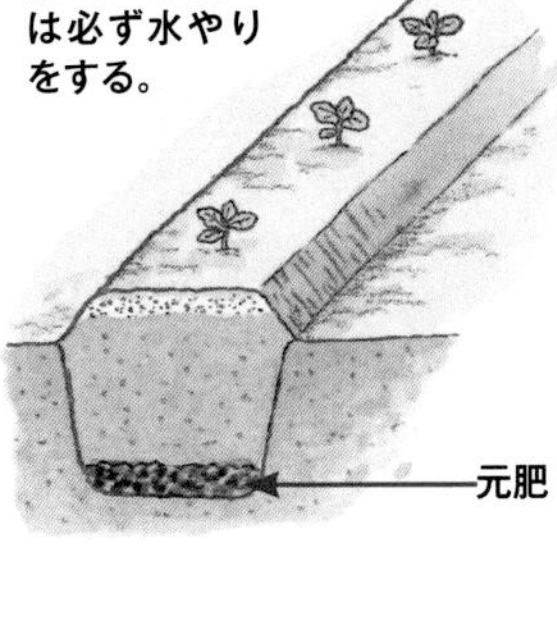


**根の張り方**

横には30cm内外、深さは90cmまで張る。

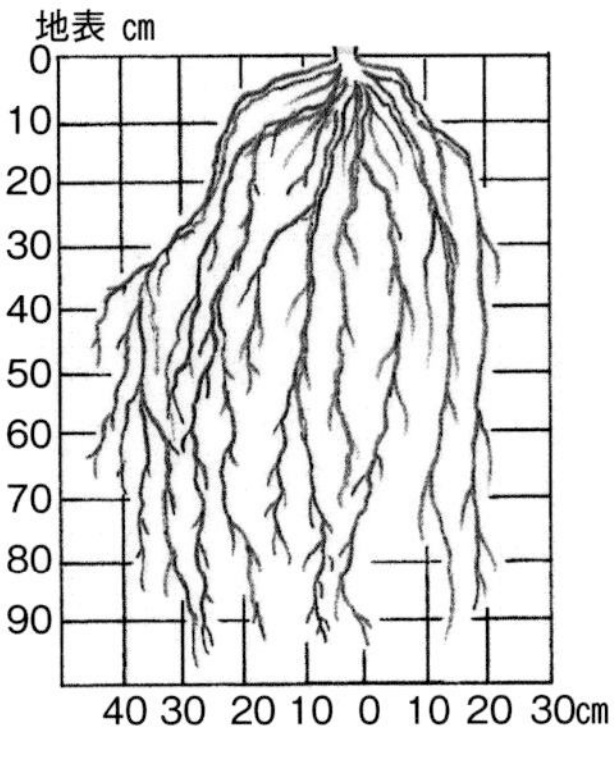

おきに追肥、中耕、土寄せをして苗を育てます。

葉数が6〜8枚、茎の太さが5〜8㎜に育った株が、15度以下の低温にあうとつぼみができ始めます。この時期（9月下旬から10月）に乾燥させるとつぼみができなくなるので、株元にわらや堆肥などを敷き詰めるとともに、雨が降らないようなら水やりをします。

### ◆収穫

ブロッコリーは花蕾がかたく締まっているうちに収穫します。頂芽を収穫した後も、側花蕾が次々と出てきます。側花蕾は頂花蕾ほどは大きくならないので、早めに収穫します。

カリフラワーは日光を避けて軟白した頂花蕾を収穫します。花蕾が5〜10㎝になったら、外葉5〜6枚で花蕾を包み、ひもなどで縛っておきます。ただし、オレンジ色系や紫系の品種は結束する必要はありません。品種にもよりますが、花蕾が15〜20㎝に育ったころが収穫の適期です。

## ブロッコリーの育て方

1 苗の植えつけは８月下旬から９月上旬。本葉５〜６枚になった苗を畑に定植する。株間は50㎝ほどとする。

2 不織布のカバー用の支柱を立てる。

3 虫よけの不織布のカバーですっぽり覆う。

4 苗が大きくなったら、カバーも大きなものにする。

5 10月に入って涼しくなってくると、株の中央に花蕾ができ始める。このころになると害虫も少なくなるので、カバーなどははずしてもよい。

6 花蕾がかたく締まっているうちに収穫したほうがおいしい。ブロッコリーは収穫後も追肥を与えて育てると、側花蕾が収穫できる。

結束したカリフラワー。花蕾を外葉で包んで光が当たらないようにしておくと、白くきれいな花蕾が収穫できる。

### ［追肥の与え方］

**肥料の吸収が旺盛になるのはタネまき後60〜130日くらいまで。この間に肥料がきれないよう、追肥を与えます。ブロッコリー、カリフラワーは追肥重点で、元肥は全体の30%ほど、残りの70%は追肥とし、液肥で与えます。**

| | |
|---|---|
| 1回目 | 苗が根づいたら有機質肥料の液肥を施す。 |
| 2回目 | 1回目の10〜15日後に、有機質肥料の液肥を施す。 |
| 3回目 | 2回目の10〜15日後に、リン酸とカリの多い液肥を施す。 |
| 4回目 | 3回目の10日後に、葉面散布肥料を与える。 |
| 5回目以降 | 花蕾が見えたらカルシウムの多い肥料を施し、その1週間後に葉面散布肥料を与える。 |

＊1回目と2回目は窒素とリン酸の多い液肥を、花芽分化から出蕾までの間はカリ肥料と石灰水を施す。＊側花蕾を育てる品種（ブロッコリーやスティックセニョールなど）は頂花蕾を収穫した後も有機質肥料を施す。

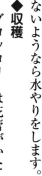

貧血や目の老化防止に…

# ホウレンソウ

**アカザ科／コーカサス地方原産**
**発芽適温：15～20度　生育適温：15～20度**

**point**
★畑には石灰をじゅうぶんにまく。
★タネは吸水、芽出ししてからまく。
★幼苗期には過湿に注意する。

| 9月 | 10月 | 11月 | 12月 | 1月 | 2月 | 3月 |
|---|---|---|---|---|---|---|
| タネまき | | 収穫 | 収穫 | 収穫 | 収穫 | 収穫 |

ビタミンA、C、カルシウム、鉄などが多く含まれ、貧血、高血圧の予防、便秘、肌荒れなどによいとされています。新しく発見されたルテインは大腸がんなどの発生を抑え、目の老化を防ぐといわれます。

品種を選べば、ほぼ一年じゅう育てられますが、晩秋から冬場が育てやすくておすすめです。

### ◆タネまき

秋まきで冬から春に収穫するのがおすすめ。春まきではとう立ちしやすくなり、気温が25度を超えると病気が出やすくなります。多少日当たりが悪くても収穫できますが、日当たりのよい畑で栽培されたものは、葉が厚くなり、ビタミンCも多くなります。秋まきでは、12月から3月まで長期間収穫するので、畑には深さ30～40cmのところに元肥を入れておきます。

タネまき直前に液肥をまいてよく湿らせ、タネをばらまき、1cmくらい土をかけておきます。

### ◆間引き

本葉が2～3枚出たところで、小さな苗や大きすぎる苗を抜きとります。2回目は1回目の10日後、3回目はその10日後を目安に行い、株間10cmほどにします。

### ◆水やりと追肥

発芽までは乾燥させないように注意しますが、発芽してから本葉2枚くらいまでは乾燥させたほうが病気が出にくくなります。本葉3枚から収穫の10日前までは、軽く水やりして土を乾燥させないようにし、その後収穫までは、品質を向上させるため、もう一度水をきります。

肥料の吸収は11月中旬ごろから旺盛になります。20日に1回くらい、有機液肥を与えます。葉色が黄色くなってきたときは、尿素の0.5％液を葉面施肥します。

1 右が皮つきのホウレンソウのタネ、左は皮をむいたもの（ネイキッド種子）。薬品などでコーティングしたもの（写真下）もある。

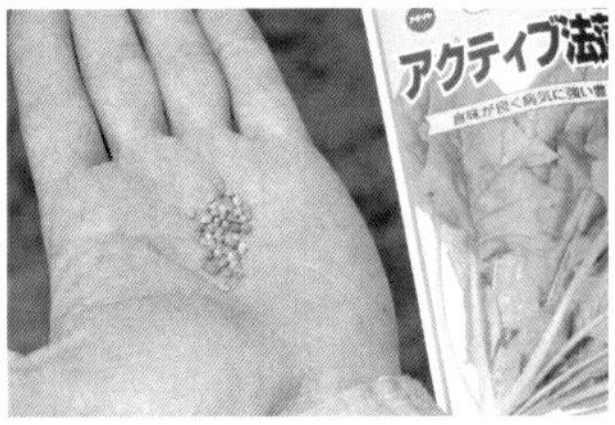

2 皮つきのタネは芽出ししてからまく。タネをガーゼなどに包んで一昼夜水につけておく。その間、あくが出るので2～3回水をとりかえる。1日たったらざるに上げて茶色の水を洗い流し、ぬれた布をかぶせておく。

3 1日くらいで写真のように芽が出てくるので、畑にばらまく。ネイキッド種子はそのまままける。

4 タネをまいたら、ふるいなどで1cmくらい土をかけておく。

5 発芽したホウレンソウの苗。

6 本葉が2～3枚出るころまでに、ふれ合わない程度に間引く。間引き後は土寄せをし、追肥も忘れずに与える。

7 収穫は秋から春先まで、いつでも行える。横に広がった葉を束ねて引き抜く。

# 寒さに強い野性派のサラダ野菜
# マーシュ

**オミナエシ科／ヨーロッパ原産**
**生育適温：10～20度**

point
★鉢やプランターまきがおすすめ。
★ビニールトンネルなどで防寒すれば、3月まで収穫可能。
★タネをとって翌年まく。

| 3月 | 4月 | 5月 | 6月 | 7月 | 8月 | 9月 | 10月 | 11月 | 12月 |
|---|---|---|---|---|---|---|---|---|---|
| タネまき | 収穫 | 収穫 | | | | タネまき | 収穫 | 収穫 | 収穫 |

もともとはヨーロッパのコーン畑（小麦畑）に生えていた野草で、そのためコーンサラダとも呼ばれます。丈夫でつくりやすいので、フランスの家庭菜園では、秋まき冬どり栽培で人気を呼んでいます。寒さには強く、零下10度くらいまで耐えられますが、少し保護したほうが、よいものが収穫できます。

コーンサラダとも呼ばれるマーシュのタネ。

草丈5cmほどの小さなサラダ野菜で、鉢やプランターで育てるのに向く。日当たりのよい軒下などに置けば冬でも収穫できる。

収穫したマーシュ。サラダなどに利用する。

### ◆タネまきと追肥

9月から10月にタネをまいて、冬のサラダ菜として利用するのがよいでしょう。鉢やプランターなどにばらまきにし、本葉2枚のころから、間引きを兼ねて抜きとって利用します。

追肥は有機液肥を月2回の割合で施します。収穫時期には、ときどき葉面散布肥料を与えるとよいでしょう。

### ◆収穫

本葉6枚のころに、株間を10cmくらいにします。以後、株ごと抜きとって収穫しますが、大きく育てて下葉を切りとりながら長く収穫することもできます。やわらかくてくせがないので、サラダのほか、スープや野菜いためなど、いろいろに利用できます。

真冬は室内の窓辺に置き、晴天の日は戸外に出して日に当てます。

### ◆タネをとる

春になるととう立ちして花を咲かせ、タネができます。これをとって秋にまけば、また同じように栽培できます。すべてを収穫せず、少しはタネとり用に残しておくとよいでしょう。

# 和風料理に香りを添える
# ミツバ

**セリ科／日本、中国、朝鮮半島原産**
**発芽適温：15～20度　生育適温：10～20度**

point
★タネは吸水させてからまく。
★水耕栽培のミツバの根株から再生させる。
★乾燥させない。

| 4月 | 5月 | 6月 | 7月 | 8月 | 9月 | 10月 | 11月 |
|---|---|---|---|---|---|---|---|
| タネまき | | | 収穫 | 収穫 | タネまき | 収穫 | 収穫 |

β-カロテン、ビタミンC、カルシウム、鉄が多く、かぜの予防、ストレス緩和、美容、貧血、骨粗しょう症によく、がん予防にも効果があるといわれます。

### ◆タネまき

鉢やコンテナで育てるのが手軽です。乾燥を嫌うため、容器は深さ24cm、長さ90cmほどのプランターや、直径30cm以上の大鉢を使います。野菜用の培養土を使い、元肥としてマグァンプKを混ぜておきます。

タネはあらかじめ一晩水につけ、新聞紙の上に広げて生乾きにしてからまきます。用土に5cm間隔に深さ1.5cmほどのまき溝をつくってタネをまき、軽く押さえ、新聞紙をかぶせて静かに水やりしておきます。セリ科の植物なので覆土はしません。

芽が出たら新聞紙をはずし、双葉が開いたら間引いて株間4～5cmにします。

### ◆追肥と収穫

間引き後は7～10日に1回、液肥を与えます。強い光に弱いので、夏場は日陰に置きましょう。

草丈が15cmくらいになったら株元から切りとって利用します。追肥を与えておけば新芽が伸びてきて、数年は収穫が続けられます。

### ◆再生栽培

スーパーなどで売られている食用の水耕栽培のミツバからでも再生栽培できます。株元から5cmほど茎を残して切り、少量の液肥を入れた水に挿しておくと、再び葉が伸びてきます。

1 発泡スチロールトレイなどに穴をあけ、料理に使って残ったミツバの株元を差し込んで固定する。

2 液肥入りの水を入れた容器の上に、発泡スチロールトレイをのせる。やがて葉が伸びてくる。3週間に一度は水をとりかえる。

和風の香味野菜として有名

## ミョウガ

ショウガ科／日本原産
生育適温：20度前後、30度で生育不良になる

**point**
★乾燥しにくい半日陰に植える。
★花ミョウガは見つけしだい収穫する。
★4～5年に一度は株を更新する。

| 3月 | 4月 | 5月 | 6月 | 7月 | 8月 | 9月 | 10月 |
|---|---|---|---|---|---|---|---|
| ▲苗の植えつけ | | | | 夏ミョウガ収穫 | 夏ミョウガ収穫 | 秋ミョウガ収穫 | 秋ミョウガ収穫 |

地下茎で繁殖する多年草です。春に地下茎を植え、夏から秋に出てくる花蕾（花ミョウガ）を収穫します。一度植えるとそのままで4～5年は収穫できます。日本にも自生する野草に近い野菜なので、ほとんど手がかからず、ほうっておいても育ちます。建物の北側や庭木の下など、ほかの野菜をつくりにくい、半日陰でやや湿けの高い場所を好みます。

花ミョウガは地表に頭を出した花蕾を、早めに収穫する。冬には地上部が枯れるが、春になるとまた芽を出してくる。

花蕾を食べる花ミョウガは生のままスライスして、汁の実やそうめんなどの薬味にするほか、ぬか漬け、みそ漬け、梅酢漬け、酢みそあえなどに加工されます。

### ◆植えつけ

3月から4月に地下茎を植えつけます。品種は各地の在来種がよいので、付近の農家や知人から新芽を分けてもらうのがよいでしょう。長い地下茎はそれぞれに新芽がつくように、15～20cmに切り分けて植えます。畑には苦土石灰と元肥をじゅうぶん入れておき、深さ20cmほどの溝を掘り、切り分けた新芽を20cm間隔に植えます。

### ◆水やりと追肥

乾燥に弱いので、夏には厚めに切りわらやもみ殻、堆肥などを敷き、水やりもしておきます。追肥は6月下旬から7月上旬と12月上旬から中旬の2回、株のまわりに配合肥料などをまいて軽く耕しておきます。

### ◆収穫

夏から秋には花ミョウガが収穫できます。光を遮って茎を軟白させるミョウガタケは家庭菜園では少しめんどうです。

### ◆株の更新

4～5年に一度は株を掘り上げて更新します。毎年畑の4分の1を更新していくとよいでしょう。

さわやかな香りが人気のハーブ

## ミント

シソ科／各地の温帯地方原産
生育適温：15～25度

**point**
★広がりすぎに注意する。
★鉢植えでは水ぎれに注意。
★挿し芽でふやす。

| 1月 | 2月 | 3月 | 4月 | 5月 | 6月 | 7月 | 8月 | 9月 | 10月 | 11月 | 12月 |
|---|---|---|---|---|---|---|---|---|---|---|---|
| | | 苗の植えつけ▲ | | | ▲ | | | ▲ | ▲ | | |
| | | 収穫 | 収穫 | 収穫 | 収穫 | 収穫 | 収穫 | 収穫 | 収穫 | | |

お茶、ジュース、アイスクリームやお菓子などに、広く利用されているハーブで、食用以外にも、ポプリ、入浴剤などに利用されます。独特のすーっとする香りは神経をやわらげ、体をリラックスさせ、頭痛などにも効果があるとされています。

多くの種類がありますが、ペパーミントやスペアミント、アップルミント、パイナップルミントなどが使いやすいでしょう。

スペアミント
ガーデンミントとも呼ばれる丈夫な種類。日本には江戸時代に導入されて「オランダハッカ」と呼ばれた。現在では各地に野生化しているほど。

ペパーミント
ミントティーなどに利用すると、食後の消化を助け、かぜぎみのときにもよいとされる。代表的なミント。

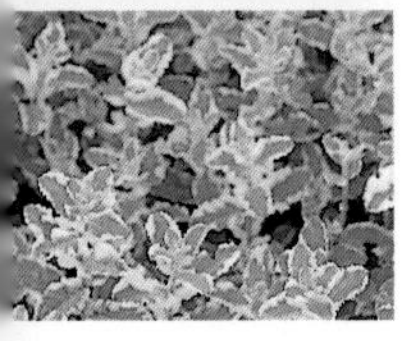

パイナップルミント
アップルミントの斑入り品種で、観賞用としても美しい。甘くフルーティーな香りがある。

### ◆育て方

好みの種類の苗を入手して植えつけます。庭や通路の横などに植えておくと、ふれるたびにさわやかな香りが立ち上ります。可憐な花も楽しめます。適宜、葉を摘みとって利用します。

多年草ですから、一度植えると何年も利用できます。茎が横に広がってふえるので、ふえすぎに注意が必要なほどです。伸びすぎた部分は切りとって、株が広がりすぎないようにしましょう。

こぼれダネでもふえますが、ミントの仲間は交雑しやすく、だんだん香りが悪くなってくることが多いので、実生株は抜きとって、元の香りのよい株を残すようにします。

### ◆鉢植えでの育て方

鉢植えでも簡単に育てられます。肥沃な用土で育てましょう。乾燥を嫌うので、水ぎれには注意します。

生育が旺盛で根詰まりを起こしやすいので、1～2年に一度は植えかえ、株分けをするとよいでしょう。

結球しないメキャベツのプチヴェール。1株から50個以上も収穫できる。

見た目もかわいい小さなキャベツ

# メキャベツ

アブラナ科／西ヨーロッパ原産
生育適温：15～22度

point
★冷涼な気候を好む。
★アブラムシの食害に注意。
★必ず支柱を立てる。

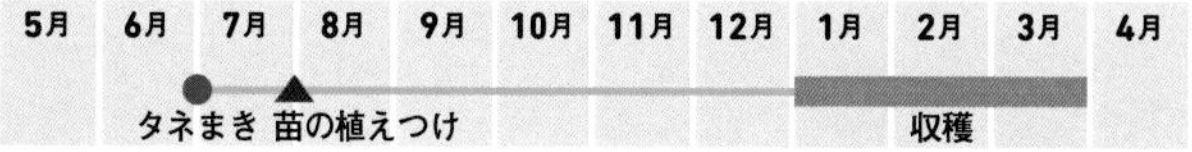
5月
6月
7月
8月
9月
10月
11月
12月
1月
2月
3月
4月
タネまき
苗の植えつけ
収穫

茎が長く伸び、葉柄のつけ根に10～15gの小さなキャベツがいくつもつき、子持ちキャベツとも呼ばれます。普通のキャベツと同様に食べられますが、まるごとシチューやスープに入れて食べると楽しいでしょう。収穫期間も長いので、10株くらいつくっておくと重宝する野菜です。

結球には12度以下の低温にあうことが必要で、品種によっては5～7度以下の低温にならないと、よいものがとれないものもあります。低温には零下8度くらいまでは耐えます。

生育期間の長い野菜で、暖地では6月から7月にタネをまき、7月下旬に定植し、1月から3月に収穫します。高冷地帯は春まきで6月にタネをまき、7月下旬に定植、収穫は10月下旬から12月になります。

### ◆育苗と苗の植えつけ

育苗方法はキャベツ（76ページ）と同じですが、生育期間が長いので6月から7月にタネをまきます。市販のポット苗を入手して植えつけるのも手軽です。

植えつけ方もキャベツとほぼ同じで、株間75㎝の一条植えとします。定植から収穫が始まるまでに、普通のキャベツの2倍ほども時間がかかるので、元肥はキャベツの2倍くらい入れておきます。

### ◆追肥

10月までに草丈70～90㎝ほどの、太く長い茎をもつ株に育てることが大切です。追肥中心の栽培をする作物です。1カ月に1～2回、定期的に有機液肥を与えましょう。

## 葉かき

小さな芽がふくらんできたら、上部の葉を10枚ほど残し、下葉をかきとって根元にも日が当たるようにして結球を促す。葉かきは一度に行わず、2回に分けて行うとよい。

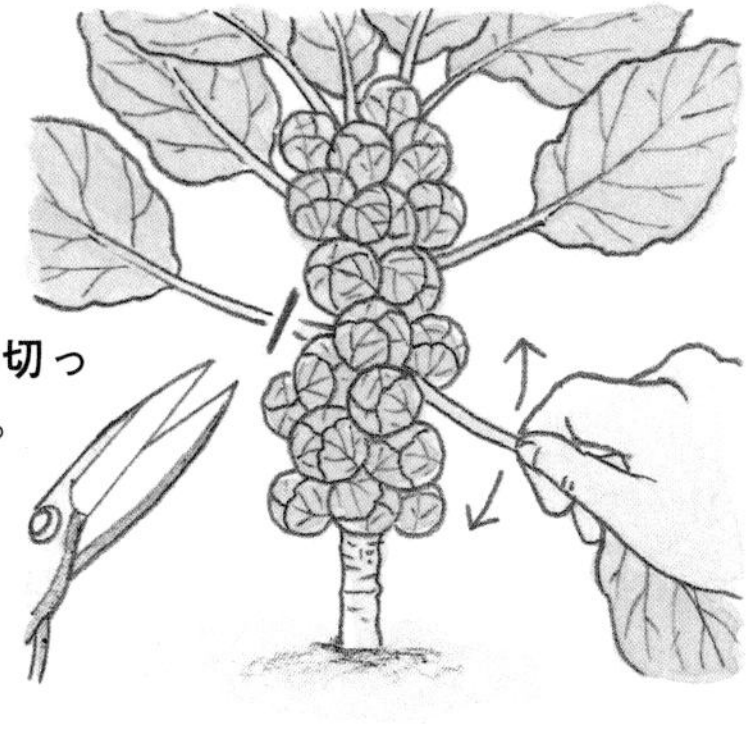
葉柄を左右に動かすと芽を傷つけずにとれる。
ハサミで切ってもよい。

## 収穫

下から順に結球するので、締まったものから順に収穫する。

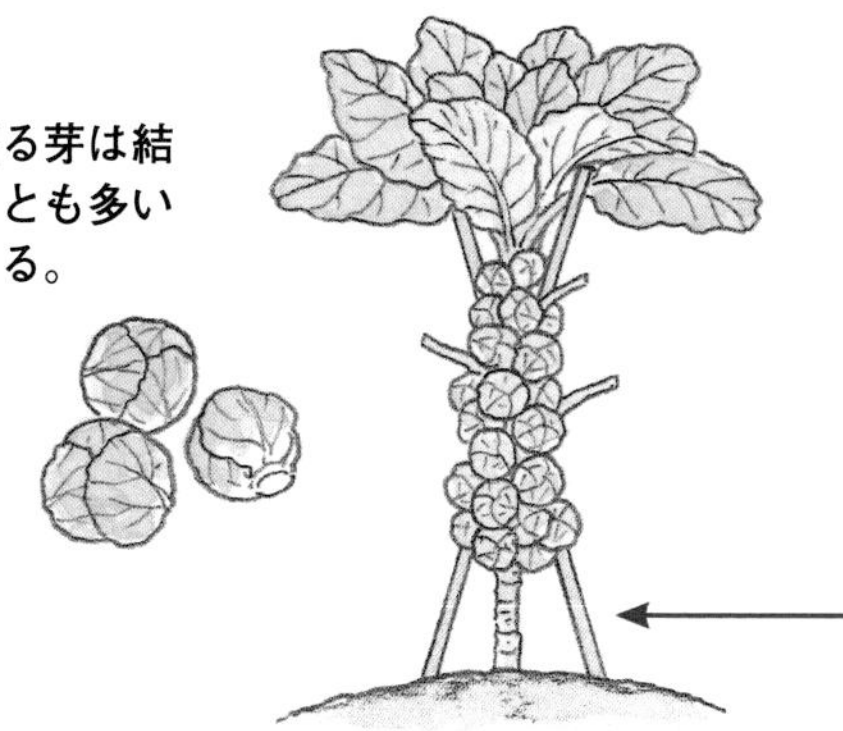
地ぎわに出る芽は結球しないことも多いのでかきとる。
株が倒れると結球しなくなるので、必ず支柱を立てる。

エジプト王家の健康野菜

# モロヘイヤ

**シナノキ科／熱帯アフリカ原産**
**発芽適温：25～30度**

point
- ★じゅうぶん暖かくなってからまく。
- ★タネは一晩水につけてからまく。
- ★摘芯して側枝を出させる。

| 4月 | 5月 | 6月 | 7月 | 8月 | 9月 | 10月 |
|---|---|---|---|---|---|---|
| | タネまき | | 収穫 | 収穫 | 収穫 | 収穫 |

エジプトから中東にかけて広く栽培され、食べられている野菜です。トロロナともいわれ、生葉を刻むと粘液が出て独特の粘りが生まれます。ゆがくとなめらかになります。健康野菜の王様といわれています。

手軽につくれる栄養満点の健康野菜。青物が少なくなる夏場にどんどん収穫できる。

### ◆タネまき
熱帯生まれの野菜なので、地温が25度以上になってからまきましょう。タネは一晩水につけておき、1カ所5～6粒ずつまき、5㎜くらい土をかけ、株間は60㎝ほどとします。鉢やプランターでも手軽に栽培できます。4月から6月にタネをまけば、夏から秋に収穫できます。

### ◆間引き
芽が出たら、本葉2枚のときに1カ所2～3本に間引き、本葉5～6枚のときに1カ所1本とします。

### ◆追肥
1回目の間引き後に株間に化成肥料をまき、中耕、土寄せをします。2回目の追肥後に有機液肥を与え、本葉10枚くらいのときにも有機液肥を与えます。以後は2週間に1回、液肥を葉面散布します。

### ◆摘芯と収穫
草丈が30㎝ほどになったら摘芯し、側枝を出させます。以後必要に応じて若い葉や芽先を摘みとります。

### ◆採種
日が短くなると開花する短日植物で、秋になると花が咲いてタネができます。タネははじめは茶褐色で、完熟すると空色になります。さやが茶色になったら空色になったタネをとり翌年まきましょう。なお、寒冷地では、タネが熟する前に寒さで枯れてしまうので、採種できません。

抗酸化物質を含む野生のイモ

# ヤーコン

**キク科／南米アンデス原産**
**生育適温：15～20度**

point
- ★畑には堆肥などの有機質をたくさん入れる。
- ★茎が伸びてきたら土寄せをする。
- ★夏葉には水やりも必要。

| 4月 | 5月 | 6月 | 7月 | 8月 | 9月 | 10月 | 11月 | 12月 |
|---|---|---|---|---|---|---|---|---|
| | 苗の植えつけ | | | | | | 収穫 | |

草丈は150㎝ほど。ヒマワリに似た大きな葉と太い茎で、花もヒマワリに似ています。主に地下にできるダリアの球根に似たイモを利用しますが、葉を利用するのも手軽です。少し苦みのある若葉は乾燥してお茶にされ、最近はその需要のほうが多いくらいです。野菜の中ではオリゴ糖を最も多く含み、活性酸素を消す強力な抗酸化物質のポリフェノールも多く、腸を元気にします。食物繊維、カリウム、鉄、β-カロテンも多い健康野菜です。

ヤーコンの葉。葉も栄養豊富で、お茶などにして利用される。

ヤーコンのイモ。生のまま中華風サラダやジュースに、また、きんぴら、天ぷら、煮物やギョーザなどに利用できる。

### ◆土づくりと肥料
無農薬、有機栽培が可能な作物です。畑には堆肥などをじゅうぶん入れておきましょう。鶏ふんは飼料に抗生物質や薬品が入っていることが多く、イモのひび割れの原因に。肥料も、油かす、骨粉、魚かす、草木灰など、有機肥料を使います。

### ◆タネイモの植えつけ
春に苗（球根）を入手して植えつけます。株間は80㎝とし、草丈が150㎝にもなるのでじゅうぶんな土寄せをして倒伏を防ぎます。夏は乾燥の被害を受けるので、堆肥、腐葉土、ピートモスなどでマルチングします。

### ◆収穫
葉の収穫は夏以降ならいつでも可能です。イモの収穫は降霜前の11月で、1株あたり2～6㎏のイモが収穫できます。

滋養強壮で有名な健康野菜

# ヤマイモ

**ヤマノイモ科／日本〜中国〜インド原産**
**生育適温：20〜25度**

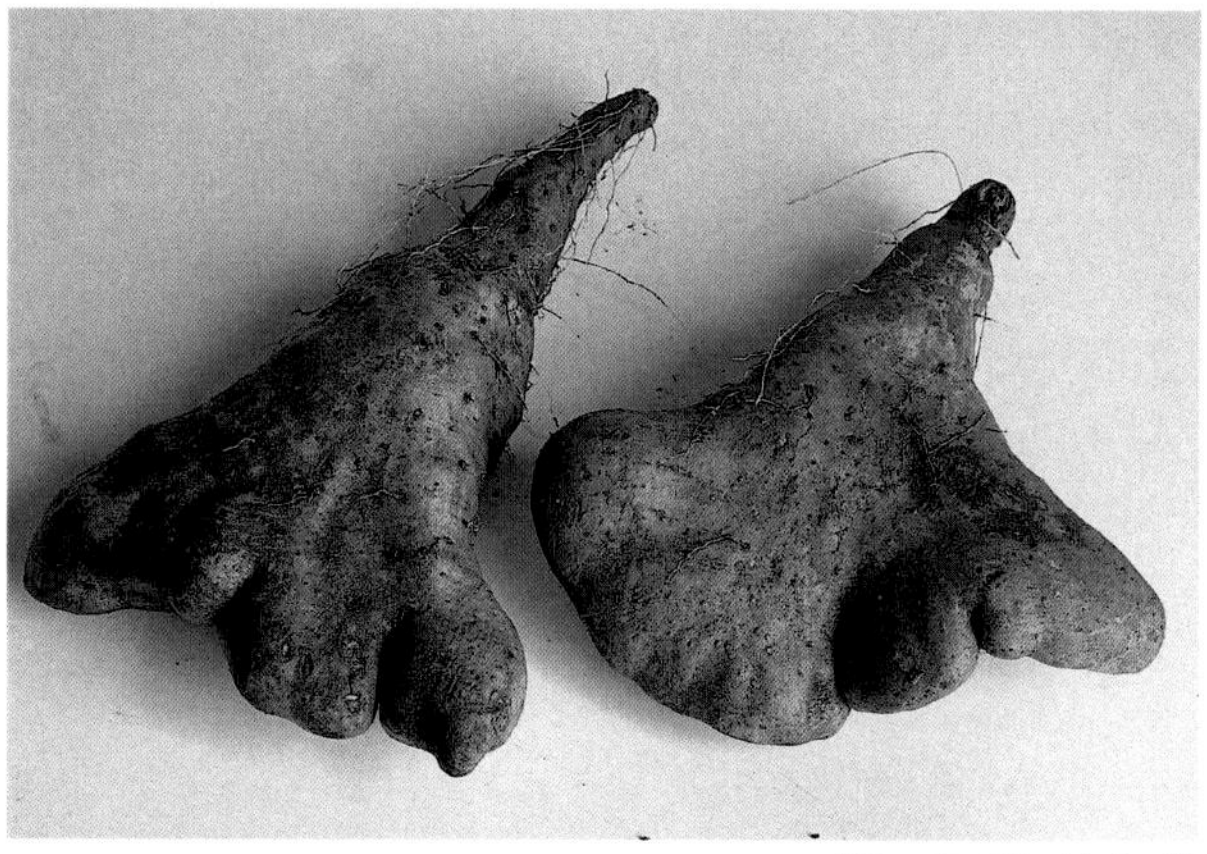

イチョウイモ〈タキイ〉

point
★前年の秋からしっかり土づくりをしておく。
★畑は深くまでよく耕す。
★耕土が浅い畑では長く伸びない種類をつくる。

| 4月 | 5月 | 6月 | 7月 | 8月 | 9月 | 10月 | 11月 | 12月 |
|---|---|---|---|---|---|---|---|---|
| ▲タネイモの植えつけ | | | | | | 収穫 | 収穫 | 収穫 |

独特のヌルヌルの成分はムチンという物質で、強壮効果があるとされています。ビタミン$B_1$、C、カリウムが多く、デンプン分解酵素のジアスターゼ（アミラーゼ）やカタラーゼを含むため、たくさん食べても胃もたれしません。病後の体力回復、滋養強壮によく、健胃、整腸作用もあり、高血圧や糖尿病、便秘などにもよいとされています。

しっかりした支柱を立ててつるを這わせる。7月から8月には有機液肥などの追肥をしっかり与えて、イモを太らせる。

### ◆畑の準備と土づくり

深さ80cmほどまで伸びるヤマイモは深くまでよく耕しておくことが大切です。耕土の浅い場所では、イチョウイモやツクネイモ、ダイショなど、長く伸びない品種をつくるとよいでしょう。

栽培の前年の秋に、よく発酵した堆肥1㎡あたり10kgを全面に散布し、スコップでよく混ぜながら耕しておきます。

春になったら、タネイモの植えつけ3週間前に、もう1回堆肥を散布して土とよく混ぜます。これは土の中に有機質を混ぜて腐植量を増加させるための作業です。有益な土壌微生物をふやすために、堆肥をじゅうぶんに散布して、深くまで耕しておきます。

これで、ヤマイモ類の好む、腐植質と土壌微生物の多い畑になったわけです。

### ◆タネイモの植えつけ

春になったらタネイモを入手して植えつけます。タネイモは長い品種は長さ5cmくらいに、丸い品種は40〜60gほどに切り分け、日陰で乾かして、切り口が固まってから植えます。

畑には高さ15〜20cmほどの畝をつくり、タネイモを深さ10〜15cmのところに植えます。株間は30cmほどとします。つるが長く伸びるので、高さ150cmほどの合掌式の支柱を立てておきます。

### ◆追肥と収穫

4月にタネイモを植えつければ、晩秋に収穫できます。イモの重さは開花期（7月下旬ごろ）から増加し、9月に最高になります。養分の吸収も7月中旬ごろから旺盛になるので、7月から8月にしっかり追肥を与えておきましょう。

#### 収穫

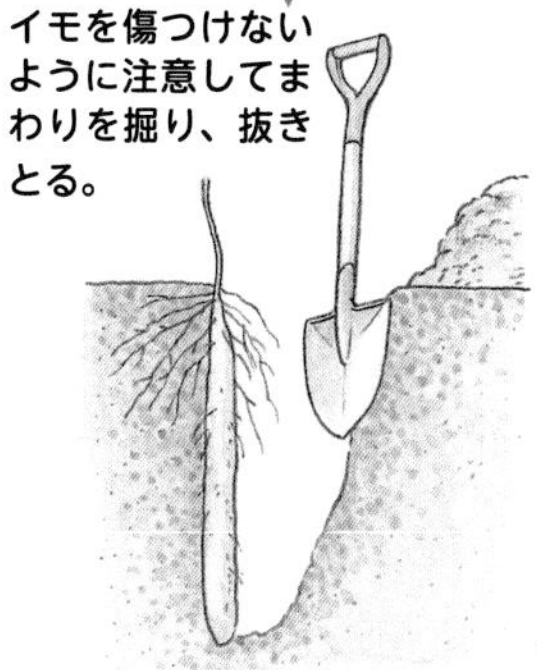
イモを傷つけないように注意してまわりを掘り、抜きとる。

#### タネイモの植え方

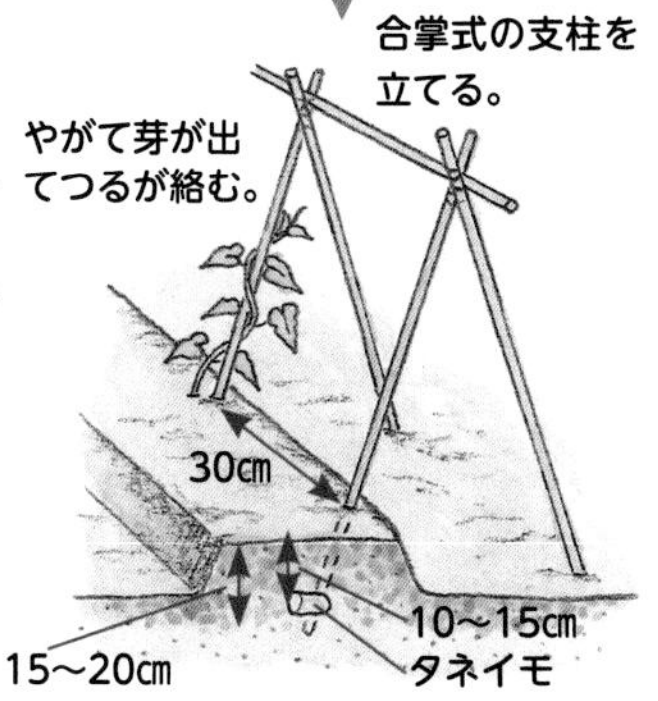
合掌式の支柱を立てる。
やがて芽が出てつるが絡む。
30cm
10〜15cm
タネイモ
15〜20cm

#### タネイモの切り分け方

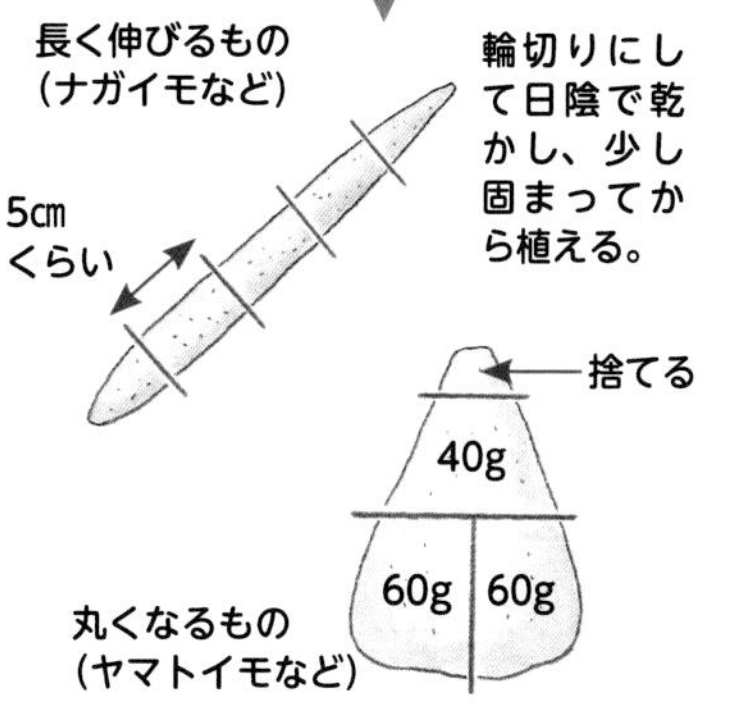
長く伸びるもの（ナガイモなど）
輪切りにして日陰で乾かし、少し固まってから植える。
5cmくらい
捨てる
40g
60g
60g
丸くなるもの（ヤマトイモなど）

#### 根の張り方

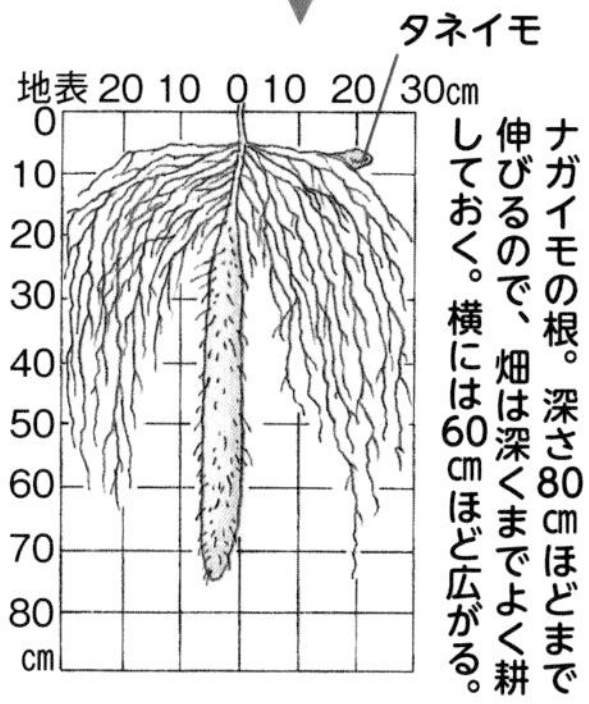
タネイモ
地表 20 10 0 10 20 30cm
0
10
20
30
40
50
60
70
80
cm
ナガイモの根。深さ80cmほどまで伸びるので、畑は深くまでよく耕しておく。横には60cmほど広がる。

お正月料理には欠かせない

# ユリ根

**ユリ科／東アジア原産**
**生育適温：15～20度**

point
★乾燥しない場所で育てる。
★鱗茎を太らせるには花を咲かせない。
★種類はヤマユリやコオニユリがおすすめ。

| 7月 | 8月 | 9月 | 10月 | 11月 | 12月 | 1月 | 2月 | 3月 |
|---|---|---|---|---|---|---|---|---|
| | | | ▲ 鱗片、木子、ムカゴの植えつけ | | | | | |
| | | ■ | ■ 収穫（木子は2年目。鱗片、ムカゴは3年目） | | | | | |

ユリの球根（鱗茎）のことで、古くから野生のヤマユリなどの鱗茎が利用されてきましたが、現在では野菜として栽培されたものが出回っています。その多くは病気に強いコオニユリの球根で、主に北海道で生産されています。

ゆでて食べると、ほくほくとした舌ざわりと甘さが特徴で、茶わん蒸しに使われるのがおなじみですが、グラタンやきんとん、ゆでてバターをつけてなど、いろいろな料理に利用されています。

良質のデンプンが主成分ですが、タンパク質がジャガイモの2倍、カリウム、鉄、リン、カルシウムなどの無機質も含まれています。その昔は薬用とされ、滋養強壮、産後の回復食などによいとされていました。グルコマンナンと呼ばれる食物繊維が豊富で、便秘や整腸にも効果があります。

**◆育て方**

北海道の産地では、組織培養でつくられた種球から、3年かけて育てられているといいます。その間、鱗茎を太らせるためにつぼみを摘みとったり、植えかえをしたりと、手をかけて育てられます。

家庭菜園では、観賞用と兼用でヤマユリなどを植え、花が終わったら肥料を与え、鱗茎を太らせて晩秋に掘り上げて利用するのがよいでしょう。植えつけの適期は秋で、株元に直射日光が当たらない、あまり乾燥しない明るい場所に植えつけます。植えつけ場所には堆肥などをじゅうぶん入れ、肥沃で乾燥しない土壌をつくっておきましょう。

ユリ根として利用されるコオニユリ。同じようなオレンジ色の花を咲かせるオニユリとよく似ているが、オニユリは葉腋にムカゴができるので区別できる。オニユリのユリ根は、やや苦みが強いといわれる。

中国では紀元前から栽培されていたという健康野菜

# ラッキョウ

**ネギ科／中国原産**
**生育適温：20～23度**

point
★草とりを怠らない。
★1年目で掘り上げず、2年育てるとさらによいものが収穫できる。
★収穫したものの一部は種球とする。

| 9月 | 10月 | 11月 | 12月 | 1月 | 2月 | 3月 | 4月 | 5月 | 6月 | 7月 |
|---|---|---|---|---|---|---|---|---|---|---|
| ▲種球の植えつけ | | | | | | | | | 収穫 | |

中国原産の野菜ですが、わが国にもヤマラッキョウやチシマラッキョウ、ノビルなど、近縁の原種が自生しています。

紫色の小さな花が咲きますが、タネはできません。小球を植えてふやします。秋の初めに種球を植えつけ、翌年の初夏に収穫します。掘り上げたものの一部を再び植えておけば、翌年も収穫できます。

ラッキョウにはアリシンが多く含まれ、食欲増進、のどの痛みに効果があります。かぜにはすまし汁にこまかく刻んで入れ、熱いうちに飲むとよいとされます。口内炎や咽喉炎には、すりおろした汁を塗るか、5～10倍に薄めた液でうがいをします。

## ◆種球の植えつけ

苦土石灰と元肥を入れた畑をよく耕し、種球を1～3個ずつ、深さ5cmくらいのところに植えつけます。1球ずつ植えると少数の大球が、3球ずつ植えると小球がたくさん収穫できます。

一度植えれば、あとは手がかかりませんが、2月から3月に液肥を与え、土寄せをしておくと、よいラッキョウがとれます。

雑草には弱いので、こまめに草とりをすることも大切です。

## ◆収穫

葉は冬じゅう緑色で生育を続けますが、夏には葉が枯れて休眠に入ります。地上部の葉が枯れてきたら掘り上げ、風通しのよい日陰につるすなどして貯蔵します。生のままみそをつけて食べたり、塩漬けや酢漬けにするとおいしく食べられます。

収穫したラッキョウの一部は翌年のための種球とします。枯れ葉をとり、1球ずつばらして植えつけます。

## ラッキョウの育て方

1 8月から9月に種球を植える。大球を収穫したい場合は1球ずつ、小球をたくさん収穫したい場合は3球ずつ植える。

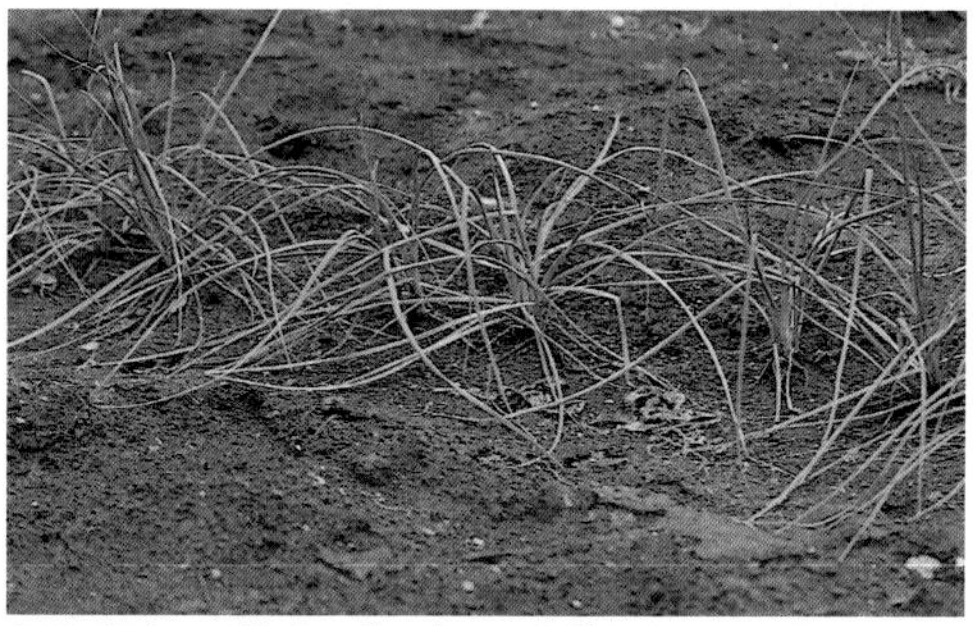

2 寒さには強く、葉は冬じゅう枯れない。2月から3月に液肥を与える。

3 地上部が枯れてきたら掘り上げて収穫。風通しのよい日陰につるして乾燥させる。

4 左が1年目、右が2年目のもの。2年育てると大きなラッキョウが収穫できる。

カロリーの高いおいしいピーナッツ

# ラッカセイ

**マメ科／南米ブラジル原産**
**生育適温：25 ～ 27 度**

point
★砂質のやわらかい土の場所で育てる。
★芽出しをしてからタネをまく。
★土寄せを忘れない。

| 4月 | 5月 | 6月 | 7月 | 8月 | 9月 | 10月 | 11月 |
|---|---|---|---|---|---|---|---|
| タネまき | | | | | | 収穫 | |

地面の下に豆ができる珍しい作物で、漢字で書くと「落花生」、「地豆」とも呼ばれます。春にタネをまいて育てます。花後に子房柄が長く伸びて、土にもぐり込み豆ができます。いって薄皮をむいたものがピーナッツです。

高カロリーで、タンパク質や脂肪も多く、ビタミン$B_1$、$B_2$、E、鉄なども多く含まれています。高血圧や動脈硬化の予防、貧血、老化防止などに効果があるとされます。

### ◆タネまき

苦土石灰と元肥をじゅうぶん入れた畑に、株間25～30㎝で、1カ所に2粒ずつ、4～5㎝の深さにタネをまきます。タネは6～8時間ほど水に浸し、湿らせた川砂などに埋めて暖かい場所に置き、芽が出てからまくと確実です。子房柄が伸びて地中にもぐるため、砂質のやわらかな土が適します。

芽が出て茎が伸びてきたら、主茎の9節目くらいを摘芯すると、側枝が出て収量がふえます。

### ◆追肥

地下で実がつくためにはリン酸やカリが必要です。また、カルシウムやマグネシウムが不足すると実が発育しにくくなります。開花の始めにリン酸、7月上旬から中旬にカルシウムとマグネシウム、アミノ酸などの含まれた肥料を追肥として施します。

1回目の追肥は発芽がそろったころで、有機液肥を与えます。2回目は7月上旬に、3回目は開花中にカルシウムの多い肥料を与え、1週間後に葉面散布肥料を与えます。

### ◆土寄せ

土寄せは大切な作業ですから必ず行います。7月中旬から下旬と8月上旬の2回、株のまわりにやわらかい土を盛り上げ、子房柄が土にもぐりやすくします。

### ◆開花、結実

7月の初めから花が咲き始ま

## ラッカセイの育て方

1 1カ所に2粒ずつ、4～5㎝の深さにタネをまく。株間は25～30㎝。2本出ても間引きはせず、そのまま育てる。寒冷地ではポリマルチもよいが、暖かくなったら忘れずにとり除く。

2 やがて地面を覆うように葉が茂る。7月上旬に追肥を与え、株元の土を軽く耕し、土寄せしてやわらかくし、子房柄がもぐりやすくする。

3 ラッカセイの花と、伸び始めた子房柄。花が終わると、子房柄が地面に向かって伸び始め、地中にもぐって先に実ができる。

す。花が咲くと地上で自家受精し、子房柄が伸びて土の中に入り、その後4～5日すると子房が太り始めます。

なぜ地中で肥大発育するのか、その仕組みはよくわかりませんが、暗黒の土壌接触刺激が必要であることだけは確かです。実がつく最適な地温は31～33度で、17度以下では実がつきません。

なお、子房が発育して肥大を完成するのは7月下旬までに開花したもので、それ以後に開花したものは実がつきにくいようです。

### ◆掘り上げと乾燥

茎が黄変し、下のほうの葉が全部落ちてしまったころに、1株試し掘りしてみます。さやに網目がはっきり出たころが収穫適期です。株ごと掘り上げます。

掘り上げた株は、さかさまにしてさやに日が当たるように畑に並べ、5日ほど乾燥させ、株を振るとカラカラ音がするようになったらさやをはずし、水洗いします。少量なら、すぐにさやをはずし、かごなどに入れて乾燥させてもよいでしょう。

### ラッカセイの品種

| | | | |
|---|---|---|---|
| 大粒種 | バージニア型 | 立性種 | 立落花生１号・改良和田岡・立駱駝《らくだ》１号 |
| | | 半立性（中間種） | 千葉半立・改良半立・アズマハンダチ テコナ・ベニハンダチ・千葉55号 |
| | | 匍性種 | 千葉43号・千葉74号 |
| | タイプ間交雑種 | 立性種 | ワセダイリュウ・タチマサリ・サチホマレ |
| 小粒種 | スパニッシュ型 | | ジャワ13号（サウザンクロス）・白油7-3 |
| | バレンシア型 | | 飽託《ほうたく》中粒・バレンシア |
| | タイプ間交雑種 | | 334A |

5 抜きとったら、さやをひとつずつはずし、かごなどに入れておく。すぐに作業ができないときは、株をさかさまにして乾燥させる。

4 葉が黄色くなってきたら収穫の適期。株元を持って引き抜く。

収穫したラッカセイ。とりたてをゆでて食べるとおいしい。たくさんとれたときは、このまま１～２週間乾燥させ、殻をとっていって食べる。

20日で育てられる？　小さなダイコン

# ラディッシュ

**アブラナ科／地中海沿岸地方原産**
**発芽適温：15～25度**

**point**
★水ぎれしないように管理する。
★しっかり間引きをして根を太らせる。
★早めに収穫する。

| 8月 | 9月 | 10月 | 11月 | 12月 | 1月 |
|---|---|---|---|---|---|
| ●タネまき（8月末～9月初め） | | 収穫（10月～12月） | | | |

二十日大根（ハツカダイコン）とも呼ばれる、ごく小型のダイコンで、小さな庭やプランターでも育てられ、真夏と真冬を除けばいつでも栽培できる、家庭菜園向きの野菜です。タネまきから20日で収穫できるということからつけられた名前ですが、実際は収穫までには夏場で約60日、冬場なら40～50日ほどかかります。時期をずらして少しずつタネをまくと、順次、長い間収穫できます。

生で食べるのがおすすめで、ダイコン特有の辛みもあり、ビタミンCが効率よく摂取できます。料理の彩りとしてもきれいです。

### ◆タネまき

水はけのよい、やわらかな土の畑に、10～15cm間隔でまき溝をつけ、タネが重ならないようにすじまきします。鉢やプランターで育てる場合は、すじまきするか、全体に薄くばらまきます。ラディッシュはタネも大きく、発芽率もよいので、1cm間隔くらいに1粒ずつまいていくのもおすすめです。

タネまき後は5mmほど土をかけて軽く押さえ、タネを落ち着かせて静かに水やりします。

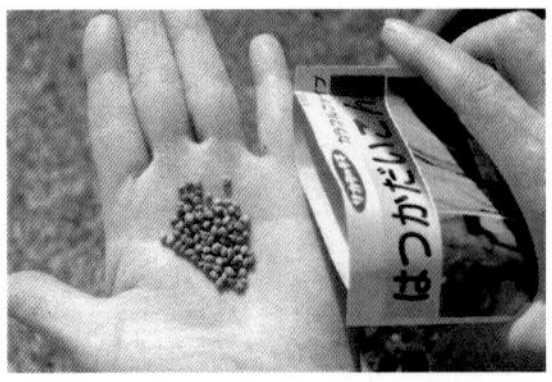

1 ラディッシュのタネ。大きくて発芽率もよい。

2 鉢には、1cm間隔くらいになるようにばらまく。

3 しっかり間引きして育て、早めに収穫する。

収穫したラディッシュ。生食がおすすめ。

### ◆間引き

発芽したら、順次間引き、本葉が4～5枚になるまでには株間5cmくらいにします。株間が狭くなると、根の太りが悪くなります。

### ◆収穫

本葉が5～6枚になって、根が品種固有の大きさになったら、早めに収穫します。収穫が遅れると、すがはいったり割れたりします。

地中海沿岸地方原産のヨーロッパのネギ

# リーキ

**ユリ科／地中海沿岸地方原産　発芽適温：15度**

**point**
★冷涼な気候を好む。
★酸性土を嫌うので、石灰をじゅうぶんまく。
★土寄せして茎を軟白する。

| 1月 | 2月 | 3月 | 4月 | 5月 | 6月 | 7月 | 8月 | 9月 | 10月 | 11月 | 12月 |
|---|---|---|---|---|---|---|---|---|---|---|---|
| 収穫 | 収穫 | ●タネまき | | | | ▲苗の植えつけ | | | | 収穫 | 収穫 |

古代エジプトでも栽培されていたというヨーロッパのネギで、ニンニクのような扁平な葉と、下仁田ネギのような太くて短い軟白部が特徴です。

フランス語では「ポワロー」で、そのためポロネギとも呼ばれ、やわらかくて甘みがあります。

### ◆タネまきと育苗

秋まきもできますが、春まきが一般的です。3月にタネをまいて7月に定植、11月から3月に収穫します。

タネは9cm間隔にすじまきし、覆土して乾燥しないように管理します。草丈10cmのころに4～5cm間隔に間引きます。1～2週間ごとに液肥を与え、7月までに、茎の太さ1～1.5cmの大苗に育てましょう。

### ◆定植と土寄せ

畑には深さ15cm、幅15cmほどの植え溝を掘り、根深ネギ（125ページ）と同様に、苗を並べて植えつけます。株間は15cmくらいとします。

植えつけの1カ月後から、茎の伸びに応じて、葉の分岐点の下まで土寄せし、化成肥料などを追肥します。土寄せは3～4回行い、軟白部の長さが20～25cmになるようにします。

ポロネギとも呼ばれるリーキ。

料理を美しく豊かにする
# リーフレタス

**キク科／地中海沿岸地方から中近東原産**
**発芽適温：16～20度　生育適温：15～20度**

point
★涼しいところで発芽させる。
★タネには土をかけない。
★浅植えにして病気を防ぐ。

レタスには結球する玉レタスと結球しないものがありますが、結球しないものをリーフレタスと呼んでいます。赤葉種と青葉種があり、赤葉種はサニーレタスとも呼ばれます。サラダナや、焼き肉を包んで食べることでおなじみのチマサンチュもリーフレタスの仲間です。チマサンチュは外葉からかきとって収穫するので、カキチシャとも呼ばれます。

冷涼な気候を好み、25度以上になると生育は抑制され、病害虫の発生が多くなるので、寒冷地以外では秋の栽培が適しています。9月にポットなどにタネをまいて苗をつくり、涼しくなったら畑に植え、寒さが厳しくなる前に収穫します。

### ◆タネまきと育苗

畑に直接タネをまく方法もありますが、ピートバンなどにタネをまいて育苗するほうが失敗がありません。じゅうぶん水を含ませたピートバンにタネを薄くまき、軽く押さえて密着させます。好光性のタネですから、覆土はしません。

発芽してきたら込んでいる部分を間引いて、株間3cmくらいにします。本葉が2枚くらいになったころから、1週間に1回の割合で、薄い液肥を与えます。

### ◆定植

菜園は日当たりのよい場所を選び、あらかじめ苦土石灰をまき、元肥を入れて用意しておきます。有機質の多い土壌（pH6.6～7.0）が標準です。サニーレタスとも呼ばれる赤葉の品種は外葉生育期に光線不足だと赤色の出が悪くなります。

本葉が4～5枚になった苗を、根を切らないように注意して1株ずつに分け、株間15cm程度に植えつけます。2列以上植える場合は列と列の間は30cmにします。深植えにすると病気が出やすくなるので、浅めに植えます。

苗が根づいたら、1週間に1回、液肥を与えて育てます。生育期に水分や肥料分が不足すると、葉が小さくなってしまいます。

### ◆収穫

葉が15枚以上になったら、株ごと切りとって収穫します。

生育の最低気温は5度で、霜が当たると葉が傷むので、それまでに収穫するか、ビニールトンネルや不織布などをかけて寒さから守ります。

## リーフレタスの育て方

1

レタスのタネはアリに運び去られてしまうことが多いので、ポットやピートバンなどにタネをまいて育苗するのがおすすめ。

2

本葉4～5枚になったら定植する。ピートバンにまいたものはできるだけ根を切らないように、ていねいに1株ずつに分ける。

3

最近は苗が市販されているので、それを利用するのも手軽でおすすめ。

4
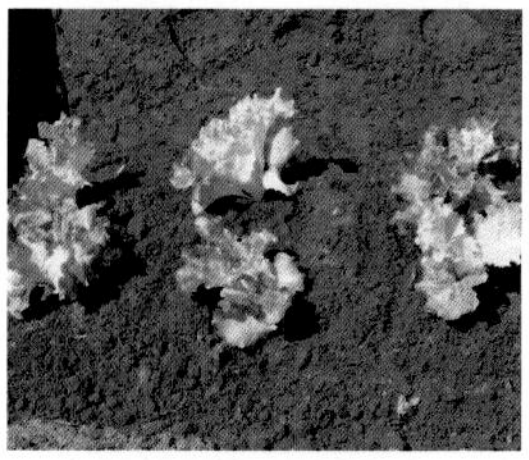
日当たりのよい場所に、株間15cmほどに植える。1週間に1回ほど、液肥を与えながら育てる。

5

葉が15枚以上になったら、必要に応じて株ごと収穫する。寒い時期はビニールトンネルをかける。

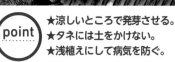

結球後は霜に当たると傷んでしまうので、12月以降はビニールトンネルなどで霜よけをしておくとよい。

シャキシャキ感が食事を楽しくする

# レタス

**キク科／地中海沿岸地方から中近東原産**
**発芽適温：16～20度　生育適温：15～20度**

**point**
★涼しいところで発芽させる。
★タネには土をかけない。
★浅植えにして病気を防ぐ。

| 8月 | 9月 | 10月 | 11月 | 12月 |
|---|---|---|---|---|
| タネまき | 苗の植えつけ | 収穫 | 収穫 | 収穫 |

ビタミンA、B1、C、E、食物繊維などが含まれ、疲労回復、美肌、ストレス、イライラ、精神安定、老化防止、貧血、かぜ、体内浄化などに効果があります。

春まきの栽培型もありますが、寒冷地以外では高温期の栽培はやめたほうがよいでしょう。結球適温は17～18度、結球期に23度以上になると、きれいに結球しなくなります。結球凍害温度は0度以下です。

## ◆タネまき

9月にポットやピートバンなどにタネをまいて、苗をつくります。方法はリーフレタス（149ページ）と同様です。畑に直接まくこともできますが、レタスのタネはアリに運び去られてしまうことが多いので注意が必要です。

晩秋に収穫するものと、越冬させて翌春収穫するものがあります。

## ◆定植

レタスは酸性土を嫌うので、あらかじめ苦土石灰を1㎡あたり100g散布してよく耕し元肥も入れておきます。有機質の多い土壌（pH6.6～7.0）が適しています。

本葉が4～5枚になった苗を、根を切らないように注意して1株ずつに分け、株間、条間ともに30cmで植えつけます。深植えにすると病気が出やすくなるので、浅めに植えます。

乾燥を防ぐために、堆肥、切りわら、ピートモスなどを株間に敷き詰めておきます。ポリマルチをして植えつけるのもおすすめ。乾燥が激しいときには株間に水やりをします。

## ◆追肥と中耕

植えつけ1週間後くらいと、本葉が5～6枚になったころ、そして結球が始まる前の3回、液肥を与えます。液肥を与えたら株間を軽く耕す、中耕をしておきます。外葉の生育期に土の水分や肥料分が不足すると、小さな球しかできなくなります。

### タネまきと間引き〈直まき栽培〉

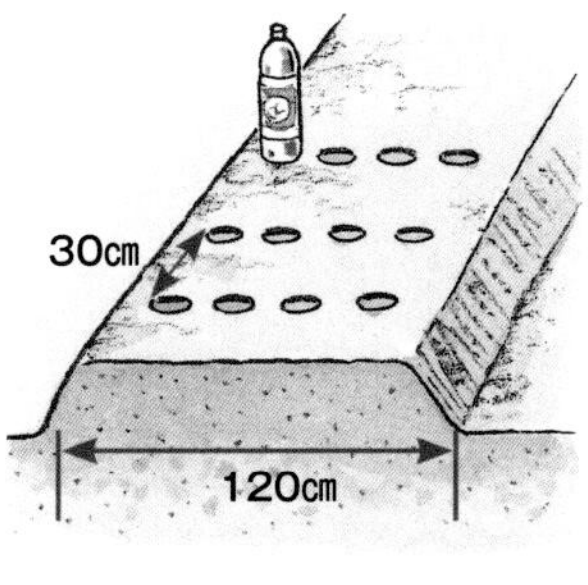


タネまきの前に液肥をじゅうぶん散布しておき、ペットボトルなどで深さ1cmほどの穴をあける。

上から見たところ。

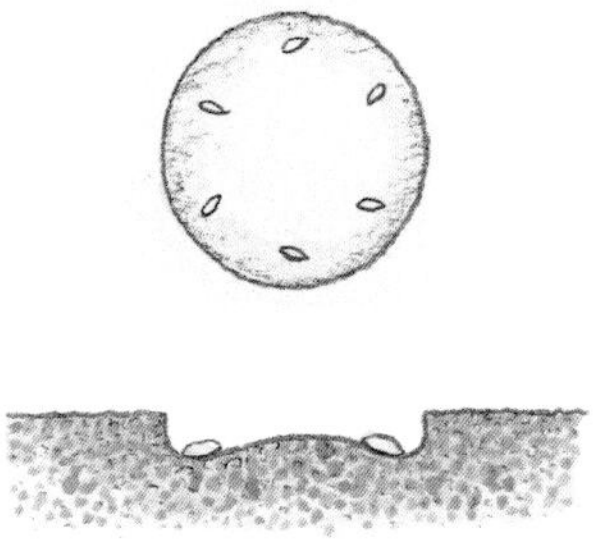

円形に5～6粒タネをまき、ごく薄く、バーミキュライトなどの軽い土をかけておく。レタスのタネは光が当たらないと発芽しない（好光性）ので、厚く土をかけないようにする。

●本葉2～3枚のころ、1カ所3本にする。
●本葉4～5枚のころ、1カ所2本にする。
●本葉6～7枚のころ、1カ所1本にし、株の間を軽く耕して株元に土を寄せておく。

## レタスの育て方

1 ポットで育苗した苗を、株間30㎝ほどで植えつける。植えつけ前にはじゅうぶん水を吸わせておく。

2 深植えにならないように注意して植えつける。地温の保持や、乾燥、雑草の発生を抑えるためにポリマルチを使うのもよい。

3 本葉が4～5枚になったら、畝の間に液肥を与える。

4 本葉6～7枚のころから、1週間に1回、有機液肥を葉面散布するとよい。

5 やがて、形の違う結球葉が出てくる。この時期に肥料や光線が少ないと結球しなくなる。

6 球がかたく締まってきたら収穫適期。外葉を1～2枚つけて株元から切りとる。

## 畑の準備

根群の多いのは20～30㎝のところなので、そのあたりに元肥を入れておく。

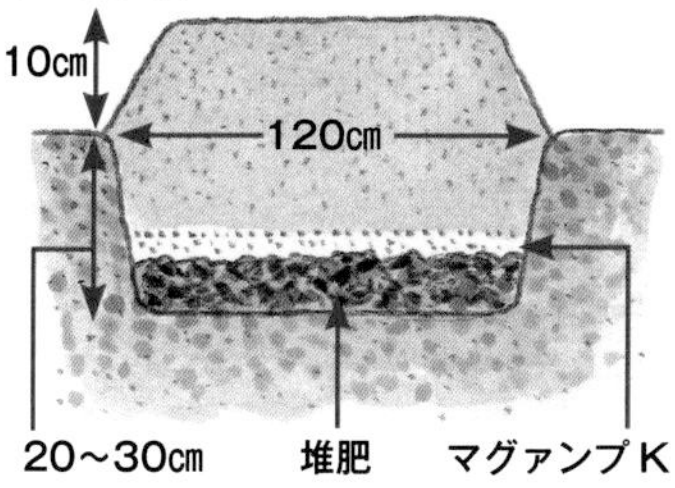
10㎝
120㎝
20～30㎝
堆肥
マグァンプK

## 根の張り方

横には60㎝、深さは90㎝まで伸びる。
（細淵勝次）

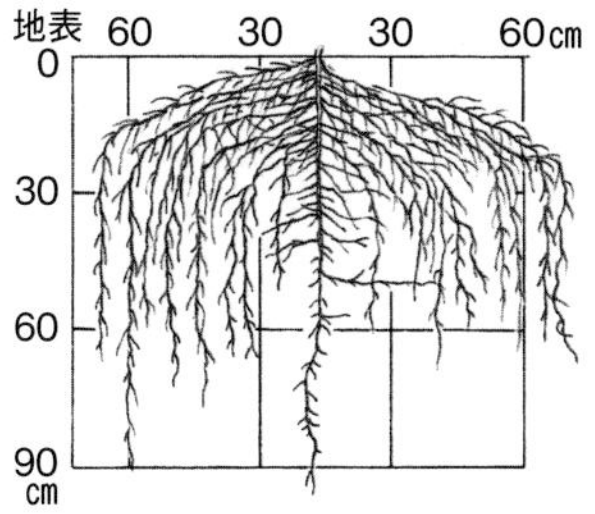
地表
60
30
30
60㎝
0
30
60
90
㎝

タネまき後50日くらいたつと、外葉とは形の違う結球葉が発生してきますが、この時期に光線が少ないと結球しなくなります。日当たりのよい場所で育てることが大切です。

### ◆収穫

球を上から押して、かたく締まってきたら収穫の適期です。株元から切りとりましょう。越冬させるものは、ビニールトンネルなどをかけて寒さから保護します。茎の太さが8㎜以上になると高温に感応して花芽が分化し、さらに高温が続くととう立ちするので、春になったら早めに収穫しましょう。

### [追肥の与え方]

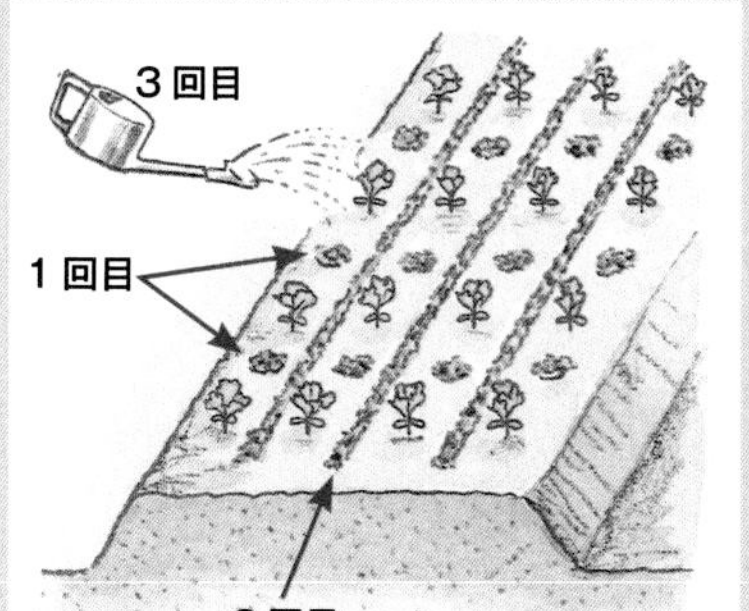
3回目
1回目
2回目

| | |
|---|---|
| 1回目 | 本葉2～3枚のころに液肥を与える。 |
| 2回目 | 本葉4～5枚のころに、畝の間に液肥を施す。 |
| 3回目以降 | 本葉6～7枚のころから1週間に1回、有機液肥を葉面散布する。 |

乾燥を防ぐために、堆肥、切りわら、ピートモスなどを株間に敷き詰めておく。乾燥が激しいときは水やりをする。

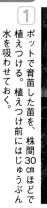

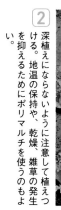

サラダに独特な香味を添える印象派

# ロケット

**アブラナ科／南ヨーロッパ原産**
**発芽適温：15～20度**

**point**
**★鉢やプランター栽培もおすすめ。**
**★間引きながら収穫する。**
**★春まきでは、とう立ちする前の小苗のうちに収穫する。**

| 4月 | 5月 | 6月 | 7月 | 8月 | 9月 | 10月 | 11月 | 12月 |
|---|---|---|---|---|---|---|---|---|
| タネまき | 収穫 | 収穫 | 収穫 | | タネまき | | 収穫 | 収穫 |

## ロケットの育て方

1 ロケットのタネ。秋に鉢やプランターで育てるのがおすすめ。

2 直径20㎝ほどの鉢やプランターに培養土を入れ、タネを薄くばらまく。薄く覆土して軽く押さえ、乾燥させないように管理する。

3 双葉が開いたところ。日当たりのよい場所に置く。数日して本葉が2枚くらい出たところで、葉がふれ合わない程度に間引く。

4 間引き後は追肥、土寄せをしておく。生育に従って順次間引く。ある程度大きくなれば、間引き菜もおいしく食べられる。

5 10㎝間隔に間引いたら、必要に応じて下葉を切りとって利用する。込みすぎるようなら株ごと収穫してもよい。

イタリアではルッコラ、フランスではエルーカと呼ばれる、ヨーロッパではよく使われている小型のサラダ野菜です。コンテナ栽培に適した野菜で、タネをまいてから2カ月ほどで収穫できます。

古代ローマ時代にはすでに食用として利用されていたそうですが、注目され始めたのが、ちょうど最初にロケットが打ち上げられたときだったので、ロケットという名前がついたといわれます。

葉はホウレンソウの葉先を丸くしたような形で、いったゴマのような、独特の香ばしい風味のある野菜です。栄養価はリーフレタスと同じくらいです。

### ◆育て方のポイント

春まきもできますが、秋まきがつくりやすくおすすめです。日が長くなると、とう立ちするので、春まきでは株張りになりません。

### ◆タネまきと収穫

プランターなどにばらまきします。タネまき後は薄く土をかけ、軽く押さえて落ち着かせます。

普通は4～5日で発芽します。本葉2枚くらいのときに密生部を間引き、以後、必要に応じて間引きを兼ねて収穫し、本葉5～6枚のときに10㎝間隔にします。間引きのたびに有機液肥を与え、土寄せしておきましょう。

冬でも収穫したい場合は、軒下などの暖かい場所に置くか、ビニールトンネルの中に入れて防寒します。追肥は11月以後（冬の間）は必要ありません。

春に花が咲いたら、花蕾のやわらかいうちに収穫してエディブルフラワーとして利用しましょう。

鉢植えのロケット。小型のサラダ野菜なので、鉢植えにして近くに置き、必要なときにすぐ利用できるようにしておくとよい。サラダのほか、おひたしにもおすすめ。

冬場、春先に青ネギとして便利

# ワケギ

**ネギ科／中近東原産**
**栽培適地：年平均気温 16 度以上の冬に温暖な地域**

point
★日当たりのよい、暖かい畑で育てる。
★連作すると生理障害や病害虫が多くなる。
★寒冷地では冬はビニールトンネルで防寒する。

地上の緑の葉も、地下の白い小球も、どちらもおいしく食べられます。冬から初夏まではずっと葉をつけているので、必要に応じて切りとって利用でき、冬場や春先のネギの少ない季節には薬味として重宝します。冬季に温暖な地域が栽培の適地で、ネギよりつくりやすい野菜です。

ビタミン類、葉酸などが多く、東洋医学では、せき、かぜ、不眠症に効果があるとされています。

### ◆種球の植えつけ

8月から9月に、苦土石灰と元肥をまいてよく耕した畑に、株間15cm、畝間50〜60cmに植えつけます。植えつける種球は茶色の外皮をむいて2〜3球ずつに分け、1日ほど日に当てておき、先が少し地表に出るくらいの浅植えにします。

### ◆追肥と土寄せ

1回目は葉が15cmほどに伸びたころ、有機液肥を与えます。以後も、3週間に1回の割合で液肥を与えます。追肥後には土寄せをしておきます。

### ◆収穫

株が少ないときは、地上4〜5cmで葉を刈りとって収穫すると、また葉が伸びてきます。たくさんあるときは抜きとって、地下の小球も賞味します。

## ワケギの育て方

1

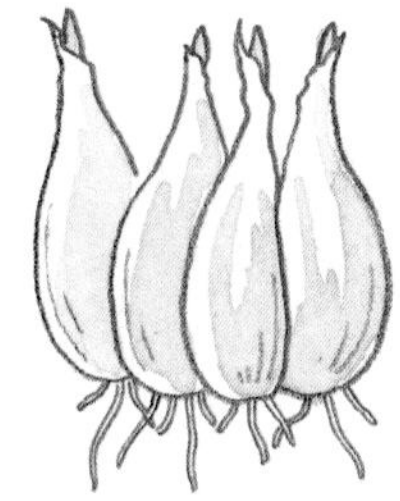

ワケギの種球。7月から8月になると芽が伸び始めるが、少し芽が出てきたころが植えつけの適期。

2

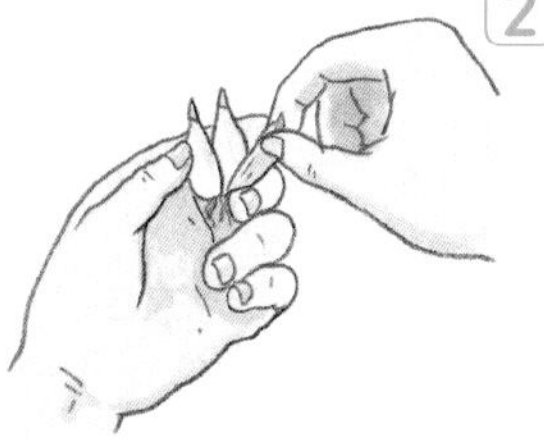

茶色の外皮をむいて、種球を2～3球ずつに分ける。

3

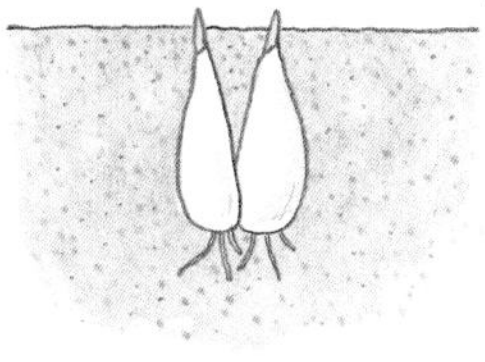

芽先が少し地上に出るくらいの深さに植える。深植えすると生育が遅れる。

4

大きく育ったら、地上4～5cmで葉を刈りとって収穫する。

5

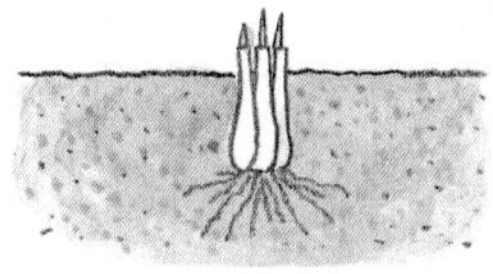

刈りとったあとから新芽が伸びてくる。

6

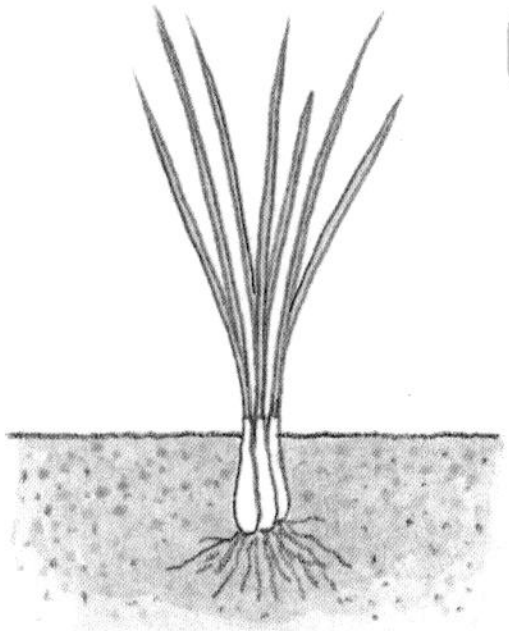

追肥を与えて育てると、再び葉が伸びて収穫できる。

7

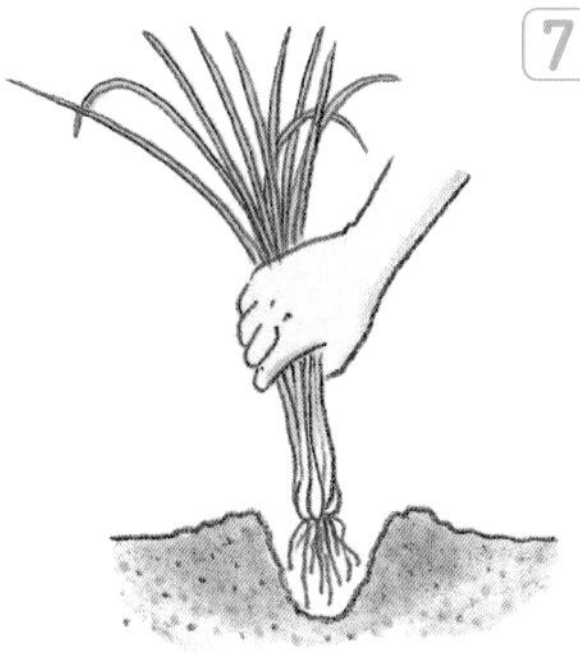

株がたくさんあるときは抜きとって収穫してもよい。根元の肥大した部分がおいしい。

8

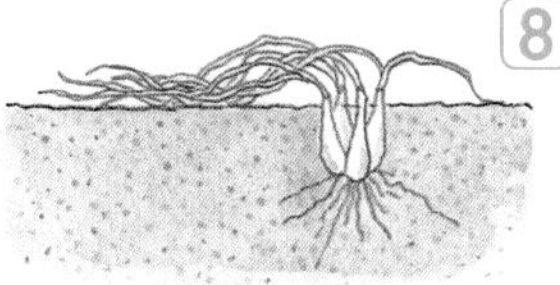

5月下旬になると葉が枯れてくるので、掘り上げて涼しい日陰で乾燥させ、夏から秋の植えつけを待つ。

ワケギの種球
〈タキイ〉

## シシトウ

ナス科／熱帯アメリカ原産　生育適温：20～30度

日本で改良された辛みのないトウガラシで、日本独特の野菜です。果実の先が「獅子の頭」に似ているところから、この名前がついたといわれます。ビタミンが豊富で、そのまま焼いたり煮たりして食べられます。

### ◆育て方

トウガラシ（111ページ）とほぼ同じです。摘芯などはしなくても、たくさん実をつけてくれます。ときどき、トウガラシのような辛いシシトウにあうことがありますが、これは先祖返りしたもので、水不足だったり、夜の温度が高かったりすると辛みが出ることが多いといいます。

## アサツキ

ネギ科／東アジア原産　生育適温：15～20度

中国や日本に自生する小型のネギの仲間です。各地で栽培されていて、めん類の薬味などに利用されています。ノビルよりは大型ですが、ワケギよりは小型です。

### ◆育て方

ワケギ（153ページ）とほぼ同じです。夏から秋に市販の種球を入手して植えつけます。秋に葉を伸ばし、冬にはいったん地上部が枯れますが、春に再び葉が伸びてくるので、20cmほどに育ったころに刈りとります。たくさんあるときは、抜きとって収穫してもよいでしょう。夏に葉が枯れたら掘り上げて乾燥させ、秋に再び植えつけます。

## セリ

セリ科／インド～東アジア原産　生育適温：15度前後

「セリ、ナズナ、ゴギョウ、ハコベラ、ホトケノザ、スズナ、スズシロ…」とうたわれる春の七草のひとつで、奈良時代から食べられていたという、水辺に生える野草です。水田で栽培されたものや水耕栽培のものが売られています。

### ◆育て方

ミツバ（139ページ）と同様に、水耕栽培の株を入手して再生させるのが手軽です。

鉢植えで育てる場合は、受け皿に水をためておくなどして、水ぎれさせないようにすることが大切です。睡蓮鉢など、底穴のない容器で育てるのもおすすめです。

## ゴマ

ゴマ科／東インド～エジプト原産　発芽適温：25度前後

古くからつくられている作物で、油をとるのにも使われます。日本でも、庭の隅やあぜなどに植えられているのをよく見かけたものです。最近、セサミンという物質が老化を防止するとして、健康食品として注目を集めています。

### ◆育て方

5月にタネをまいて、秋に収穫します。野菜畑などの肥沃な場所では、元肥は施さないで育てられます。畝の間隔は65cm、株間は15cmで、1カ所に5～6粒ずつまき、2回、間引きして1カ所2本にします。間引いた苗はほかの場所に植えましょう。マルチ栽培をすると収量がふえます。

## ヒョウタン

ウリ科／アフリカ原産　発芽適温：25度前後

非常に古くから、水などを入れる容器として利用されていたといわれる植物です。中国や東南アジアでは若くてやわらかい実が野菜として食べられているようですが、観賞用としてもおもしろく、庭で育ててみたい作物のひとつです。

多くの種類がありますが、小型の千成瓢箪（センナリビョウタン）が場所もとらず、おすすめです。

**◆育て方**

タネまきは4月で、ポットなどにまいて暖かい場所で育苗し、本葉が5～6枚になったら日当たりのよい場所に定植します。ヘチマと同様に、支柱を立ててつるを這わせます。

## 中国ダイコン

アブラナ科／地中海沿岸地方原産　生育適温：20度前後

中国で改良され、育てられているダイコンで、いろいろな種類があります。ダイコン特有の辛みがなく、甘みが強いのが特徴です。内部まで赤や緑の色がついているものが多く、大根おろしにするときれいです。

**◆育て方**

日本のダイコン（104ページ）と同じです。秋まきがつくりやすく、8月下旬から9月上旬にタネをまき、11月から1月に収穫します。畑は深くまでよく耕しておくことが大切。株間は40㎝ほどとして、1カ所に5粒くらいずつタネをまき、芽が出たら順次間引いて1本にします。

## マクワウリ

ウリ科／中央アジア、中近東原産　生育適温：20～30度

オリエンタルメロンとも呼ばれる小型のメロンの仲間です。中央アジアで生まれたメロンの原種が、古くに中国に伝わり、日本でも奈良時代以前から育てられていたという記録があります。メロンほど甘くはありませんが、育てやすいのが長所です。

**◆育て方**

プリンスメロン（135ページ）とほぼ同じですが、より小型で育てやすい種類です。タネからでも育てられますが、5月に苗を入手して植えるのが手軽です。親づるを摘芯して子づるを4本ほど伸ばし、それぞれの子づるに3～5個の実をつけます。

## ノザワナ

アブラナ科／ヨーロッパ～中央アジア原産　生育適温：15～20度

「野沢菜漬け」に使う漬け菜の一種で、葉が50～100㎝近くにもなる大型の野菜です。カブの仲間で、いまから250年ほど前に、信州野沢温泉村の住職が京都から天王寺カブのタネを持ち帰って植えたのが始まりといわれます。

**◆育て方**

8月から9月にタネをまいて11月に収穫する「秋どり栽培」と、2月から3月にタネをまいて4月から5月に収穫する「春どり栽培」ができます。畝間を100㎝以上とってすじまきし、順次間引いて株間15㎝にします。葉が50～60㎝になったら早めに収穫します。

# 菜園に植えたい ベリー＆果樹

　家庭菜園では、おいしいベリー類や果樹も楽しみたいところ。手間もかからず、一度植えれば毎年収穫できます。小さな菜園におすすめなのが、ブルーベリーやラズベリーなどのベリー類。小果樹とも呼ばれるように、小型で狭い場所でも楽しめます。そのまま食べてもおいしく、たくさんとれたときはジャムにしたり、果実酒にしたりしても楽しめます。冷凍保存もできます。ミカンやリンゴなど、おなじみの果樹もおすすめです。リンゴは花も美しく、ミカンの花は甘い香りを漂わせます。赤や黄色に色づく実は、庭の彩りとしても楽しめます。

## おすすめのベリー類

### ◆ブルーベリー

ツツジ科／落葉低木

　人気ナンバーワンの小果樹です。春の花、初夏の収穫が楽しめるほか、秋の紅葉もきれいなので、低い生け垣に仕立ててもすてきです。

　多くの品種があるので、地域に合った系統の品種を選びましょう。

　関東以西の地域では、ラビットアイ系がおすすめ。乾燥、高温に強く、初めてでも栽培が簡単です。

　ノーザンハイブッシュ系は寒冷地向きで、甘みが強くて大粒。サザンハイブッシュ系は、東北南部から沖縄までの暖地で栽培できます。

　いずれの系統も、同系統の2品種以上を混植したほうが実つきがよくなります。酸性土壌を好むため、植えつけ時にはピートモス（酸性度未調整のもの）をよくすき込みます。夏場の乾燥が苦手なので、株元にマルチングをしておきましょう。

### ◆クランベリー

ツツジ科／常緑低木

　日本の高原にも自生するツルコケモモの仲間です。実が大きくて暑さにも強い、丈夫な品種が市販されています。這い性でグラウンドカバーやハンギングにも向きます。

　初夏に開花して秋に収穫が楽しめます。ビタミンC、鉄が豊富。酸味が強いので、生で食べるよりもジャムやジュース、ソースなどに利用するとおいしく食べられます。

### ◆ラズベリー

バラ科／落葉低木

　丈夫な小果樹で、香りも味もよい愛らしい赤い実は、6月から7月が収穫期です。黄色の品種や、秋に収穫できる品種もあります。生で食べても、ジャムやソースに利用しても、おいしく食べられます。

　日当たりを好みます。熟した実は雨に当てないうちに収穫しましょう。地ぎわからよく枝を出すので、その年収穫した枝は冬に切り詰め、翌年は新しい枝に実をつけさせましょう。

### ◆ブラックベリー

バラ科／落葉低木

　ラズベリーと同じキイチゴの仲間で、イギリスでは、2つをまとめてブランブルと呼ばれて、親しまれているそうです。どちらもビタミン、ミネラルが豊富で、脂肪を分解する効果が注目されている、「ラズベリーケトン」（ラズベリーの香り成分）をたくさん含んでいます。

　立ち性と這い性の品種があり、這い性種はトレリスやフェンスに這わせて楽しめます。誘引はしなやかな若枝のうちに行ってください。

　ラズベリーより1カ月ほど遅れて開花、結実します。野バラに似たかわいい花も見どころ。赤く色づいたのち、黒く熟すのを待って収穫しましょう。

### ◆ボイセンベリー

バラ科／落葉低木

　ラズベリー、ブラックベリー、ローガンベリーの交配によってつくられたキイチゴの仲間。実つきがよく、甘ずっぱくて、生食のほか、ジャムなどにも向いています。

　半這い性で、比較的乾燥にも強いので、壁面の緑化にも利用できます。

### ◆ジューンベリー

バラ科／落葉高木

　春に可憐な白い小花が咲き、6月（June）に実が熟すのでジューンベリーと呼ばれます。甘い実はそのまま生で食べたり、ジャムにしてもおいしいベリーです。収穫時期には小鳥たちに先を越されな

ジューンベリー

ラズベリー‘ジョイゴールド’ 美しい黄色の実をつける品種。〈タキイ〉

ブルーベリー

レッドカラント

ブラックベリー‘サテンブラック’ 独特のコクと甘み、酸味をもつ選抜種。とげがなくて育てやすい。〈タキイ〉

クランベリー 鉢植えで育てるのもよい。

グズベリー

ボイセンベリー 〈タキイ〉

ラズベリー‘レオン’〈タキイ〉

いように気をつけましょう。

1本で実がなり、剪定をしなくても比較的美しい樹形を保て、秋には紅葉も楽しめるので、庭園樹としても人気があります。生長すると6～7mにもなるので、果樹として楽しむなら、ある程度のところで切り詰めます。アメリカザイフリボクとも呼ばれます。

## ◆レッドカラント

ユキノシタ科／落葉低木

赤い小さな実の輝きはまさしく宝石のようです。ビタミンCが豊富で酸味が強く、生食よりもジャムやソースなどに向きます。別名フサスグリ。黒や白の実の品種もあります。

夏の高温に弱いため、木の下など半日陰の場所に植えましょう。乾燥にも注意。収穫期は6月から7月です。

## ◆グズベリー

ユキノシタ科／落葉低木

スグリの仲間で、別名タマスグリ。ストライプ模様の丸々とした大粒の実は愛嬌があります。病気に強いアメリカ系品種がおすすめです。

育て方はレッドカラントと同様です。緑色の品種は酸味が強く、赤紫色の品種は熟すと甘くなります。

# おすすめの果樹

◆リンゴ・バレリーナツリー

バラ科／落葉高木

横枝がほとんど張らない、すらりとした樹形のリンゴで、狭い場所でも無理なく育てられます。春には幹を囲むようにかわいい花をたくさん咲かせ、秋に実をつけた姿もユニークです。

果重150~200gの中玉リンゴで、メイポール、ボレロ、ポルカ、ワルツの4品種があります。自家結実性がないため、実をならせるには品種の異なる2本をいっしょに植える必要があります。

◆ミカン類

ミカン科／常緑高木

冬でも緑の葉をつけている常緑の果樹です。寒さが苦手ですが、関東以南なら庭に植えても大丈夫でしょう。種類によって耐寒性には差があるので、その地方で無理なく育てられる種類を選びましょう。

代表的なウンシュウミカンのほか、ユズやスダチなどの酸味料として利用する種類もおすすめで、庭に1本あると重宝します。皮ごと食べるキンカンは小型で鉢植えでも育てられます。ナツミカンの仲間も、やや寒さに弱いのですが、丈夫で実つきがよく、育てやすい種類で、大きな実は観賞用にもよいものです。

◆ブドウ

ブドウ科／落葉性つる植物

暑さ、寒さ、乾燥にも強い、世界じゅうで育てられているフルーツです。非常に多くの種類がありますが、育てやすいのは、デラウエア、マスカットベリーA、ナイアガラなどでしょう。つるをフェンスやパーゴラなどに誘引して育てます。

丈夫で、土質もあまり選ばず、元気に育ちますが、大きな実のりっぱな房をつけるためには、施肥や剪定、余分な花房を摘みとる摘房、実の数を制限する摘果などを適切に行わなければなりません。

◆アケビ

アケビ科／落葉性つる植物

本州、四国、九州の山野に自生しているつる植物で、普通のアケビとミツバアケビがありますが、品種改良もあまりされていません。営利栽培も盛んではないようです。タネのまわりの白い部分を食べるほか、若い実を料理に使います。

寒さに強く、丈夫で、半日陰でも育ちますが、1本では実をつけません。アケビとミツバアケビをいっしょに植えるようにします。ブドウと同様に、つるをフェンスやパーゴラに誘引して育てます。

‘メイポール’の花　リンゴの花は一般に白だが、鮮やかなピンクの花を咲かせる。

ウンシュウミカン

‘メイポール’の果実　果肉の中まで赤くゼリーやジャムに利用するときれい。

家庭で育てたブドウ

‘ボレロ’　歯ごたえのよい黄色果。

アケビ

# 野菜づくりの基礎知識

# 菜園の準備と土づくり

野菜づくりは土づくりから、といわれます。最近の野菜は栄養価が低いといわれますが、これは、化学肥料ばかりに頼って、しっかりした土づくりがされていないことが大きな原因。有機物の多いよい土で育てると、栄養価も高く、野菜本来の味をもったおいしい野菜が収穫できます。

## ◆腐植質の多い肥えた土にする

土を育てることを「育土」といいます。肥えたよい土というのは有機物の多い土で、有機物が多いと土壌中の微生物がふえるだけでなく、肥料もちのよい土になります。

土の中で最も大切な役割を果たしているのは粘土です。粘土粒子の表面はマイナスイオンですから、表面にプラスイオンが結びつきます。アンモニアやカリウム、鉄、アルミニウム、カルシウム、マグネシウムなどはプラスイオンですから、粘土に結びついて土中に保持されます。

腐植質は粘土と同様の働きをします。土中の腐植質の割合が多いと、多くの肥料分を保持できるのです。

## ◆土壌改良剤を利用する

腐植質の多い理想的な団粒構造の土をつくるためには、堆肥、腐葉土などの有機物＝土壌改良剤が必要になります。いろいろな土壌改良剤がありますから、じょうずに利用しましょう。

有機農法実践者によると、よい畑にするには10年かかるといわれます。初年度は1年間に1㎡あたり100kg前後の堆肥を入れたといいます。2年目は1㎡あたり30kg、3年目は10kg、4年目は5kg施したそうです。

土壌中の腐植質の割合は、少なくても7％、理想は14％以上ほしいところです。有機野菜の優品を出荷している農家の畑は腐植質の含有量が20％に達するところもあります。

## ◆緑肥を栽培する

有用植物を畑一面に栽培することを「草生栽培」と呼びます。マメ科やイネ科の植物を栽培し、緑肥として利用することです。

### 菜園の準備

1 ある程度の広さがある菜園なら、レンガなどで通路をつくると作業が楽になる。レイアウトを決め、石灰などで線を引く。

2 レンガを敷く部分をレンガの厚みの半分程度掘り下げて、土を踏み固めてならしておく。

3 レンガを順に敷き詰めていく。多少すき間が出ても大丈夫。敷き終えたらすき間に土を入れて縁も埋める。

4 レンガの上にのった土をはき落として、通路の完成。野菜を植える部分は、深さ30㎝以上までよく耕しておく。レンガは置いてあるだけなので、通路の位置はいつでも変更できる。

マメ科の植物は根に根粒菌が共生していて、それが空気中の窒素を植物が利用できる形に変えるため、窒素肥料として利用されます。30年ほど前までは、春先の田んぼはピンクの花で覆われ、それはきれいなものでしたが、それはレンゲソウを緑肥として利用していたからでした。

水田では、花が咲いたあとの茎葉をそのまますき込んでいましたが、畑ではじかにすき込んではいけません。開花前（つぼみのころ）に刈りとって、栽培作物の畝間や株間に草マルチとして敷き込むか、積み込んで堆肥にしてから利用します。

イネ科の牧草類は炭素率（含まれている窒素と炭素の比＝CN比）が高いので、鶏ふんと発酵菌を混ぜて、いっしょに積み込んで堆肥にするのがおすすめです。

## ◆土壌微生物の働き

有機物が増加すれば、土壌微生物は増加します。

土壌微生物は有機物を分解するとき、自分の体から粘液を出します。この粘液が土の粒子をくっつけあい、土の団粒をつくります。つまり、気相の多い団粒構造の土をつくります。

有機物が減れば、土壌微生物は著しく減少して悪い土になります。

発酵型の土壌にするには、市販の土壌菌（松本微生物研究所など）を畑に入れるとともに、有機物（発酵堆肥、落ち葉、稲わら、緑肥、もみ殻、米ぬかなど）をたくさん投入してやることが必要です。有機肥料中心の栽培をすることも大切です。

土壌菌は有機物を餌として増殖し、肥沃な畑になります。代表的な土壌菌は、細菌類や放線菌（善玉菌）と糸状菌（悪玉菌）で、腐敗、発酵、合成などの作用をしています。

### ◆土中における有機物

土中の有機物は微生物の働きで分解され、最後は二酸化炭素と水、アンモニアになります。

有機物の分解の速さは炭素率に支配されます。炭素率の低いものはよく分解しますが、炭素率の高いものは窒素が不足するので、堆肥に積むときは、必ず窒素分と水分を加えなければなりません。

### ◆土壌の分類

土壌の分類の仕方にはいろいろなものがありますが、土壌微生物に注目して分類すると次のようになります。これは欧米諸国が採用している有機農業型の分類です。

#### ①腐敗型土壌

最も好ましくない土壌型ですが、この型の土壌が、家庭菜園土壌の90％を占めるといわれています。

土壌中に糸状菌（かび、悪玉菌）の含有量が高く、有効な有機物は少なく、病害虫の発生が多くなります。

化学肥料中心の栽培、また、肥料になるからといって悪臭のするような有機物（台所のごみなど）を使っていると、このような土壌になります。

#### ②浄菌型土壌

土壌中の糸状菌の占有量が50％くらいにまで下がった土壌で、有機無農薬農業をやっている農家の土壌です。

有機肥料を使い、堆肥、落ち葉類を多く投入し、病菌のない、透水性、団粒化の進んだ発酵型土壌に近づいた畑になっています。

#### ③合成、発酵型土壌

光合成菌や藻類、窒素固定菌などの微生物（善玉菌）が優先して活動している土壌です。

土づくり10年以上をへた、有機野菜の認定マークがもらえるような野菜をつくっている農家の畑です。善玉の細菌類が50％、放線菌（善玉菌）が40％で、糸状菌（悪玉菌）は10％内外です。野菜づくりには理想的な土壌で、われわれはこれに向かって努力すべきです。

### 土づくり

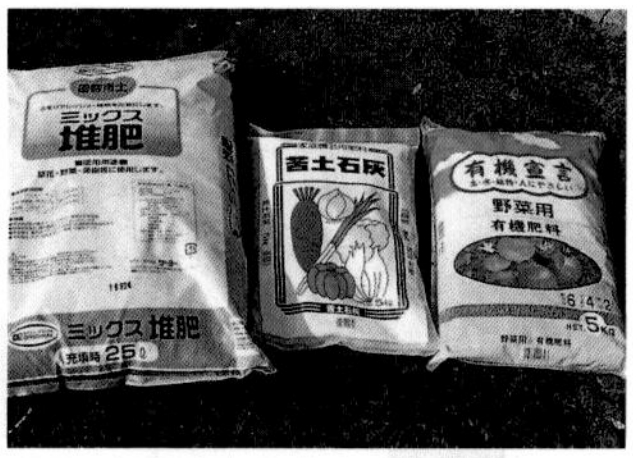

1 土壌酸度を中和する石灰、ふかふかの土づくりに欠かせない堆肥、野菜の生長を助ける肥料を準備する。

2 石灰をまいて、土の酸度を中和する。一般には1㎡あたり山盛り3握り程度。スギナが生えるような強酸性の場所なら5握り。苦土石灰が使いやすいが、消石灰でもよい。

3 有機物の多い土にするための堆肥をまく。普通の庭土ならば厚さ4〜5㎝、造成したばかりの場所なら10㎝くらい堆肥を入れるのがよい。

4 石灰と堆肥を土とよく混ぜる。完熟堆肥なら石灰と同時でも問題ないが、未熟な堆肥を入れるときは、石灰をまいてから1週間ほどしてからにする。

5 元肥として、効きめがおだやかな有機肥料を土の上にまく。適量は肥料の種類や育てる野菜によっても異なるが、1㎡あたり3握り程度（約300ｇ）が一般的。

6 もう一度よく耕し、ならして土づくり完了。野菜づくりを始める前に、余裕をもってすませておきたい。

### ［ミミズを利用しよう］

有機栽培農家はミミズを養殖して利用しています。ミミズは有機物であればなんでも食べます。生ごみなどの生活廃棄物はすべてミミズの食べ物になります。動物性の兎ふん、牛豚ふん、魚かすや、植物性の野菜くずなどは直接畑には入れず、堆肥に積んで、この中でミミズを養殖するとよいでしょう。土中でミミズが活動すると、次のようなよい点があります。

微生物…種類と数が非常に増加する。
有機物…ミミズの体内を通った有機物は植物に吸収されやすくなる。
団粒化…土の粒子はミミズの消化物で糊づけされるので、きれいな団粒となる。
酸素…ミミズの通ったあとに穴があき、空気が通りやすくなる。
化学成分…酸性の土も矯正されて中性に近づく。

# 肥料の与え方

**私たち人間が生きていくために毎日食事をとるように、作物もいつも栄養分を吸収して生育しています。そのために与えるのが肥料で、私たちの食事と同様、大量要素3種、中量要素3種、微量要素7種、合計13種類の要素が必要です。**

おいしい野菜をたくさん収穫するためには、肥料が必要。

## ◆肥料の三要素

植物が必要とする元素のうちで、空気や水から摂取できる酸素、炭素、水素以外で、最も多く必要とするのが、窒素（N）とリン酸（P）、カリ（K）の3つです。これを肥料の三要素と呼んでいます。窒素はタンパク質、リン酸は核酸などを合成するのに不可欠で、カリはナトリウムなどとともに各種の調節に働きます。

自然界では、これらは根から水といっしょに吸収されますが、畑などで野菜をつくっていると、どうしても不足してきてしまうので、肥料として与えなければなりません。

一般に、窒素は葉肥、リン酸は実肥、カリは根肥と呼ばれ、それぞれ葉、花や実、根の生育に重要な役割を果たしているといわれます。

肥料のパッケージなどに、N：P：K＝8：10：6と表示されているのは、この三要素の含まれる割合（％）を示しています。

## ◆中量要素と微量要素

三要素のほかに、わりあいたくさん必要なもの（カルシウム、マグネシウム、イオウ）を中量要素、少しあればよいもの（鉄、マンガン、ホウ素、亜鉛、モリブデン、銅、塩素）を微量要素と呼んでいます。主な働きは次のようなものです。

**カルシウム**…細胞組織を強くする。根の生育を促進する。土壌酸度を調整する。

**マグネシウム**…葉緑素をつくる。リン酸の働きを助ける。

**イオウ**…タンパク質をつくる。

**鉄**…葉緑素をつくる。

**マンガン**…葉緑素やビタミンの合成にかかわる。

**ホウ素**…根や新芽の生育を促進する。

**亜鉛**…新しい葉をつくるのに役立つ。

**モリブデン**…ビタミンの合成にかかわる。

**銅**…葉緑素をつくる。

**塩素**…光合成にかかわる。

一般に、有機質の多く含まれた肥沃な土壌ではそれほど不足することはないのですが、化学肥料ばかりに頼って長い間収穫を続けていると、中量要素や微量要素が不足してきて、さまざまな障害が出てじゅうぶんな収穫ができなくなります。

堆肥などの有機質を畑にじゅうぶん入れてやるとともに、微量要素入りの化成肥料などで補ってやらなければなりません。

## ◆有機質肥料と無機質肥料

有機質肥料は一般に魚かす類、骨粉類、大豆かす類、草木灰などの動植物を材料とした肥料をいいます。

無機質肥料は貝殻など天然物もありますが、肥料としての化学組成が無機化合物によって生成されている肥料をいいます。

## ◆肥料の効き方

肥料は水にとけてイオンの形にならないと根から吸収されません。

たとえば、有機質肥料である油かすは含まれる窒素はタンパク態で、これが土中で微生物の働きによってアンモニア態となり、続いて硝酸態の窒素になってから吸収されます。与えてから効き始めるまでに時間がかかるのです。

このように、肥料に含まれている成分の効き方を見ると、速効性、緩効性、遅効性があり、肥効速度が異なります。

速効性肥料は与えるとすぐに効き始める肥料です。緩効性肥料は肥料を施して10日くらいから肥効が出始め、100日くらいまで持続します。遅効性肥料は施して30日以上たってから肥効があらわれるものです。

有機質肥料の多くは緩効性か遅効性、無機質肥料の多くは速効性です。

## ◆元肥の与え方

タネまきや苗の植えつけの前に畑に入れておく肥料が元肥です。

### 施肥の位置

元肥の与え方には、畑の土全体に肥料を混ぜる全面施肥、畝の中央に施す条施肥、肥料を上下2段に入れる2段施肥などがあります。

条施肥には、育てる作物の真下

に肥料を入れる直下施肥と、作物の真下には入れない側条施肥があります。

ホウレンソウやコマツナなど多くの葉菜類、キャベツ、ハクサイ、レタス、トウモロコシ、カリフラワー、イチゴ、ジャガイモ、サトイモなどは、根の張りが浅いので、全面施肥を行います。インゲン、ピーマン、トウガラシ、タマネギなどは、根の張りが中くらいなので、条施肥か全面施肥にします。

根が深くまで張るカボチャやスイカなどは条施肥がよく、トマト、キュウリ、ナスなどは2段施肥とすることもあります。ニンジン、ゴボウ、ダイコンなどは、根が伸びる場所に肥料があると又根の原因になるので、側条施肥とします。

### ◆追肥の与え方

作物の生長に合わせて、必要な時期に必要な種類の養分を与えるのが追肥のポイントです。

同じ作物でも生育段階により必要とする養分が異なりますから、その要求に合った栄養素だけを肥料として与えるのが理想です。じょうずに肥料を与え、りっぱな野菜を育てるには、それぞれの野菜の生育過程を知ることが大切なのです。

### ◆養分吸収は葉でもする

植物は海の中で生活していたときは、葉から栄養素を吸収していました。陸上にあがってから、根から養分を吸収するようになったのです。

アミノ酸、ビタミンB群、微量要素などは、液体肥料にして葉の表裏に散布すると1~2日で吸収されます。これを葉面散布と呼びます。

葉面散布用の肥料としては、松本微生物研究所の光オーレスやNEWパナオーレスなどがおすすめです。

## [各種の要素の欠乏症状と過剰症状]

### 窒素(N)

■欠乏症状
・葉が淡黄色になり、面積が狭くなって早く落葉し、数が減る。新葉だけは緑色を保つ。
・茎や枝の生育が衰え、樹勢が弱る。新枝の生長がふじゅうぶんになる。
・実が小型になり、収量が減少する。成熟が早まる。
・根が全般的に貧弱になり、細根が長くなる。

■過剰症状
・葉が濃緑色となる。葉が大きく薄く軟弱になり、病害虫や乾燥の被害を受けやすくなる。
・茎が伸びすぎる。節間が長くなる。
・開花、結実が遅れる。茎葉に対する果実の量が減る。
・根はよく伸びるが、細根が少なくなる。

### リン酸(P)

■欠乏症状
・葉が暗緑色から紫色を帯び、かたい感じになる。出葉が遅れる。
・茎や枝の生長が不良になる。
・開花が遅れる。実入りがきわめて悪くなり、収量、品質が著しく低下する。
・根の伸長が不良になる。

■過剰症状
・葉は肥厚して弱くなる(それほど明らかではない)。
・丈が短くなる。
・早熟の傾向があって、収量が減ることもある。

### カリ(K)

■欠乏症状
・葉が軟弱になり、黄褐色の斑点を生じたり、周辺から黄化したりして、水分不足のようになって枯れる。下葉が早くから落ちる。
・茎がきわめて軟弱になる場合がある。倒伏しやすくなる。丈は低くなる場合が多いが、作物によっては伸長することもある。
・実の収量、品質が低下する。特にデンプン質、糖分が減る。
・根の伸長が不良になる。

■過剰症状
・草丈が増す。早く老衰することもある。
・実の品質が向上する

### 肥料の与え方

[追肥]
生長の途中で株間にばらまいて、軽く土と混ぜておく。早く効く化成肥料がよい。

[元肥]
苗を植える前に、植え穴に入れておく。ゆっくり長く効く有機質肥料がよい。

# 病害虫の防除

**野菜を育てていると、いろいろな病害虫が発生して悩まされます。でも、せっかく自分で育てているのだから、できれば農薬は使いたくないもの。いろいろな工夫で、大切な野菜を病気や害虫から守りましょう。**

## ◆病害虫防除は総合管理

作物を病害虫の被害から守るためには、病気に強い品種を選ぶ、病害虫の少ない時期に育てる、肥料や水やり、間引き、剪定などを適切に行う、いっしょに植える植物を考える、虫が寄りつかないようにネットをかけるなど、さまざまな要素が絡み合ってきます。総合防除（管理）をして、作物を健全に育て上げなければなりません。

化学薬品（農薬）を使って病害虫を駆除、予防するのもひとつの方法ですが、各種の農薬の使用法などは、それぞれの薬品の説明書などを見てもらうこととして、ここでは農薬を使わない防除法を紹介します。

作物保護（病害虫の防除）は環境保全型農業の最終コースです。

## ◆作物をよく観察する

作物の生態がいちばんよくあらわれるのは、日の出30分後くらいです。早朝、夜露が太陽にきらきらと輝いているときです。家庭菜園を歩きながら、育てている野菜をよく観察しましょう。葉は裏をよく見て、害虫の卵を発見したり、葉の表の病斑、虫くいなどに注意します。

次に、土のにおいをかいでみましょう。移植ごてでサクッと土をすくえば、すぐにかぐことができます。快い香りがすれば放線菌が多いよい土の証拠。かびのにおいがすれば要注意です。

また、作物を見たらその生まれ故郷（原産地）を思い出し、その地域はどんなところかを考えてみましょう。そして、その環境に近づける栽培法をあらためて確認します。作物は故郷が恋しくなっているかもしれません。

## ◆病害虫の発生時期を知る

毎年、病気や害虫が発生する時期はほぼ決まっています。その時期を少し前か後にずらして栽培計画を立てると被害が少なくなります。

また、病気や害虫の発生量も判明しています。発生の少ない時期を選べば、無農薬でも育てることができます。

一般に、春まきと秋まきができるものは、病害虫の発生の多い夏場に向かう春まきより、涼しい季節に向かう秋まきのほうが、病害虫の被害が少なく、育てやすくなります。

また、四国、九州、沖縄などの暖地では、11月から3月までの間は病害虫の発生が少ないので、この時期なら無農薬栽培も難しくありません。寒冷地では、この時期はトンネルがけなどの保護が必要になります。

## ◆天敵昆虫の利用

自然界では、害虫が発生してもそれほどふえることはありません。害虫がふえればそれを捕食する天敵もふえ、バランスが保たれているからです。できれば、家庭菜園にもこのバランスをとり入れたいものです。

天敵を利用して防除する方法を生物学的防除法と呼び、有機農法では最も大切にされています。最近は天敵の卵や幼虫なども売られていますが、これは主にハウスなどの閉鎖環境で使用するもので、家庭菜園などのような開放的な場所では効果が低くなります。

家庭菜園では、不用意な薬剤散布を避けて天敵が生活しやすい環境を整えることが大切です。実の

### 注意したい害虫など

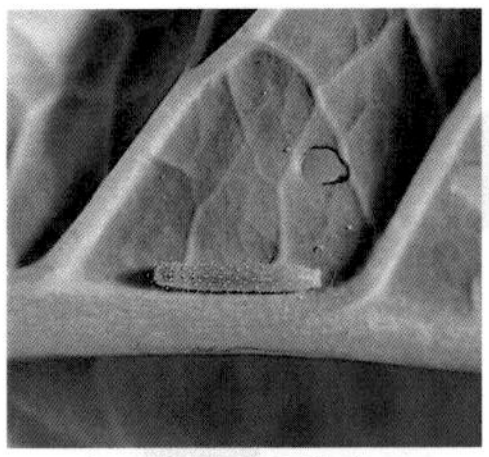

**モンシロチョウの幼虫**

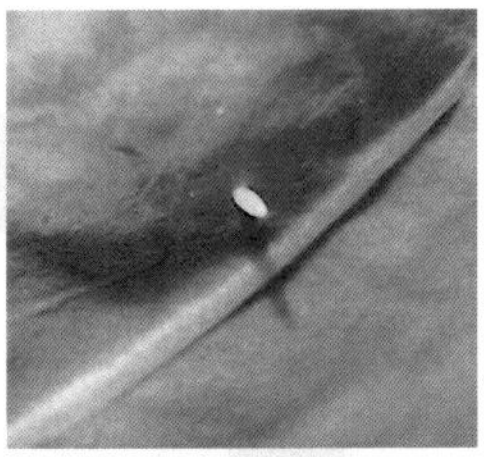

**モンシロチョウの卵**

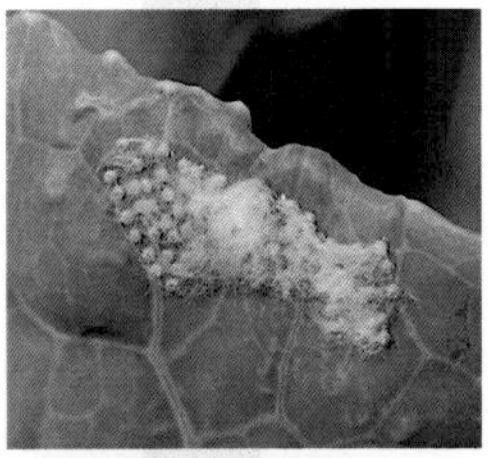

**ヨトウムシの仲間の卵**
葉裏に産卵されているので、注意してさがし、見つけしだいつぶしておく。

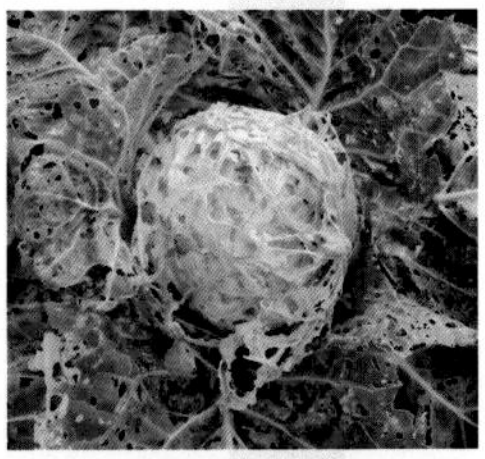

モンシロチョウの幼虫に食べられたキャベツ。

**ヨトウムシの幼虫**
大きくなると5㎝ほどにもなり、レタスなどは一晩で食べ尽くされてしまうこともある。昼間は土の中に隠れているので、食痕を見つけたら株元の土を掘ってさがしだそう。

なる木を植えたり、水場をつくったりして、小鳥を集めるのも効果的です。

　主な天敵には次のようなものがあります。

**①クモ**

　田畑（農薬を散布しない畑）には1㎡あたり60匹以上はいて、1日に約20匹以上、虫を食べるといわれる。アブラムシ、ハモグリバエ、アオムシ、ヨトウムシなどを捕食する。

**②カエル**

　1匹のカエルは5カ月間に1万匹の虫を食べるというデータがある。食べる虫はネキリムシ、ハエ、カ、ナメクジ、ヨトウムシなどで、農薬散布をしないことが大切。

**③カマキリ**

　小さいときはアブラムシ、成長するとバッタやケムシなどを捕食する。

**④ナナホシテントウ**

　アブラムシ、コナジラミを食べる。幼虫は1日25匹ぐらい、成虫は1日50匹ぐらいのアブラムシを食べるといわれる。

**⑤カゲロウ**

　成虫も幼虫もアブラムシ、カイガラムシ、ダニなどを食べる。

**⑥クサカゲロウ**

　幼虫は1日に60匹くらいの害虫を食べる。

**⑦トンボ**

　1日に840匹くらいの害虫を食べる。

**⑧小鳥類**

　菜園の周囲には美しい実のなる小果樹（スグリ、フサスグリ、グミ、キイチゴ、ニワウメ、ユスラウメ、クワの実など）や、目立つ実のなるナンテン、マンリョウなどを植えて、小鳥がたくさん集まってくるようにする。アオムシやケムシを食べてくれる。

## ◆農薬を必要としない作物を栽培する

　同じ葉菜類の中でも、アブラナ科のコマツナやキャベツなどに比べると、アカザ科のホウレンソウやフダンソウは害虫の被害にあいにくいものです。独特のにおいがあるセリ科の野菜もあまり虫がつきません。

　経験の少ない方はこのような、病気や害虫がつきにくいものを育てるのがおすすめです。

　病害虫の少ない野菜としては、ゴボウ、サツマイモ、サトイモ、シュンギク、ショウガ、セリ、セルリー、タマネギ、ナガイモ、ニラ、ニンジン、ニンニク、ネギ、パセリ、フキ、フダンソウ、ホウレンソウ、ミツバ、ミョウガ、ヤマイモ、ヤマトイモ、ユリ根、レタス、ワケギなどがあります。

### 不織布などで覆う

キャベツなどは、苗を植えたらモンシロチョウなどに産卵されないよう、不織布などで覆っておくとよい。まず、U字形の支柱を立てる

不織布ですっぽり覆う。すそは土に埋めておく。

### 防鳥ネット

エダマメなどのマメ科のタネは鳥に食べられやすいので、タネをまいたらネットで覆っておくとよい。

ブルーベリーなどの小果樹も鳥たちの大好物。食べられないような工夫が必要。

### 雨よけと敷きわら

ビニールなどで雨を防ぐと、病気の発生が少なくなる。敷きわらで泥のはね返りを防ぐのも効果的。

### 薬剤散布

安全な天然成分の農薬が市販されているので、それを使うのもよい。自作の天然防虫剤（29ページ）もおすすめ。

# 病害虫防除のコンパニオンプランツ

いっしょに植えておくと、近くにある植物によい影響を与える植物をコンパニオンプランツと呼んでいます。セージやミント、カモマイル、ローズマリー、タイムなどの香りの強いハーブはその香りに害虫が嫌う成分が含まれているので、近くに植えておくだけで害虫の被害を少なくする効果が期待できます。マリーゴールドは根から出る成分で土壌中のセンチュウを駆除する働きがあることが知られています。

### ◆野菜の種類と混植によいハーブ

ハーブには病害虫を寄せつけにくくする成分が含まれているだけでなく、野菜といっしょに植えることにより、お互いの生育がよくなるものもあります。各種の野菜と相性のよいハーブを紹介します。株間に植えたり、野菜のまわりを囲うようにして植えたりするのがおすすめです。

### ◆植物を利用した予防液

有機農法では、病害虫を予防するために各種の植物の抽出液をつくり、これをある間隔をおいて作物にスプレーする方法が行われています。これにより、作物が丈夫になり、病害虫を寄せつけなくなります。そのいくつかを紹介します。

トウガラシやニンニクは多くの害虫に効果があるので、トウガラシやニンニクに、各種のハーブを加えてホワイトリカーに漬け込んでおき、必要に応じて水で薄めてスプレーで散布するのもおすすめです。

**ミント**
ミントには多くの種類があるが、写真はペパーミント。エンドウ、トマト、キャベツなどと混植するとよい。

**マリーゴールド**
地中のセンチュウを駆除するといわれる。カボチャ、ジャガイモ、マメ類などと相性がよい。

**ナスタチウム**
アブラナ科の野菜にコナジラミがつくのを防ぐ。エディブルフラワーとしてサラダなどにも利用する。

**チャイブ**
小型のネギの仲間。エンドウ、トマト、ニンジンなどと相性がよい。

**ジャーマンカモマイル**
タマネギと相性がよいハーブで、ハーブティーにもよい。

**オレガノ**
半日陰でもよく育つ丈夫な多年草ハーブ。カボチャ、キュウリと相性がよい。

**[混植によい野菜とハーブ]**

イチゴ…タイム、ボリジ
エンドウ…チャイブ、ミント
カボチャ…マリーゴールド、オレガノ
キャベツ類…ミント、セージ
キュウリ…オレガノ、ナスタチウム
セルリー…ニンニク、ナスタチウム
タマネギ…カモマイル
トマト…バジル、ミント、チャイブ
ニンジン…チャイブ、セージ
ジャガイモ…マリーゴールド、ナスタチウム
豆類…ナスタチウム、マリーゴールド

ストロベリーポットに植えた各種のハーブと野菜の寄せ植え。薬剤散布はほとんど必要ない。

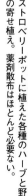

## マリーゴールドを緑肥として利用する

センチュウを防ぐ効果のあるマリーゴールドは
畑にすき込んで緑肥として利用するとさらに効果的です。

1 あいた場所にマリーゴールドを植えておき、野菜を植える前にスコップでこまかく切る。

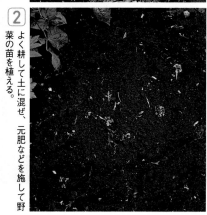

2 よく耕して土に混ぜ、元肥などを施して野菜の苗を植える。

各種のハーブに囲まれた家庭菜園。野菜だけを植えておくよりも、病害虫の発生がずいぶん少なくなる。

### [各種のハーブなどの病害虫防除効果]

①スギナなど
・葉と茎をいっしょにして6時間以上水に浸してから10分間煮立てる。そのまま10分以上放置し、これを小型噴霧器で目的とする作物に散布する。
・スギナのたくさんとれる時期には、収穫してよく乾燥させ、粉にして貯蔵しておく。この粉を小さじ3、水1カップを加えて20分以上煮立て、これを散布する方法も効果的で、欧米ではよく行われている。
・べと病、うどんこ病、さび病、黒腐病などの予防に効果がある。
・ニガヨモギ、白花除虫菊、カノコソウ、イラクサなども、スギナと同じ要領で抽出液をつくって散布すると病害虫予防の効果がある。

②カモマイル(カミツレ)
・花を乾燥させたものを冷水に2日くらい浸し、よく浸出した液を噴霧器で散布する。

③ナスタチウム
・鍋に葉とかぶるくらいの水を入れてよく沸騰させ、火を止める。10分間はそのまま放置する。これを布などでこしてから、粉末せっけんを少量加え、4倍の水に薄めてから散布する。
・アブラムシ、コナジラミ、カメムシなどの駆除に使う。

④サルビア(セージ)
・茎葉を沸騰している湯の中に入れて成分を抽出し、冷ました液を散布する。

⑤トマトの葉
・葉をジューサーなどでしぼり、2ℓの水に薄めてからコンスターチ大さじ1を加える。これにトウガラシ、タマネギ、ニンニクなどを入れてミキサーでジュースにし、24時間経過したものを布などでこしてから散布する。

⑥トウガラシ
・タマネギやニンニクと混合して24時間水に浸し、水の中に成分が浸出したところで小型噴霧器で散布する。

⑦木酢液、竹酢液
・木材やタケを高温で処理したときに出る抽出液。ニンニク、チャイブ、スギナ、ドクダミなどの抽出液と混合したものは、べと病、うどんこ病、灰色かび病、さび病の予防にも使われている。

# 苗の植えつけ

野菜づくりのはじめはタネをまくのと、苗を植えるのがあります。どちらにもよい点がありますが、市販の苗を入手して植えつけるのが手軽で、限られた土地や時間を有効に利用できます。最近はいろいろな種類の野菜の苗が市販されたいへん便利になりました。

### ◆畝を立てる

タネをまいたり、苗を植えたりするために、細長く土を盛り上げたところを「畝《うね》」と呼びます。盛り上げるのは、水はけをよくするため。作業をしやすくするために細長い形にしますが、小さな菜園なら、正方形や丸形でもかまいません。

いうなれば、畝は野菜たちのすまい。すみ心地がよいように整えましょう。

苦土石灰、堆肥、元肥など入れてじゅうぶん耕した畑に、幅60㎝、高さ10～15㎝くらいに土を盛り上げます。高さはさほど気にかけなくても大丈夫。水はけの悪い土地では畝を高くするか、畝の間にはっきりと溝を切っておきます。

畝の幅は通常60㎝程度ですが、苗を2列に植える場合は100㎝程度の幅をとることもあります。畝の向きは日当たりや風通しが平均するよう、南北に通すのが一般的です。

### ◆苗の入手

家庭菜園でそれほど多くを栽培する必要がない場合や、タネから苗を育てるのが難しい場合などは、市販の苗を入手して植えつけます。

一般に、トマトやナスなど春から夏にかけて育てる果菜類は、数株あればじゅうぶんなことが多いので、市販の苗を入手して植えつけるのが普通です。タネから育てる場合は3月末から4月初めにタネをまきますが、寒さには弱いので、温室やビニールトンネルなどで保温する必要があります。

植えつけの適期になると、ホームセンターなどで多くのポット苗が出回ります。節の間が詰まり、しっかりした感じの苗を選びましょう。

苗が出回る時期は限られているので、逃さず入手することが大切です。ただし、植えつけ適期より早く出回ることが多いので、適期を確認してから植えつけましょう。

### ◆元肥を入れてから植える

畑にはすでに元肥を入れて耕してありますが、果菜類は実がなるまでの生育期間が長いので、植えつけ時にも元肥を加えます。元肥には、有機質肥料と化成肥料がバランスよく配合されている有機配合肥料がおすすめ。1株あたりに必要な肥料と、その4～5倍の堆肥を混ぜたものを元肥として植え穴に入れておきます。

#### 植えつけの手順（ナス）

1 深さ10㎝ほどの植え穴を掘る。

2 掘った穴に元肥を入れ、土と軽く混ぜる。

3 肥料が直接根にふれないよう、土を入れる。

4 苗をそっとポットから抜いて植え穴に入れる。株元が地表に来るように高さを調節する。

5 すき間に土を入れて、しっかり手で押さえる。

6 ナスの苗は接ぎ木苗といって、丈夫な台木に接ぎ木したものが多い。株元から出てくる芽は台木の芽なので、かきとっておく。

7 乾燥しないように堆肥などでマルチングする。風で動かないように、短い支柱を立てておく。

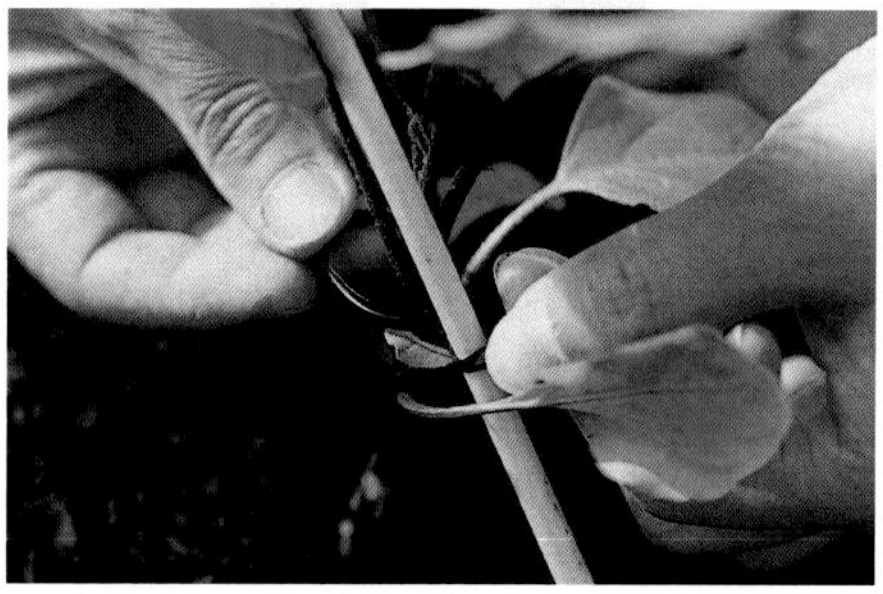

8 ビニタイなどで茎を支柱に固定して植えつけ終了。じゅうぶん水やりしておく。

## 鉢植えの手順（ハーブの寄せ植え）

1 直径20㎝ほどの鉢に、4ポットのハーブの苗を植える。

2 鉢底に、土がこぼれないようにするためのネットを敷く。

3 水はけがよくなるように、2〜3㎝は大粒の土（ごろ土）を入れる。

4 用土を少し入れる。土は畑土に堆肥などを混ぜたものでよいが、市販のものを利用してもよい。

5 ポットを並べてバランスを見る。下に入れた土の量も調節する。

6 苗をポットから抜いて鉢に並べる。

7 まわりに用土を入れて苗を植えつける。

8 植えつけ終了。じゅうぶん水やりしておく。

# タネのまき方

トマトやナスなどは市販の苗を入手して植えつけるのがむだがなくて便利ですが、コマツナやホウレンソウなどのように、タネからでもそれほど時間がかからなくて、5株や10株では間に合わないものは、タネをまいたほうがよいでしょう。珍しい種類など、苗が売られていないものも、タネから育てる必要があります。

### ◆タネをまいて育てるもの

コマツナやシュンギク、ホウレンソウなどの小型の葉菜類はタネから育ててもそれほど時間もかかりませんし、5株や10株ではとても足りないので、タネをまいて育てます。ダイコンやカブなどのように、移植を嫌うものもタネから育てます。

葉菜類でも、ハクサイやキャベツなどのような大型のものは、タネからでも育てられますし、苗も市販されています。

また、トマトなどでも、特定の品種を育てたい場合は苗が売られていない可能性が高いので、タネから育てます。苗を植える時期になって、苗が入手できないからタネをまこうと思っても手遅れのことが多いので、あらかじめ調べておき、早めにタネを入手しておきましょう。

タネから野菜を育ててみると、収穫の満足度も格段に増すものです。コマツナやカブ、コールラビなど、育てやすい野菜を選んで、ぜひタネまきにも挑戦してください。

### ◆直まきと床巻き、ポットまき

タネまきの方法は、菜園に直接まく「直まき」、まき床《どこ》を用意して苗を育てる「床まき」、ポットにまく「ポットまき」に大別されます。

収穫までの生長期間が短い葉菜類や、直根で移植を嫌う根菜類、マメ類などは直まきして育てます。「ばらまき」、「すじまき」、「点まき」の3とおりのまき方から、それぞれの野菜に適した方法を選びます。

床まきとポットまきは育苗《いくびょう》して菜園を効率よく活用できるものの、鉢上げや移植の手間を要します。また、床まきやポットまきをする種類は苗が市販されることが多いので、入手して育てるのが手軽でしょう。

### ◆発芽適温

タネが発芽するには、野菜ごとに必要な温度があります。発芽適温に達していないと、せっかくタネをまいても芽は出てきません。適期にまくことが大事です。

入手したタネ袋には、発芽適温やタネまき栽培のポイントが記されていますので、よく読んでおきましょう。

### ◆好光性種子と嫌光性種子

タネをまいたら土をかけて、表面を手のひらで軽く押さえてタネを土になじませます。これを覆土《ふくど》と呼びますが、覆土の厚さは、タネの粒径の2倍程度が目安です。ふるいを使うと、均一に土をかけ

**ばらまき**

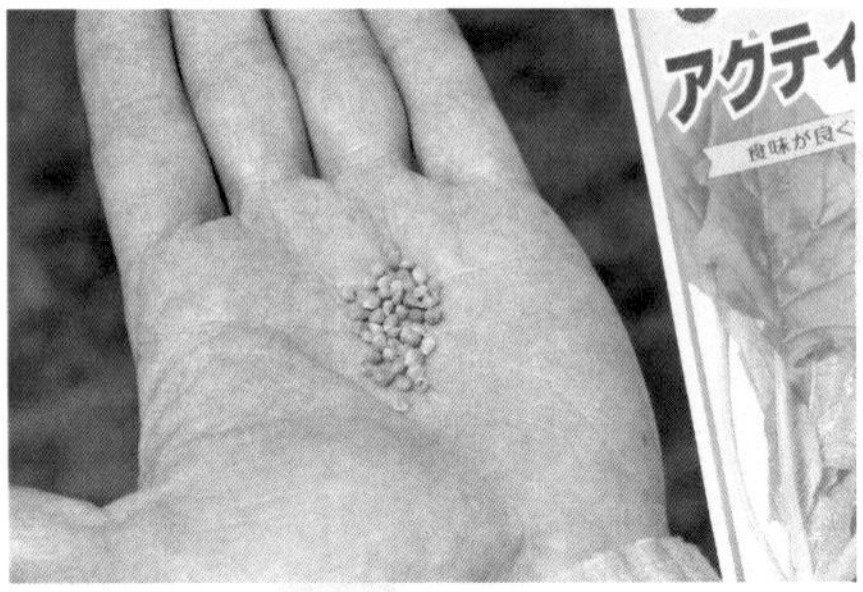


1 ホウレンソウやコマツナなど、間引き収穫を楽しむ野菜に向く方法。小さなスペースいっぱいに育てたいときにも、ばらまきが有効。

2 予定した作付けスペースいっぱいにタネをばらまく。あまり密にならないよう、なるべく均一にまくとよい。

3 土をふるいにかけて、タネに土をかける。ふるいを使うと均一に覆土できる。好光性のタネはタネが見えているうちにストップする。

4 嫌光性の場合は、覆土を厚めにする。手のひらで表面を軽く押さえて、タネを落ち着かせてから、静かに水やりする。

## すじまき

1 カブやラディッシュなどはすじまきする。ばらまきよりも間引きが楽。

2 畝に数本のまき溝をつける。間隔は種類によって異なるが、コカブなら10㎝ほど。

3 溝に沿ってタネをまく。なるべく重ならないように均一にまいていく。

4 タネをまき終えたら、まき溝の両側の土を指先でつまむようにして溝を埋め戻す。

5 手のひらで表面を軽く押さえて、タネを落ち着かせる。

6 乾燥を嫌うものは、切りわらをかけておくのがおすすめ。これは、ばらまきや点まきでも同じ。

7 切りわらの上から、静かに水やりする。

8 新聞紙をかぶせておいてもよい。発芽し始めたら、すぐに新聞紙をとり除く。

## 点まき

1 タネが大きい野菜、ダイコンなどのように株間を広くとる野菜に向く。ペットボトルなどでタネをまく位置にくぼみをつける。株間はそれぞれの野菜に適した間隔をとる。

2 くぼみの深さは1～2㎝。くぼみにタネを3～5粒ずつ点まき。

3 穴を埋め戻して表面を軽く押さえ、静かに水やりする。

4 発芽したところ。順次間引いて、最後は1カ所1本とする。

ることができます。

なお、発芽に光を必要とするタネがあり、それらは好光性種子と呼ばれます。覆土はごく薄くにとどめないと発芽しません。キャベツの仲間（キャベツ、ケール、コラード、ブロッコリー、カリフラワー、コールラビなど）、ゴボウ、シソ、シュンギク、セルリー、ニンジン、ミツバ、レタスなどのタネが好光性種子です。

逆に、光を感知すると発芽が抑制されてしまうのが、嫌光性種子です。ネギなどが代表で、しっかり覆土しておきましょう。

### ◆タネの保存

家庭菜園では1袋のタネを使いきるのは難しいことですが、できるだけ入手したその年のうちにまいてしまいましょう。

野菜の種類によっても異なりますが、時間がたつにつれて発芽率が悪くなります。セリ科の野菜のタネなどのように、年内でないと発芽しないものもあります。

タネ袋には有効期限が書いてありますから、期限内にまくようにします。余ったタネを保存するときは、湿けが入らないように袋の口をセロハンテープなどでしっかりとめて、冷蔵庫で保存します。

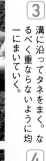

# そのほかの管理

おいしくて体にもよい野菜を育てるためには、その野菜に適した環境を整えることが大切です。環境が悪いと生長も悪く、病気や害虫の発生も多くなるからです。特に、無農薬、有機栽培を志す場合は、環境がよくないとまともな野菜が収穫できません。

## ◆野菜の故郷を知ろう

その野菜に適した環境を整えるためには、その野菜のことをよく知る必要があります。つまり、野菜のことをよく知ることが、じょうずな野菜づくりの第一歩なのです。野菜に限ったことではありませんが、植物をじょうずに育てるためには、その植物の性質を知ることが必要です。いろいろな資料を調べて、その植物に適した環境を整えましょう。

あまり資料がなくて、どんな性質なのかがわからないときは、その植物の原産地を調べてみてください。性質がよくわからなくても、その植物の生まれ故郷の気候、風土に合った環境を与えれば、きっと元気に育ってくれるはずです。

野菜は、長い間人間に育てられてきたため、もともとの性質が変わっているものも多いのですが、それでもやはり、自生地で育っていたころの性質は残っているものです。その野菜の故郷や栽培の歴史などに思いをはせることは、それだけでも楽しいことで、野菜づくりをますます好きにさせてくれることでしょう。

苗を植えたあとやタネまきのあとには、しっかり水やりする。その後も、乾燥が続くときは、できるだけ水やりするとよい。

## ◆水やり

基本的には、野菜づくりは天水（雨）にたよった栽培で、タネまきや植えつけのとき以外は水やりはしない（できない）ものでした。しかし、最近は市民農園などにも水道が設置されているところが多く、水やりも可能になりました。家庭菜園なら、毎日でも水やりできます。

ナスやキュウリ、トマトなどの夏野菜は、高温乾燥には強いといいながらも、雨の降らない日が続くと生育が悪くなります。1週間に1回でも、じゅうぶんに水やりすれば生育もよくなります。ただし、過保護は禁物、作物を甘やか

1 ビニールで畝全体を覆うことを、ポリマルチをするという。ポリマルチには、地温を上昇させる、乾燥を防ぐ、雑草の発生を防ぐ、雨のときの泥はねによる汚れ、それによって発生しやすい病気を予防するなど、多くの効果がある。

2 畝全体をビニールフィルムで覆ってから、ビニールを切って植え穴をつくり、苗を植えたり、タネをまいたりする。最初から穴のあいているフィルムもある。

敷きわらにも、ポリマルチと同様の効果が期待できる。

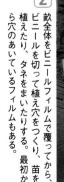

## ビニールトンネルのつくり方

1 畝に沿って、U字形の支柱を立てる。支柱の間隔は100㎝くらい。トンネルの高さは70～100㎝くらいあるとよい。

2 トンネルの両端に長さ100㎝くらいの太い支柱（杭）を深くまで差し込み、ロープを結んでU字形の支柱を固定する。

3 全体にビニールをかぶせる。ビニールの幅は畝幅の2倍くらい必要。市販品は幅180㎝のものが多いので、畝幅は90㎝ほどがよい。

4 ビニールの端を、太い支柱に縛って固定する。ビニールはできるだけピンと張り、風が吹いてもバタバタしないようにする。

5 トンネルの横に少し溝を掘り、ビニールを入れて土をかけて固定する。風が入らないようにしっかり土をかけておく。

6 数カ所に上からU字形支柱を差し込んでトンネルの完成。暖かい日はすそを上げて換気する。ビニールのかわりに不織布でトンネルをつくれば、春から夏の病害虫防除に効果的。

さないことです。

### ◆マルチング

土をわらや堆肥、ビニールなどで覆ってやることをマルチング、またはマルチといいます。わらでマルチングすることを敷きわらとも呼びます。

わらや堆肥、腐葉土、落ち葉などの有機物でマルチングすると、土の乾燥、地温の上がりすぎや土の凍結などを防ぐとともに、雨による泥のはね上がりを防いで病気にかかりにくくする効果もあります。収穫後は土にすき込んでやれば、土壌中の腐植質をふやすこともできます。

ビニール（ポリエチレンフィルム）を畝全体にかけることをポリマルチと呼びますが、春先に地温を上昇させ、夏野菜を早くから育てるためにはたいへん効果的です。黒いビニールによるポリマルチには、光を遮断して雑草の発生を防ぐ効果もあります。

### ◆防寒

寒さに強く、冬越しのできる野菜でも、北風や霜に当たると葉が傷んで収穫できなくなります。ビニールトンネルをかけてやると、地域にもよりますが、ホウレンソウやレタスなどの葉もの野菜は、冬じゅう収穫できて重宝します。

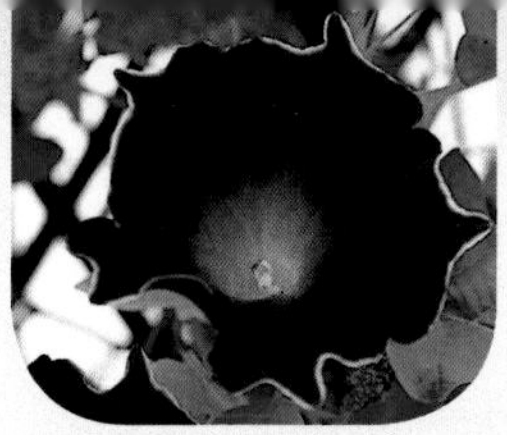

# さくいん

## ア



## カ



## サ



## タ

Staff

指導／武川政江、飯塚恵子

表紙デザイン／今井悦子（MET）

本文デザイン／フリッパーズ

イラスト／堀坂文雄

写真・撮影協力／今井秀治、飯塚恵子、株式会社サカタのタネ、佐藤広次、

タキイ種苗株式会社、刀川平和農園、藤井勝彦、フタバ種苗卸部、主婦の友社写真課

校正／安倍健一

編集協力／藤井勝彦（フリーポート企画）

編集担当／池上利宗（主婦の友社）

## 令和版《れいわばん》　おいしい野菜《やさい》100種《しゅ》のじょうずな育《そだ》て方《かた》


2020年8月10日　第1刷発行
2022年5月10日　第3刷発行

編　者　主婦の友社

発行者　平野健一

発行所　株式会社主婦の友社

〒141-0021　東京都品川区上大崎3-1-1 目黒セントラルスクエア

電話　03-5280-7537（編集）

03-5280-7551（販売）

印刷所　大日本印刷株式会社





ISBN978-4-07-442643-0





■本書の内容に関するお問い合わせ、また、印刷・製本など製造上の不良がございましたら、
主婦の友社（電話03-5280-7537）にご連絡ください。
■主婦の友社が発行する書籍・ムックのご注文は、お近くの書店か
主婦の友社コールセンター（電話0120-916-892）まで。
＊お問い合わせ受付時間　月～金（祝日を除く）　9:30 ～ 17:30
主婦の友社ホームページ　https://shufunotomo.co.jp/

※本書は『最新　おいしい野菜100種のじょうずな育て方』(2016年刊)を再編集したものです。